EURO-CHINA
GREEN AND SMART CITIES
DEVELOPMENT REPORT
2021-2022

中欧绿色智慧城市发展报告 2021-2022

主编 冯奎 塞日（Serge DEGALLAIX）

企业管理出版社
ENTERPRISE MANAGEMENT PUBLISHING HOUSE

图书在版编目（CIP）数据

中欧绿色智慧城市发展报告.2021-2022/冯奎，（法）塞日主编．—北京：企业管理出版社，2022.9

ISBN 978-7-5164-2681-4

Ⅰ.①中… Ⅱ.①冯…②塞… Ⅲ.①现代化城市—生态城市—城市建设—研究报告—世界—2021—2022 Ⅳ.①F299.1

中国版本图书馆CIP数据核字（2022）第151616号

书　　名：	中欧绿色智慧城市发展报告（2021—2022）
作　　者：	冯　奎　塞　日
责任编辑：	陆　淼　郑小希
书　　号：	ISBN 978-7-5164-2681-4
出版发行：	企业管理出版社
地　　址：	北京市海淀区紫竹院南路17号　　邮编：100048
网　　址：	http://www.emph.cn
电　　话：	编辑部（010）68414643　发行部（010）68701816
电子信箱：	qiguan1961@163.com
印　　刷：	北京市密东印刷有限公司
经　　销：	新华书店
规　　格：	170毫米×240毫米　16开本　21印张　288千字
版　　次：	2023年1月第1版　2023年1月第1次印刷
定　　价：	80.00元

版权所有　翻印必究·印装错误　负责调换

编 委 会

冯 奎 塞 日（Serge DEGALLAIX）
谭雪梅 郑明媚 丁 涛 庄德林 吴 斌

支持机构
中国城市和小城镇改革发展中心
全国经济地理研究会
中国区域科学协会
中国城市科学研究会

推动中国和欧洲低碳城镇化合作

《中欧绿色智慧城市发展报告（2021—2022）》即将出版。在本书出版之际，我要感谢我们的中方合作伙伴——中国城市和小城镇改革发展中心。我所领导的法国展望与创新基金会，与中国城市和小城镇改革发展中心一起，于2015年共同创办了"中欧绿色智慧城市峰会"平台，迄今已在香港（2015年）、深圳（2016年）、宁波（2017年）、南宁（2019年）、重庆（2020年）、北京成功举办了一系列峰会与交流活动。活动由欧盟委员会指导，中欧共有300多个城市参加峰会，有力有效地推进了理念交流与经济技术的务实合作。

受全球新冠肺炎疫情的影响，2021年，原定于中国举办的中欧绿色智慧城市活动被迫延期。疫情期间，法国展望与创新基金会与中国城市和小城镇改革发展中心的合作并没有停止。双方工作小组决定编辑《中欧绿色智慧城市发展报告（2021—2022）》，作为《中欧绿色智慧城市发展报告（2017）》的延续，同时作为未来中欧城市开展交流合作的一项基础性工作。

在我看来，中国和欧洲低碳城镇化合作，生命力来源于实践。同时，我们需要有一个平实的、包容的议程，用以引导创新的实践。正是出于这样的考虑，中欧双方工作组共同编辑了《中欧绿色智慧城市发展报告（2021—2022）》。这本书对中欧城市碳达峰、碳中和进行了框架性研究，收集了代表性案例，还发布了城市群低碳发展的指数。我确信，这些研究成果未必完全准确，但对未来的研究方向提供指导是有意义和不可或缺的。

中国友谊勋章获得者、法国前总理、法国展望与创新基金会主席

让－皮埃尔·拉法兰先生

An Introduction to Promoting EU-China Cooperation in Low-Carbon Urbanization

The EU-China Green and Smart City Development Report (2021-2022) will come out soon. Hereby I would like to thank our Chinese partner, the China Center for Urban Development. In 2015, the French Prospective and Innovation Foundation under my chairmanship and the China Center for Urban Development launched the "EU-China Green and Smart City Summit". So far, a series of summits and exchanges have been successfully held in Hong Kong (2015), Shenzhen (2016), Ningbo (2017), Nanning (2019), Chongqing (2020) and Beijing. Supported by the European Commission and attended by over 300 cities of China and the EU, the event has effectively advanced the exchange of ideas and pragmatic cooperation in economy and technology.

Due to the outbreak of the COVID-19 pandemic worldwide, the event themed on the EU-China Green and Smart City, which was scheduled to be held in China in 2021, was forced to be postponed. Nevertheless, the cooperation between the French Prospective and Innovation Foundation and the China Center for Urban Development is going on. The working teams of the two sides have decided to compile the EU-China Green and Smart City Development

Report (2021-2022) as a continuation of the EU-China Green and Smart City Development Report (2017). The report compilation is part of the fundamental work for future exchanges and cooperation between Chinese and European cities.

In my view, practice injects vitality to the EU-China cooperation in low-carbon urbanization. Besides, we need a pragmatic and inclusive agenda that guides innovative practice. Out of such considerations, the working teams of the Chinese and EU sides jointly compiled the EU-China Green and Smart City Development Report (2021-2022). The report has conducted a framework study on the carbon-peaking and carbon neutrality of the cities in China and the EU, collected representative cases, and published an index for the low-carbon development of urban clusters. I am convinced that even if the results of the study may not be absolutely accurate, but they are nevertheless significant and indispensable for providing guidance to the future research direction.

Mr. RAFFARIN

former French Prime Minister

President of the Foundation Prospective and Innovation

前　言

《中欧绿色智慧城市发展报告（2021—2022）》的主题聚焦于"低碳发展"。毫无疑问，这是中欧合作的"关键词"之一。2021年，中国的人均 GDP 刚过 1 万美元，城镇化率达到了 63.89%，工业化、城市化都没有完成。在此发展阶段，一系列因素会导致排放出更多的二氧化碳。中国明确提出"碳达峰碳中和"路线图，同时，工业化、城市化进程中新的理念、技术方案都为低碳发展开辟新的道路。在合作的另一方，欧盟 27 国作为整体早在 1990 年就实现了碳排放达峰，欧盟碳排放权交易体系领跑全球，拥有世界上参与国最多、规模最大、最成熟的碳排放权交易市场。中国与欧盟委员会曾于 2012 年 5 月签署中欧城镇化伙伴关系共同宣言。我们确信，未来十年，中欧城镇化合作仍将继续，并且碳中和领域的合作将成为关键的概念。

中欧在城镇化领域推进碳中和合作，共同愿景是实现更加绿色与高质量的发展，应对气候变化。通过合作，需要实现技术与市场充分结合，达到经济社会共同繁荣的目标。合作主体既包括中央政府及其部门层面，更重要的是在地方层面，包括区域、城市、新城、乡村等，企业家的参与尤其必不可少。

从第一届中欧绿色智慧城市峰会开展以来，中欧双方在深圳、宁波、南宁、重庆等中方城市，以及在巴黎、巴塞罗那、斯德哥尔摩、米兰等欧方城市，推动了一系列项目，这些项目的低碳元素越来越多，低碳色彩越来越浓。已有和正在开展的项目至少涵盖：低碳城镇化发展规划、低碳产业转型、低碳的能源供应与需求管理、低碳的城市交通公共交通和智能交通、低碳的城市绿色建筑、低碳的城市治理等。合作平台建设包括且不限于：低碳规划专家咨询组建设、碳排放交易体系项目、应用示范城市项目、培训中心建设等等。合作机制包括多层次的协调机构，如政府部门的政策引导、市场化机制、社会团体的协同及援助等等。我们为取得这些进展感到欣慰。

作为中欧绿色智慧城市峰会中方发起人和项目协调人，我期待中欧城市在低碳城镇化和低碳城市领域，有更多交流、更多合作，取得更多成果。

中国城市和小城镇改革发展中心
冯 奎

目 录

第一部分：发展评估

第1章 中国城市群绿色智慧城市指标体系构建 ·················· 2

 1.1 绿色智慧城市指数编制背景 ·················· 2
 1.2 绿色智慧城市指标设计原则 ·················· 3
 1.3 绿色智慧城市指标评价体系 ·················· 4
 1.4 绿色智慧城市指数测算 ·················· 8

第2章 2019中国城市群绿色智慧城市指数评价 ·················· 12

 2.1 中国城市群绿色智慧城市指数总体评价 ·················· 12
 2.2 中国城市群绿色智慧城市指数分项评价 ·················· 17

第二部分：专题报告 中国城市碳达峰碳中和研究

第3章 中国城市低碳产业的发展战略研究 ·················· 50

 3.1 中国城市低碳产业的发展现状 ·················· 50

3.2 中国城市低碳产业发展面临的问题 …………………………………… 58
3.3 中国城市低碳产业的发展趋势 ………………………………………… 63

第 4 章 中国城市绿色建筑碳减排效应研究 …………………………… 71

4.1 中国城市绿色建筑碳减排的基本理念 ………………………………… 71
4.2 中国城市绿色建筑碳减排的直接与间接效应 ………………………… 75
4.3 中国城市绿色建筑碳减排的实现路径及现实意义 …………………… 81

第 5 章 中国城市交通运输行业的低碳转型路径研究 ………………… 90

5.1 实现中国交通运输行业碳排放电气化 ………………………………… 90
5.2 加快中国交通运输行业碳排放智能化 ………………………………… 97
5.3 倡导中国交通运输行业碳排放简约化 ………………………………… 101

第 6 章 中国城市低碳经济与城镇空间协同发展研究 ………………… 108

6.1 中国城市低碳经济与城镇空间的发展关系演变 ……………………… 108
6.2 中国城市低碳经济与城镇空间的协同发展机制 ……………………… 117
6.3 中国城市低碳经济与城镇空间协同发展的政策建议 ………………… 121

第 7 章 非政府组织在中国城市低碳发展中的关键作用 ……………… 126

7.1 中国环保非政府组织的发展概况 ……………………………………… 126
7.2 非政府组织在中国城市低碳发展中的角色定位与治理效应 ………… 133
7.3 非政府组织在中国城市低碳发展中的趋势与展望 …………………… 139

第 8 章 碳中和愿景下的中国城市：低碳、经济、政策协同发展 …… 145

8.1 低碳、经济、政策协同发展的背景及基础 …………………………… 145

8.2 低碳、经济、政策协同发展的实现途径 …………………………… 152

8.3 低碳、经济、政策协同发展的政策建议 …………………………… 157

第三部分：专题报告 欧洲城市碳达峰碳中和研究

第 9 章 欧洲城市低碳产业的发展战略研究 ………………………… 164

9.1 欧洲城市低碳产业的发展现状 ……………………………………… 164

9.2 欧洲城市低碳产业发展面临的问题 ………………………………… 173

9.3 欧洲城市低碳产业发展的未来趋势 ………………………………… 178

第 10 章 欧洲城市绿色建筑的碳减排效应研究 ……………………… 186

10.1 欧洲城市绿色建筑碳减排的政策分析 …………………………… 186

10.2 欧洲城市绿色建筑碳减排实现路径 ……………………………… 191

10.3 欧洲城市绿色建筑碳减排的成效分析 …………………………… 195

10.4 欧洲城市绿色建筑碳减排的现实意义 …………………………… 199

第 11 章 欧洲城市交通运输行业的低碳转型路径研究 ……… 203

11.1 实现欧洲城市交通运输行业碳排放电气化 ……………………… 203

11.2 加快欧洲城市交通运输行业碳排放智能化 ……………………… 211

11.3 倡导欧洲城市交通运输行业碳排放简约化 ……………………… 219

第 12 章 欧洲城市低碳经济与城镇空间协同发展研究 ……… 224

12.1 欧洲城市低碳经济与城镇空间的发展关系演变 ………………… 224

12.2 欧洲城市低碳经济与城镇空间的协同发展机制 ………………… 231

12.3 欧洲城市低碳经济与城镇空间协同发展对我国的启示 ………… 239

第13章 非政府组织在欧洲城市低碳发展中的关键作用 …… 244

13.1 欧洲环保非政府组织的发展概况 …… 245

13.2 非政府组织在欧洲城市低碳发展中的角色定位与治理效应 …… 253

13.3 非政府组织在欧洲城市低碳发展中的趋势与展望 …… 259

第14章 欧洲低碳、经济、政策协同发展 …… 266

14.1 欧洲低碳、经济、政策协同发展的演进逻辑 …… 266

14.2 欧洲低碳、经济、政策协同发展的实现途径 …… 271

14.3 欧洲低碳、经济、政策协同发展的政策建议 …… 277

第四部分：中欧城市案例研究

第15章 深圳、武汉、太仓：探索绿色低碳智慧城市之路 …… 286

15.1 深圳：协同路径，"三达"引领零碳发展 …… 287

15.2 武汉：多管齐下，绿色点缀中部崛起 …… 293

15.3 太仓：规划引领，建设绿色智慧的中德新城 …… 298

第16章 欧洲低碳小镇的成功实践对我国城市转型的启示 …… 305

16.1 背景 …… 305

16.2 欧洲低碳小镇建设典型做法和经验 …… 306

16.3 对我国的启示 …… 314

16.4 结语 …… 317

第一部分
发展评估

第 1 章
中国城市群绿色智慧城市指标体系构建

1.1 绿色智慧城市指数编制背景

随着科学技术的不断发展，城市信息化应用水平不断提升，智慧城市建设应运而生。建设智慧城市在实现城市可持续发展、引领信息技术应用、增强城市综合竞争力等方面具有重要意义。智慧城市建设既可以综合推进也可以重点突破，目前国内已经明确建设智慧城市的城市中，有的是从创新角度着手智慧城市建设，比如"智慧深圳""智慧南京""数字南昌"等；也有的是以生态建设为突破点，比如"健康重庆""生态沈阳"等。《中华人民共和国国民经济和社会发展第十四个五年规划和 2035 年远景目标纲要》提出，到 2035 年要"广泛形成绿色生产生活方式，碳排放达峰后稳中有降，生态环境根本好转"。新一代信息技术与城市绿色发展深度融合，已经成为新时代背景下落实国家战略，抢抓发展先机，培育发展优势，提高人民群众获得感、幸福感、安全感的必然选择。绿色是城市可持续发展的基石，智慧是绿色发展的技术保障。绿色与智慧，是现代化城市可持续发展的重要特征，也是城市可持续发展的关键支撑。

在此背景下，研究和编制一份反映中国城市群绿色智慧发展水平的指数，将有助于从多个维度全面反映中国城市群绿色智慧城市的发展轨迹与发展趋势，为各个城市绿色发展、创新发展、城市化发展提供客观依据。不管对于宏观管理还是微观决策而言，构建城市群绿色智慧城市指标体系，探究城市群绿色智慧城市发展现状及内在差异都具有重要的指导意义。从宏观层面看，绿色智慧城市发展指标体系拓宽了城市群发展研究的维度，丰富了城市群发展的研究内容，为城市群未来全面发展提供参考指标。从微观层面看，多维度研究城市群绿色智慧发展状况，量化城市群绿色智慧发展水平可以反映出城市群绿色智慧发展所取得的成绩和存在的问题，指导各级政府在薄弱领域加强政策扶持力度，为各级政府制定城市绿色智慧发展政策提供新思路，促进城市群全面健康发展。

1.2 绿色智慧城市指标设计原则

绿色智慧城市评价指标体系是度量某城市绿色智慧水平的关键要素，能够全面、客观、准确地反映城市绿色智慧建设的实际水平与发展趋势。中国城市群绿色智慧城市指标体系在制定过程中坚持以下原则。

第一，整体性和代表性相结合原则。首先，绿色智慧城市是一个整体，包括绿色、智慧和城市化，因此绿色智慧城市指标的设定必须力求做到系统全面，能够涵盖绿色、智慧和城市三大系统以及三大系统之下的各个分系统，能够从不同角度来描述评价对象的各方面特征。其次，指标获取应注重评价共识和降低成本的原则，避免过于庞大，虽然三大系统之下有众多分系统，但该指标体系不能纳入所有分系统，在确保指标体系客观全面的条件下，必须力求突出重点，选取最具有代表性的指标来反映各个系统的整体特征。

第二，科学性和可得性相结合原则。评价指标选取要科学合理，不仅要求指标定义准确、指数计算标准，而且要求指标之间具有相关性，即下一级指标能够突出上一级指标特征，上一级指标能够涵盖下一级指标特征，体系中的指标能够正确反映城市各方面发展的特点。在考虑指标科学性的同时还要兼顾指标数据的可得性，使用可采集、可比较的指标，易于进行数据搜集、处理、汇总与指数计算。

第三，普遍性和差异性相结合原则。绿色智慧城市指数指标体系要能够得到专家学者和社会公众的普遍认同，指数指标适用于所有城市，每个城市都可以通过该指标体系评价自己的发展水平。此外，本部分的研究对象为3个城市群共51个城市，这些城市在地理位置、政策扶持、经济发展、自然资源等方面存在较大差异，为此，指标体系的构建要充分考虑城市差异性，剔除部分城市具有特有优势的指标。

第四，动态性和导向性相结合的原则。评价指标体系应保持开放性和动态性，根据绿色智慧城市发展的阶段特征和政策变化，及时对指标体系进行补充和完善。同时，指标体系还要充分发挥导向作用，所选取的指标能够客观、准确和全面反映绿色智慧城市建设的现状及问题，突出城市建设的主要矛盾，引导政策制定者和社会公众对症下药，推动城市群健康持续发展。

1.3 绿色智慧城市指标评价体系

1.3.1 评价体系框架

按照上述的指标体系构建原则，在现有文献和其他学者提出的城市发展指标体系基础上，结合绿色智慧城市发展的新态势与指标数据的可得性，本报告从绿色生态、智慧城市和城市化3个维度来构建中国城市群绿色智慧城市指标评价体系。具体而言，绿色智慧城市指标评价体系一共包含上述3个维度，共计 21 个具体指标。具体指标如表 1-1 所示。

表1-1　　　　　　　　中国城市群绿色智慧城市指标体系

一级指标	二级指标	三级指标
绿色生态	低碳产出	人均碳排放量
		碳生产力
	环境污染	单位 GDP 工业废水排放量
		单位 GDP 工业二氧化硫排放量
	环境治理	污水处理厂集中处理率
		一般工业固体废物综合利用率
	环境支撑	绿地面积
		建成区绿化覆盖率
智慧城市	新型基础设施	互联网宽带接入用户数
		移动电话用户数
	创新驱动	专利申请数
		专利授权数
		科学技术支出占地方政府一般预算内支出比重
城市化	人口城市化	常住人口城镇化率
	经济城市化	地区生产总值增长率
		人均地区生产总值
	产业结构城市化	第三产业增加值占 GDP 比重
		第三产业从业人员占总就业人员比重
	生活质量城市化	万人拥有医生数
		人均城市道路面积
		燃气普及率

1.3.2　核心指标定义

（1）绿色生态指标

低碳产出指标。碳生产力被认为是衡量低碳化的关键指标，指单位二氧化碳排放所产生的 GDP。其计算公式为：GDP/碳排放量。这一指标将能源消耗产生的碳排放与GDP产出联系在一起，不仅直观地反映了社会经济整体碳资源利用效率的提高，也能够衡量一个国家或经济体在特定时期低碳技术的应用水平。人均碳排放量反映碳排放与生产、分配和消费模式的密切关系，指区域内人均分摊的碳排放量。计算公式为：碳排放总量/人口总数。具体而言，碳生产力越高，人均碳排放强度越弱，则意味着城市低碳生产的水平越高，城市节能减排效果越明显。

环境污染指标。环境污染指由于人们的不合理活动，改变了环境的构成或状态，造成生态系统紊乱的现象。环境污染按环境要素可以分为大气污染、水污染、固体废物污染、土壤污染、噪声污染、光污染、热污染等。鉴于环境污染类型多样，但这些类型不能全部入选指标体系中，本报告坚持整体性和代表性相结合的原则，选取水污染和大气污染来代表环境污染水平。其中利用单位GDP工业废水排放量来衡量水污染情况，其计算公式为：工业废水排放量/GDP；利用单位GDP工业二氧化硫排放量来衡量大气污染程度，其计算公式为：工业二氧化硫排放量/GDP。

环境治理指标。环境治理通常衡量人们为保护环境所付出的努力程度及其效果大小。对应上述环境污染类型，环境治理也可以分为大气污染治理、水污染治理、土壤污染治理等。鉴于数据搜集整理程度，本报告所关注的是水污染治理和土壤污染治理，其中利用污水处理厂集中处理率来反映水污染治理程度，利用一般工业固体废物综合利用率来反映土壤污染治理程度。

环境支撑指标。环境支撑是绿色生态的一项重要指标，主要关注某一地区的碳汇水平。碳汇一般是指从空气中清除二氧化碳的过程、活动、机制，碳汇越高意味着空气中的二氧化碳越少。为此选取绿地面积和建成区绿化覆盖率两个指标来表示。增加绿地面积、提高建成区绿化覆盖率，意味着城市固碳能力增强，城市低碳化的物质基础更加稳定。

（2）智慧城市指标

新型基础设施指标。基础设施的建设是智慧城市的基石。新型基础设施建设以信息网络为基础，通过技术创新的驱动，着力推进三方面的建设：信息基础设施的建设、传统基础设施转型升级以及创新基础设施的建设。本研究所关注的正是信息基础设施的建设。信息基础设施既包括5G、工业互联网、物联网代表的通信网络基础设施，也包括人工智能、大数据、区块链代表的新技术基础设施。鉴于数据搜集可行性，选取互联网宽带接入用户数和移动电话用户数来反映城市新型基础设施建设状况。

创新驱动指标。智慧城市的发展无论是管理的体制、运行的机制还是技术的实现方式都是在创新中完成的。为此，选取专利申请数、专利授权数、科学技术支出占地方政府一般预算内支出比重来反映城市创新驱动发展水平，其中以专利申请数和专利授权数来衡量居民的创新能力，以科学技术支出占地方政府一般预算内支出比重来衡量地方政府对城市创新发展的重视程度。

（3）城市化指标

人口城市化指标。人口城市化一般指农业人口转变为非农业人口的过程，选取常住人口城镇化率来反映人口城市化发展程度，计算公式为：城镇常住人口数/总人口数。

经济城市化指标。经济发展水平是有一定标准作为参考的，此参考标准往往是国家制定的。因此，考虑数据搜集可行性，选取代表宏观经济发展水平的地区生产总值增长率和代表微观经济发展水平的人均地区生产总值来反映城市经济发展水平。

产业结构城市化指标。产业城市化通常指由以第一产业为主的传统乡村型社会向以第二、第三产业为主的现代城市型社会逐渐转变的历史过程，其实质是指产业结构的转型升级。因此本书选取第三产业增加值占GDP比重和第三产业从业人员占总就业人员比重来衡量第三产业的经济现状和产业规模。具体而言，第三产业增加值占GDP比重越大，第三产业从业人员数占总就业人员数比重越大，则意味着城市产业结构的优化升级进展乐观。

生活质量城市化指标。生活质量分为物质生活质量和精神生活质量。物质生活质量一般包括居民收入、消费水平、居住条件、环境状况、卫生条件等，精神生活质量仅指人们生活满意感和幸福感。本报告关注物质生活质量，选取万人拥有医生数、人均城市道路面积及燃气普及率来反映生活质量城市化水平。其中万人拥有医生数代表居民医疗的保障水平，人均城市道路面积和燃气普及率代表居民的生活设施水平。

1.4 绿色智慧城市指数测算

1.4.1 城市群选择与数据来源

由于每个城市数据公布时间和统计口径存在不一致的情况，经过筛选，本报告选择的城市群为珠三角城市群、长三角城市群和京津冀城市群。珠三角城市群包括9个城市：广州、佛山、深圳、珠海、惠州、肇庆、江门、东莞、中山。长三角城市群包括26个城市：上海、南京、无锡、常州、苏州、南通、盐城、扬州、镇江、泰州、杭州、宁波、嘉兴、湖州、绍兴、金华、舟山、台州、合肥、芜湖、马鞍山、铜陵、安庆、池州、滁州、宣城。京津冀城市群包括16个城市：北京、天津、张家口、承德、秦皇岛、唐山、沧州、衡水、廊坊、保定、石家庄、邢台、邯郸、定州、辛集、安阳。

本部分研究数据主要来源于《中国城市统计年鉴2020》、各地级市统计年鉴、Wind 数据库、EPS 数据库、CEADs 数据库及各大官方网站、权威媒体和各类期刊的公开数据。

1.4.2 数据预处理

本部分研究数据选自2019年，由于涉及城市众多，部分城市并未及时发布指标数据或者存在缺失，为此在进行数据指数化处理之前，先进行预处理，补齐缺失数据。

① 对于某一指标存在所有城市数据均缺失的情况，选取可获取的最近年份数据做填充。

② 对于某一指标仅有少数城市数据缺失的情况，利用该城市所在省份的指标数据与省内其余城市指标数据的差值做填充。

1.4.3 数据标准化处理

由于各项指标值量纲相差较大，比如第三产业增加值占 GDP 比重都是不超过 100 的数据，而专利授权数是以万为单位的数据，为了便于指标之间的比较，需要对指标数据进行标准化处理，标准化后的数据介于 60~100 之间。公式如下：

$$X_{ij} = \frac{(a_{ij} - \min(a_{ij})) \times (100 - 60)}{\max(a_{ij}) - \min(a_{ij})} + 60$$

指标体系中有些指标与指数方向相反，即指标值越小越好，比如人均碳排放量、单位 GDP 工业废水排放量等指标，因此，需要将这类逆向化指标正向化。公式如下：

$$X_{ij} = \frac{(\max(a_{ij}) - a_{ij}) \times (100 - 60)}{\max(a_{ij}) - \min(a_{ij})} + 60$$

1.4.4 指标体系权重赋值

由于指数指标体系中指标数量相对较少，每项指标都有很强的代表性，每项指标都同等重要，所以借鉴人类发展指数权重赋值方法，采用均值赋权重法对指数指标体系赋权重。中国城市群绿色智慧城市各项指标权重赋值情况如表 1-2 所示。

表1-2　　　　　　　　绿色智慧城市指数指标体系权重情况

一级指标		二级指标		三级指标	
指标	权重	指标	权重	指标	权重
绿色生态	1/3	低碳产出	1/12	人均碳排放量	1/24
				碳生产力	1/24
		环境污染	1/12	单位GDP工业废水排放量	1/24
				单位GDP工业二氧化硫排放量	1/24
		环境治理	1/12	污水处理厂集中处理率	1/24
				一般工业固体废物综合利用率	1/24
		环境支撑	1/12	绿地面积	1/24
				建成区绿化覆盖率	1/24
智慧城市	1/3	基础设施	1/6	互联网宽带接入用户数	1/12
				移动电话用户数	1/12
		创新驱动	1/6	专利申请数	1/18
				专利授权数	1/18
				科学技术支出占地方政府一般预算内支出比重	1/18
城市化	1/3	人口城市化	1/12	常住人口城镇化率	1/12
		经济城市化	1/12	地区生产总值增长率	1/24
				人均地区生产总值	1/24
		产业结构城市化	1/12	第三产业增加值占GDP比重	1/24
				第三产业从业人员占总就业人员比重	1/24
		生活质量城市化	1/12	万人拥有医生数	1/36
				人均城市道路面积	1/36
				燃气普及率	1/36

1.4.5　指数化处理

将三级指标的标准化得分与对应的指标权重相乘后加总，再将指数结果与对应的指标权重相除转换成百分制得分，即可得到珠三角、长三角和京津冀城市群2019年绿色智慧城市发展指数，包括一个综合指数和三个一级指标分项指数。

参考文献

[1] 中国（深圳）综合开发研究院课题组.产业金融发展蓝皮书（2018）：中国产业金融发展指数报告[M].北京：中国经济出版社，2018.

[2] 郑林昌，付加锋，高庆先.低碳环保发展绿皮书：中国低碳环保发展指数评价（2005—2012）[M].北京：人民出版社，2015.

[3] 易昌良.2015中国发展指数报告[M].北京：经济科学出版社，2016.

[4] 国家信息中心智慧城市发展研究中心两山转化数字研究院.绿色智慧城市评价指标体系暨"安吉指数"研究报告[R].国家信息中心，2021.

[5] 郭峰，王靖一，王芳，等.测度中国数字普惠金融发展：指数编制与空间特征[J].经济学（季刊），2020（7）.

第 2 章
2019 中国城市群绿色智慧城市指数评价

绿色智慧城市指数是一项综合性的评价指数，从绿色生态、智慧城市和城市化三个维度出发，设计了 21 项具体指标。本章着重介绍 2019 年中国城市群绿色智慧城市发展指数的评价结果，给出指数评价结果的核心要点。

2.1 中国城市群绿色智慧城市指数总体评价

在绿色智慧城市发展指数指标体系的基础上，我们根据 2019 年的数据测算得到了 2019 年三个城市群的绿色智慧城市综合发展指数，并进行了相应的分析。绿色智慧城市发展指数采用百分制计数形式，城市分值越高说明该城市发展状况越乐观。表 2-1、表 2-2 和表 2-3 分别列示了 2019 年珠三角城市群、长三角城市群和京津冀城市群绿色智慧城市发展指数综合得分情况，表 2-4 是三个城市群综合发展指数的描述性统计，同时我们也绘制了三个城市群的综合发展指数和分项指数对照图，如图 2-1 所示。

表2-1　2019年珠三角城市群绿色智慧城市指标总体得分及排名

城市	综合得分	排名
深圳	91.864	2
广州	90.159	3
佛山	81.596	8
珠海	79.770	13

第 2 章　2019 中国城市群绿色智慧城市指数评价

续表

城市	综合得分	排名
东莞	77.794	16
中山	76.582	21
惠州	75.295	30
江门	74.562	35
肇庆	73.510	44

注：以上数据与排名依据《中国城市统计年鉴 2020》EPS 数据库、Wind 数据库、CEADs 数据库等测算。

表2-2　　2019年长三角城市群绿色智慧城市指标总体得分及排名

城市	综合得分	排名
上海	88.779	4
杭州	83.975	5
南京	83.923	6
苏州	82.672	7
合肥	81.410	9
无锡	80.154	11
宁波	79.809	12
常州	77.851	14
金华	77.824	15
台州	77.477	18
芜湖	77.272	19
南通	77.159	20
舟山	76.559	22
绍兴	76.537	23
镇江	76.339	24
湖州	76.149	25
扬州	75.843	26
嘉兴	75.616	27
泰州	75.540	29
盐城	75.289	31
滁州	74.915	32
马鞍山	74.258	37
安庆	74.054	38

续表

城市	综合得分	排名
宣城	73.923	39
池州	73.576	43
铜陵	70.436	49

注：以上数据与排名依据《中国城市统计年鉴2020》EPS数据库、Wind数据库、CEADs数据库等测算。

表2-3　　2019年京津冀城市群绿色智慧城市指标总体得分及排名

城市	综合得分	排名
北京	92.402	1
天津	80.361	10
石家庄	77.544	17
廊坊	75.542	28
邢台	74.770	33
衡水	74.689	34
沧州	74.442	36
保定	73.855	40
唐山	73.792	41
邯郸	73.776	42
秦皇岛	73.048	45
张家口	72.311	46
安阳	71.933	47
承德	71.097	48
定州	69.321	50
辛集	68.806	51

注：以上数据与排名依据《中国城市统计年鉴2020》EPS数据库、Wind数据库、CEADs数据库等测算。

表2-4　　2019年三大城市群绿色智慧城市指数总体分值描述性统计

城市群	均值	中值	标准差	最大值	最小值
珠三角城市群	80.126	77.794	6.296	91.864	73.510
长三角城市群	77.590	76.548	3.884	88.779	70.436
京津冀城市群	74.855	73.824	5.297	92.402	68.806

第 2 章　2019 中国城市群绿色智慧城市指数评价

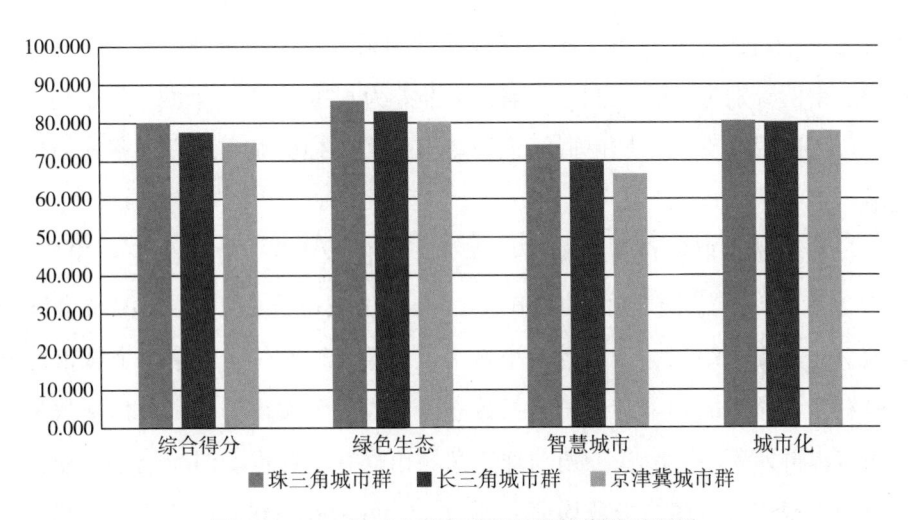

图 2-1　2019 年三个城市群各项指标指数对照图

注：图中数据为三个城市群中各城市指数的算术平均值。

2019 年，在绿色生态、智慧城市、城市化指数的共同作用下，北京以 92.402 的总分位居所有测评城市的首位，深圳、广州分别以 91.864 和 90.159 的评价总分，排名紧随北京之后。而铜陵、定州和辛集绿色智慧城市指数得分较低，评价得分分别为 70.436、69.321 和 68.806，位居所有测评城市倒数后 3 位，绿色智慧城市指数区域差异较大。从城市群角度看，绿色智慧城市发展初步形成了"差异化"发展格局，珠三角城市群的总指数和分项指数均处于领先地位，而长三角城市群的总指数和分项指数又领先于京津冀城市群。具体而言，2019 年中国三大城市群绿色智慧城市发展指数呈现以下特点。

珠三角城市群绿色智慧发展优势明显，总指数及三项分指数均处于领先位置。总指数方面，排名前 10 的城市中，珠三角城市群占 3 个，其中深圳和广州分别为第 2 位和第 3 位；排名前 20 的城市中，珠三角城市群也占了 5 个，达到其城市群的 55.56%。绝大部分城市排名位居所有测评城市的中上游水平，仅肇庆市绿色智慧城市发展水平相对较低。分项指数方面，珠三角城市群的绿色生态与智慧城市表现突出，在三个城市群中高居首位，指数均值分别为 85.785 和 74.104；城市化指数均值为 80.488，略高于长三角城市群，与其他城市群差距不大。绿色生态和智慧城市指数的明显优势，是珠三角城市群占据榜首的主要支撑。从描述性统计结果看，珠三角城市群评价得分的均值、中值分别为80.126和77.794，标准差为6.296，在三个城市群中均排在第1位，这说明珠三角城市群绿色智慧整体实力强但城市间发展不均衡现象明显。

长三角城市群绿色智慧城市发展处于中位数水平，整体缺乏突出优势。总指数方面，排名前20位的城市中，长三角城市群占12个，占城市群的46.15%；舟山、绍兴、镇江等7个城市位居第22~29位，其余7个城市均位居所有测评城市的中下游。分项指数方面，长三角城市群的城市化指数与珠三角城市群差距不大，长三角与珠三角城市群齐头并进。但绿色生态和智慧城市则表现相对较弱，指数均值分别为82.996和69.648，低于珠三角城市群均值，高于京津冀城市群均值，整体绿色智慧城市发展水平有待进一步提高。从描述性统计结果看，长三角城市群的均值与中值排在三个城市群的中间，标准差和极差排在第3位，长三角城市群的发展相对均衡。雄厚的城市化指数是长三角城市群实现均衡发展的关键。长三角是中国经济最为活跃和发达的地区，无论是经济总量还是人均GDP均位于全国前列。2019年长三角城市群的经济城市化指数均值达到84.390，远远领先于其他城市群。但需要注意的是，长三角地区的城市化快速发展是以牺牲环境质量为代价的，其工业废水、工业二氧化硫排放量明显高于其他城市群，环境和可持续发展问题仍然是长三角城市群最大的短板。

京津冀城市群绿色智慧城市发展水平相对较低，两极分化严重。总指数方面，京津冀城市群16个城市中仅有北京和天津排在所有测评城市的前10位，北京以92.402的高分位居所有测评城市的第1位，石家庄和廊坊分别排在第17位和第28位，其余城市均排在所有测评城市的后20位，占京津冀城市群的75%。绝大部分城市位居下游水平。分项指数方面，京津冀城市群的绿色生态、智慧城市和城市化均值分别为80.324、66.538和77.704，都位居三个城市群的最后一位，与其他城市群的得分差距较为明显。从描述性统计结果看，三个城市群中京津冀城市群的均值和中值最小，极差最大，标准差略低于珠三角城市群。可见，京津冀城市群发展水平低且两极分化严重，距离一个理想的城市群还有很大差距。京津与周边河北省城市在人口规模、经济实力、产业结构、创新驱动等方面强弱悬殊，区域发展不平衡和城市层级矛盾过于突出，是京津冀城市群综合排名垫底的主要原因，也是其今后要重点克服的问题。

综上所述，在绿色智慧城市建设方面，珠三角城市群优势明显，绿色智慧发展的总体竞争力呈稳定态势；长三角城市群长期发展的稳定驱动力尚未形成，绿色生态和智慧城市对城市群持续发展的约束凸显；北京在京津冀城市群区域发展中发挥核心作用，城市群首位城市与中小城市差距较大，尚未形成一体化发展。城市群发展层级分化和区域发展不均衡是珠三角和京津冀城市群共同面临的问题，未来中国城市群绿色智慧城市建设还有很长的路要走。

2.2 中国城市群绿色智慧城市指数分项评价

为了更好地评估城市群绿色智慧发展的特点，本部分以绿色智慧城市发展指数指标体系为依据，从绿色生态、智慧城市和城市化三个维度出发，系统地分析了2019年珠三角、长三角和京津冀城市群内各城市绿色智慧发展的排名情况，以期客观具体地展现不同城市群的绿色智慧发展差异。

2.2.1 绿色生态指数评价

（1）城市群间差异分析

2019年三个城市群51个城市的绿色生态指标及分项指标测算结果、城市群间绿色生态指标及分项指标的对比结果分别如表 2-5 和图 2-2 所示。排在绿色生态指数前 10 位的城市依次是深圳、北京、广州、上海、珠海、南京、佛山、杭州、台州、合肥。二级指标中，低碳产出排名前 10 位的城市依次是深圳、北京、广州、合肥、舟山、佛山、铜陵、安庆、东莞和杭州；环境污染排名前 10 位的城市依次是深圳、北京、广州、廊坊、衡水、合肥、上海、南京、泰州和台州；环境治理排名前 10 位的城市依次是沧州、衡水、湖州、嘉兴、邢台、台州、无锡、金华、杭州和天津；环境支撑排名前 10 位的城市依次是广州、北京、南京、上海、深圳、珠海、廊坊、邢台、湖州和滁州。

表2-5　2019年三个城市群51个城市绿色生态指标及分项指标得分及排名

城市	一级指标		二级指标							
	绿色生态	排名	低碳产出	排名	环境污染	排名	环境治理	排名	环境支撑	排名
深圳	94.943	1	100.000	1	99.984	1	95.542	19	84.247	5
北京	93.632	2	94.815	2	99.501	2	89.047	45	91.165	2
广州	93.456	3	85.034	3	97.696	3	97.127	11	93.966	1
上海	87.856	4	74.482	24	96.329	7	94.537	23	86.076	4
珠海	86.479	5	76.503	15	94.147	15	96.038	15	79.229	6
南京	86.439	6	74.912	23	95.599	8	88.809	46	86.436	3
佛山	86.247	7	80.443	6	92.988	22	96.219	13	75.337	14
杭州	85.971	8	79.140	10	94.061	16	97.346	9	73.339	25
台州	85.899	9	76.867	13	94.777	10	97.810	6	74.142	18
合肥	85.893	10	81.228	4	96.824	6	91.734	38	73.786	20
安庆	84.480	11	79.957	8	94.397	13	95.813	16	67.754	44
滁州	84.328	12	72.792	31	94.213	14	93.927	26	76.380	10
芜湖	83.908	13	78.940	11	92.342	23	92.167	36	72.183	30
舟山	83.774	14	80.482	5	94.698	11	88.491	47	71.425	33
无锡	83.643	15	73.051	30	90.408	30	97.496	7	73.617	22
衡水	83.619	16	70.735	37	97.129	5	99.526	2	67.087	45
南通	83.519	17	73.117	29	93.331	20	92.904	32	74.724	15
金华	83.436	18	76.283	17	91.302	24	97.438	8	68.722	40
邢台	83.135	19	70.772	36	86.292	37	97.899	5	77.576	8
惠州	82.953	20	74.174	25	91.051	27	92.993	31	73.593	23

续表

城市	一级指标 绿色生态	排名	二级指标 低碳产出	排名	环境污染	排名	环境治理	排名	环境支撑	排名
湖州	82.886	21	71.771	33	83.917	41	98.693	3	77.162	9
廊坊	82.528	22	60.307	51	97.445	4	93.880	27	78.479	7
扬州	82.497	23	70.061	39	93.282	21	92.653	33	73.992	19
宁波	82.397	24	74.939	22	93.474	18	90.103	41	71.074	36
常州	82.333	25	71.073	35	90.438	29	94.700	22	73.119	26
肇庆	82.272	26	78.446	12	80.422	46	95.549	18	74.672	16
石家庄	82.241	27	69.097	44	91.232	25	95.801	17	72.834	27
江门	82.231	28	73.586	27	84.216	39	95.422	20	75.700	11
泰州	82.170	29	70.484	38	94.794	9	92.147	37	71.253	35
池州	82.135	30	76.779	14	86.399	36	91.010	39	74.352	17
盐城	82.071	31	72.454	32	91.123	26	92.573	34	72.135	31
中山	82.006	32	76.164	18	89.847	31	93.777	28	68.235	42
宣城	81.730	33	75.828	21	85.438	38	96.094	14	69.561	39
镇江	81.604	34	66.902	46	93.430	19	93.660	30	72.425	29
东莞	81.480	35	79.862	9	89.594	33	94.848	21	61.618	51
天津	81.318	36	65.722	48	94.500	12	97.145	10	67.905	43
苏州	81.198	37	68.944	45	89.129	34	94.166	25	72.552	28
绍兴	81.167	38	75.964	20	78.602	47	96.641	12	73.461	24
沧州	80.839	39	64.881	49	93.645	17	99.844	1	64.984	50
邯郸	80.312	40	69.642	41	83.635	42	94.199	24	73.771	21
保定	80.292	41	69.652	40	90.526	28	89.128	44	71.863	32
安阳	80.242	42	71.542	34	89.614	32	90.021	42	69.792	38
嘉兴	80.060	43	74.083	26	82.469	43	98.135	4	65.554	49
马鞍山	79.699	44	76.331	16	73.241	50	93.704	29	75.519	12
秦皇岛	77.751	45	66.105	47	84.191	40	90.832	40	69.878	37
张家口	77.370	46	69.627	42	87.430	35	85.394	49	67.031	46
铜陵	76.807	47	80.392	7	75.224	49	76.203	51	75.406	13
唐山	76.562	48	61.191	50	81.558	45	92.229	35	71.269	34
辛集	75.834	49	69.124	43	82.071	44	86.288	48	65.854	48
定州	75.050	50	76.157	19	67.743	51	89.577	43	66.721	47
承德	74.466	51	73.567	28	77.686	48	78.223	50	68.387	41

注：以上数据与排名依据 CEADs 数据库等测算，排名按照绿色生态指标由大到小排序。

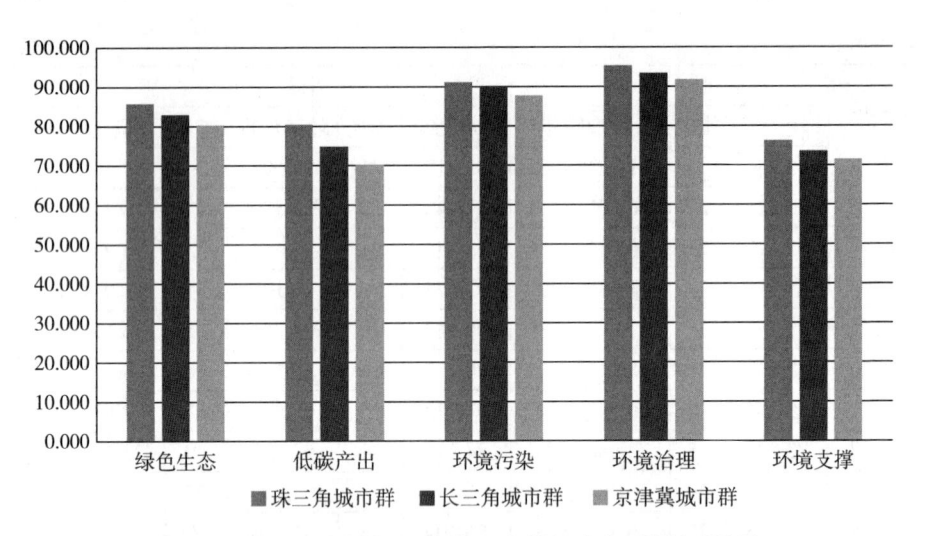

图 2-2 2019 年三个城市群绿色生态指标及分项指标对比图

注：图中数据为三个城市群中各城市指数的算术平均值。

①低碳产出比较。受不同城市经济社会发展水平、能源利用结构、能源使用技术等的影响，珠三角、长三角和京津冀城市群低碳产出指数具有一定差异性。低碳产出排名前 10 位的测评城市中，有 4 个来自珠三角城市群，占其城市群的 44.44%；5 个来自长三角城市群，占其城市群的 19.23%；1 个来自京津冀城市群，仅占其城市群的 6.25%。从低碳产出指标评价得分来看，珠三角城市群、长三角城市群和京津冀城市群的指数均值分别为 80.468 分、74.894 分和 70.183 分。由此可知，三个城市群低碳产出指数差异表现为：珠三角城市群低碳产出指数明显优于长三角和京津冀城市群。珠三角城市群的低碳产出发展优势明显主要得益于深圳市的低碳辐射带动作用和区位经济发展诱发的创新作用；长三角城市群低碳产出处于中位数水平，虽然上海、南京等城市的能源使用技术先进、能源利用结构中一次能源占有比例低，但部分安徽省城市经济发展水平低且能源利用结构中一次能源占有比例高，拉低了长三角城市群的低碳产出指数，是该城市群未来需要重点关注的区域；京津冀城市群内北京的能源结构调整及能源使用技术的创新显著提升了城市群的低碳产出指数，但剔除北京

市，城市群总体排名和得分会大幅下降。

②环境污染比较。环境污染指数同样也存在珠三角城市群优于长三角和京津冀城市群的分化格局，但城市群间差异相对较小。从城市环境污染得分排名结果看，在环境污染指数前10位的城市中，珠三角城市群有2个，分别是深圳和广州，占其城市群的22.22%；长三角城市群有5个，分别是上海、南京、泰州、合肥和台州，占其城市群的19.23%；京津冀城市群有3个，分别是北京、衡水和廊坊，占其城市群的18.75%。从图2-2可以看出，三个城市群环境污染指数均值相当，珠三角城市群指数均值为91.105，长三角城市群为89.971，京津冀城市群为87.763。

③环境治理比较。环境治理指数体现的是对城市经济活动产生固体废弃物和污水的处理程度高低的指数，受基础设施、政策倾向等的影响，城市群间环境治理指数表现出一定的差异性。从图2-2可以看出，珠三角城市群指数均值为95.280，长三角城市群指数可值为93.421，京津冀城市群指数可值为91.815。珠三角城市群得分稍高，京津冀城市群相对较低。就排名结果来看，在环境治理指标前10位的城市中，长三角城市群有6个，京津冀城市群有4个，没有珠三角城市群城市。而在环境治理指标后10位的城市中，长三角和京津冀城市群分别有3个和7个，依旧没有珠三角城市群城市。从中可以看出，珠三角城市群各城市环境治理指数排名较为集中，主要分布于中上游，但缺少发展突出的城市；长三角和京津冀城市群环境治理排名较为分散，京津冀城市群绝大多数城市位居中下游。

④环境支撑比较。环境支撑指数由绿地面积和建成区绿化覆盖率来衡量，绿地面积以及建成区绿化覆盖率高的地区其环境支撑指数也较高。不同城市地理环境差异较大，环境支撑指数必然存在差异。珠三角、长三角和京津冀城市群环境支撑指数的均值分别为76.289、73.698和71.537，平均而言，珠三角城市群的环境支撑水平较高，长三角和京津冀城市群则相对落后。相比其他指标得分，三个城市群的环境支撑指数均不高，未来还有很大的提升空间。

⑤绿色生态比较。在低碳产出、环境污染、环境治理和环境支撑指数共

同作用下，城市群间绿色生态指数也呈现出差异性。从图2-2可以看出，珠三角城市群绿色生态平均分最高，为85.785；长三角城市群次之，为82.996；京津冀城市群最低，为80.324。从排名结果看，绿色生态前10位的城市中有4个来自珠三角城市群，占其城市群的44.44%；5个来自长三角城市群，占其城市群的43.75%；1个来自京津冀城市群，占其城市群的6.25%。进入排名后10位的城市中，有3个来自长三角城市群，7个来自京津冀城市群，没有珠三角城市群城市。珠三角城市群凭借其地理环境、经济发展、能源利用结构、废弃物处理能力等，绿色生态指数评价得分相对较高，在绿色生态发展上的绝对优势凸显。长三角城市群部分城市受煤炭使用多、环卫基础设施差、产业结构单一等因素的影响，绿色生态指数得分居中。京津冀城市群内北京市作为首都，历来重视环境，对环境的投入力度相对较大，近年来在政策的指导下对高耗能、高污染企业进行整改，重点污染排放物大幅度减少。受此影响，北京市绿色生态指数评价得分高。而石家庄、张家口、衡水等城市基于"虹吸效应"，经济社会发展水平一般，长期担任着京津两市工业原料、矿产资源和农产品的供应地以及高耗能产业的输入地的角色，环境重视及环境投入力度较小，所以绿色生态指数评价得分低，京津冀城市群生态发展整体展现颓势。

（2）城市群内差异分析

①珠三角城市群绿色生态指数及排名。2019年珠三角城市群绿色生态指数测算结果如表2-6所示。

表2-6　　　　2019年珠三角城市群绿色生态指数及排名

城市	绿色生态 得分	排名	低碳产出 得分	排名	环境污染 得分	排名	环境治理 得分	排名	环境支撑 得分	排名
深圳	94.943	1	100.000	1	99.984	1	95.542	19	84.247	5
广州	93.456	3	85.034	3	97.696	3	97.127	11	93.966	1
珠海	86.479	5	76.503	15	94.147	15	96.038	15	79.229	6
佛山	86.247	7	80.443	6	92.988	22	96.219	13	75.337	14

续表

城市	绿色生态 得分	排名	低碳产出 得分	排名	环境污染 得分	排名	环境治理 得分	排名	环境支撑 得分	排名
惠州	82.953	20	74.174	25	91.051	27	92.993	31	73.593	23
肇庆	82.272	26	78.446	12	80.422	46	95.549	18	74.672	16
江门	82.231	28	73.586	27	84.216	39	95.422	20	75.700	11
中山	82.006	32	76.164	18	89.847	31	93.777	28	68.235	42
东莞	81.480	35	79.862	9	89.594	33	94.848	21	61.618	51

注：以上数据与排名依据CEADs数据库等测算。

珠三角城市群9个城市中，有4个城市位居所有测评城市的前10位，分别是深圳、广州、珠海和佛山，占城市群的44.44%，其中深圳以94.943的分数位居所有测评城市之首，广州以93.456的高分位居第3位，这两座城市的得分远远高于其他测评城市，绿色生态管理成效显著；惠州、肇庆、江门、中山和东莞排在所有测评城市的第20~35位的位置，位居所有测评城市的中游。总的来看，珠三角城市群各城市绿色生态处于中上游水平的居多。珠三角城市群绿色转型起步早，长期以来珠三角城市群积极践行绿色发展理念，稳步推进生态文明建设，引导形成全社会绿色消费、绿色出行、绿色生活的良好氛围，在绿色低碳发展道路上迈出了坚实的步伐。

图2-3显示了珠三角城市群绿色生态和4个二级指标的对比，图中反映出以下几点：第一，低碳产出得分最高城市深圳与得分最低城市江门之间的差值为26.414，环境污染得分最高城市深圳与得分最低城市肇庆之间的差值为19.562，环境治理得分最高城市广州与得分最低城市惠州之间的差值为4.134，环境支撑得分最高城市广州与得分最低城市东莞之间的差值为32.348。可以看出环境治理指数的波动幅度最小，各城市之间的差距不大；环境支撑指数整体波动明显，各城市之间差异较大，其中东莞和中山拉低了城市群的环境支撑指数，这两座城市要提升城市绿化工作在城市建设中的定位。第二，广州和深圳较为突出，充分发挥了中心城市的带动作用。第三，环境治理和环境污染指数值普遍高于绿色生态，总体对绿色生态指标得分的贡献较大。

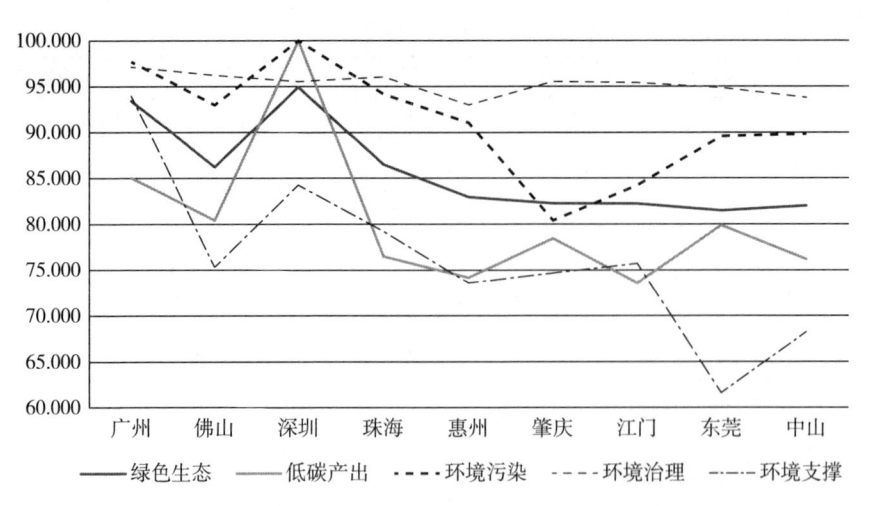

图 2-3　2019 年珠三角城市群 9 个城市绿色生态及分项指数对比

②长三角城市群绿色生态指数及排名。2019 年长三角城市群绿色生态指数测算结果如表 2-7 所示。

表2-7　　　　2019年长三角城市群绿色生态指数及排名

城市	一级指标 绿色生态	排名	二级指标 低碳产出	排名	环境污染	排名	环境治理	排名	环境支撑	排名
上海	87.856	4	74.482	24	96.329	7	94.537	23	86.076	4
南京	86.439	6	74.912	23	95.599	8	88.809	46	86.436	3
杭州	85.971	8	79.140	10	94.061	16	97.346	9	73.339	25
台州	85.899	9	76.867	13	94.777	10	97.810	6	74.142	18
合肥	85.893	10	81.228	4	96.824	6	91.734	38	73.786	20
安庆	84.480	11	79.957	8	94.397	13	95.813	16	67.754	44
滁州	84.328	12	72.792	31	94.213	14	93.927	26	76.380	10
芜湖	83.908	13	78.940	11	92.342	23	92.167	36	72.183	30
舟山	83.774	14	80.482	5	94.698	11	88.491	47	71.425	33
无锡	83.643	15	73.051	30	90.408	30	97.496	7	73.617	22
南通	83.519	17	73.117	29	93.331	20	92.904	32	74.724	15
金华	83.436	18	76.283	17	91.302	24	97.438	8	68.722	40
湖州	82.886	21	71.771	33	83.917	41	98.693	3	77.162	9
扬州	82.497	23	70.061	39	93.282	21	92.653	33	73.992	19
宁波	82.397	24	74.939	22	93.474	18	90.103	41	71.074	36

续表

城市	一级指标		二级指标							
	绿色生态	排名	低碳产出	排名	环境污染	排名	环境治理	排名	环境支撑	排名
常州	82.333	25	71.073	35	90.438	29	94.700	22	73.119	26
泰州	82.170	29	70.484	38	94.794	9	92.147	37	71.253	35
池州	82.135	30	76.779	14	86.399	36	91.010	39	74.352	17
盐城	82.071	31	72.454	32	91.123	26	92.573	34	72.135	31
宣城	81.730	33	75.828	21	85.438	38	96.094	14	69.561	39
镇江	81.604	34	66.902	46	93.430	19	93.660	30	72.425	29
苏州	81.198	37	68.944	45	89.129	34	94.166	25	72.552	28
绍兴	81.167	38	75.964	20	78.602	47	96.641	12	73.461	24
嘉兴	80.060	43	74.083	26	82.469	43	98.135	4	65.554	49
马鞍山	79.699	44	76.331	16	73.241	50	93.704	29	75.519	12
铜陵	76.807	47	80.392	7	75.224	49	76.203	51	75.406	13

注：以上数据与排名依据 CEADs 数据库等测算。

长三角城市群 26 个城市中只有 5 个城市绿色生态指数位居所有测评城市的前 10 位，分别是上海、南京、杭州、台州和合肥，仅占长三角城市群的 19.23%；有一半的城市排在第 11~30 位；盐城、宣城、镇江等 8 个城市排在第 31~47 位，占其城市群的 30.77%。可见，长三角城市群各城市排名较为分散，且绝大多数城市绿色生态位于所有测评城市中游和下游。此外，多数城市在二级指标上有明显劣势。上海的环境污染指数和环境支撑指数均位居前列，而低碳产出和环境治理指数却位居中游。南京的环境治理指数排在最后 10 位而其他三项指数值排名靠前。铜陵的环境治理排在末端位置而低碳产出排在第 7 位。因此，长三角城市群各个城市要聚焦薄弱环节，加大绿色生态监管力度，加快补齐发展短板，从而提升城市群整体竞争力。

图 2-4 显示了长三角城市群绿色生态和 4 个二级指标的对比，图中反映出以下几点：第一，低碳产出指标得分最高城市合肥与得分最低城市镇江之间的差值为 14.326，环境污染指标得分最高城市合肥与得分最低城市马鞍山之间的差值为 23.583，环境治理指标得分最高城市湖州与得分最低城市铜陵之间的差值为 22.490，环境支撑指标得分最高城市南京与得分最低城市嘉兴

之间的差值为20.881。各城市二级指标得分分布分散，城市间水平参差不齐。第二，环境治理和环境污染指标得分普遍高于绿色生态，对绿色生态得分有较大的拉动作用。第三，环境污染指数在嘉兴、湖州、绍兴、马鞍山和铜陵出现明显的下跌，环境治理指数在铜陵市出现急剧下降。尽管长三角城市群一体化发展已经取得了长足进步，但尚未达到成熟阶段，仍然存在城市短板。

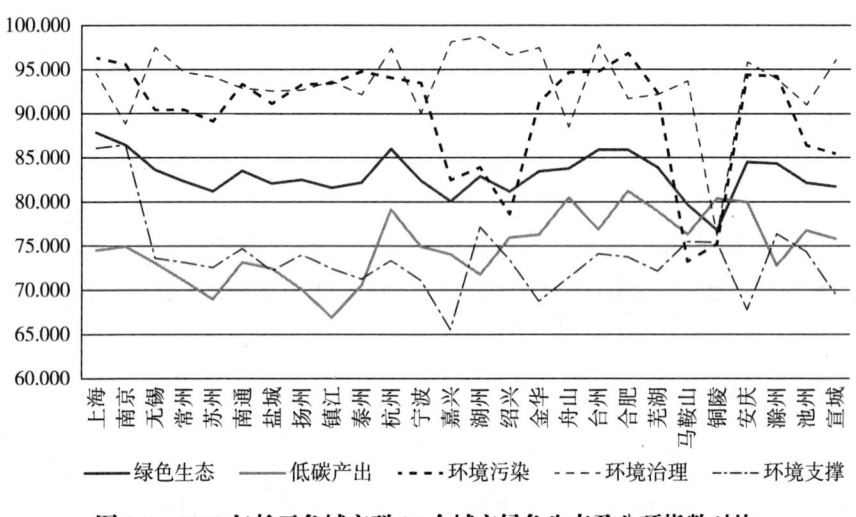

图2-4　2019年长三角城市群26个城市绿色生态及分项指数对比

③京津冀城市群绿色生态指数及排名。2019年京津冀城市群绿色生态指数测算结果如表2-8所示。

表2-8　　　　　　　　2019年京津冀城市群绿色生态指数及排名

城市	一级指标		二级指标							
	绿色生态	排名	低碳产出	排名	环境污染	排名	环境治理	排名	环境支撑	排名
北京	93.632	2	94.815	2	99.502	2	89.047	45	91.165	2
衡水	83.619	16	70.735	37	97.129	5	99.526	2	67.087	45
邢台	83.135	19	70.772	36	86.292	37	97.899	5	77.576	8
廊坊	82.528	22	60.307	51	97.445	4	93.880	27	78.479	7
石家庄	82.241	27	69.097	44	91.232	25	95.801	17	72.834	27
天津	81.318	36	65.722	48	94.500	12	97.145	10	67.905	43

续表

城市	一级指标 绿色生态	排名	二级指标 低碳产出	排名	环境污染	排名	环境治理	排名	环境支撑	排名
沧州	80.839	39	64.881	49	93.645	17	99.844	1	64.984	50
邯郸	80.312	40	69.642	41	83.635	42	94.199	24	73.771	21
保定	80.292	41	69.652	40	90.526	28	89.128	44	71.863	32
安阳	80.242	42	71.542	34	89.614	32	90.021	42	69.792	38
秦皇岛	77.751	45	66.105	47	84.191	40	90.832	40	69.878	37
张家口	77.370	46	69.627	42	87.430	35	85.394	49	67.031	46
唐山	76.562	48	61.191	50	81.558	45	92.229	35	71.269	34
辛集	75.834	49	69.124	43	82.071	44	86.288	48	65.854	48
定州	75.050	50	76.157	19	67.743	51	89.577	43	66.721	47
承德	74.466	51	73.567	28	77.686	48	78.223	50	68.387	41

注：以上数据与排名依据 CEADs 数据库等测算。

京津冀城市群城市间绿色生态发展差异明显，既存在排名第 2 位的北京，又存在排名倒数第 1 位的承德，这两个城市得分相差 19.166；16 个城市中有 7 个城市排在所有测评城市的后 10 位，剩余 9 个城市除北京外均处于中游位置。可见京津冀城市群除北京外各城市的绿色生态表现颓势，整体处于低迷状态。值得注意的是，北京的低碳产出、环境污染和环境支撑指数均排在第 2 位，但环境治理指数排在第 45 位。2019 年北京市一般工业固体废物综合利用率仅为 63.93%，北京的环境治理指数评价得分低是其城市一般工业固体废物综合利用率低造成的。

图 2-5 显示了京津冀城市群绿色生态和 4 个二级指标的对比。图中反映出以下几点：第一，在低碳产出和环境支撑方面，除北京较为突出以外，各城市之间的差距不大。而在环境污染和环境治理方面，城市群整体波动明显，各城市之间差异较大。第二，环境治理和环境污染指标普遍高于绿色生态，总体对绿色生态指数的贡献较大。

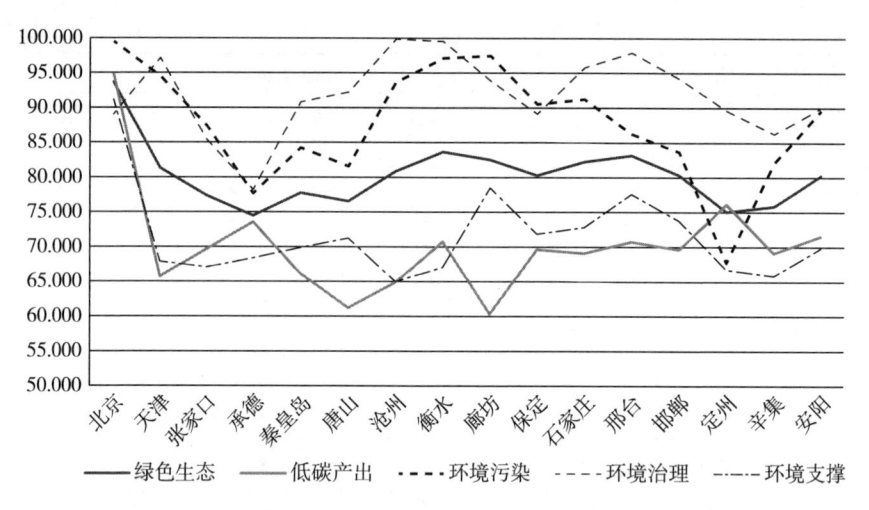

图 2-5　2019 年京津冀城市群 16 个城市绿色生态及分项指数对比

2.2.2　智慧城市指数评价

（1）城市群间差异分析

2019年三个城市群51个城市的智慧城市指标及分项指标测算结果、城市群间智慧城市指标及分项指标的对比结果分别如表2-9和图2-6所示。排在智慧城市指数前10位的城市依次是深圳、北京、上海、广州、苏州、杭州、南京、佛山、天津和合肥。二级指标中，新型基础设施排名前10位的城市依次是上海、北京、广州、深圳、苏州、杭州、天津、南京、宁波和石家庄；创新驱动排名前10位的城市依次是深圳、北京、广州、苏州、上海、佛山、杭州、合肥、南京和宁波。

表2-9　2019年三个城市群51个城市智慧城市指标及分项指标得分及排名

城市	一级指标		二级指标			
	智慧城市	排名	新型基础设施	排名	创新驱动	排名
深圳	93.069	1	86.138	4	100.000	1
北京	91.854	2	95.400	2	88.307	2
上海	90.908	3	99.939	1	81.876	5
广州	88.688	4	90.687	3	86.689	3

续表

城市	一级指标 智慧城市	排名	二级指标 新型基础设施	排名	创新驱动	排名
苏州	83.962	5	83.902	5	84.022	4
杭州	79.685	6	80.467	6	78.902	7
南京	77.040	7	78.187	8	75.892	9
佛山	76.539	8	72.823	13	80.255	6
天津	76.256	9	79.900	7	72.611	13
合肥	75.417	10	72.530	14	78.304	8
宁波	75.395	11	75.900	9	74.890	10
无锡	72.504	12	73.373	11	71.635	17
东莞	72.207	13	72.472	15	71.942	14
中山	70.349	14	67.086	30	73.611	11
绍兴	69.730	15	67.613	25	71.846	15
金华	69.605	16	71.070	17	68.140	20
石家庄	69.249	17	75.373	10	63.125	34
南通	69.237	18	71.665	16	66.809	22
台州	68.817	19	69.931	19	67.704	21
常州	68.636	20	68.683	22	68.589	19
芜湖	68.587	21	64.369	39	72.805	12
嘉兴	67.880	22	67.124	29	68.637	18
珠海	67.725	23	63.683	43	71.768	16
盐城	67.392	24	69.252	21	65.532	29
保定	67.275	25	72.972	12	61.578	42
惠州	67.265	26	68.041	24	66.488	24
湖州	66.429	27	66.287	32	66.570	23
唐山	66.123	28	70.180	18	62.067	39
扬州	66.057	29	66.167	33	65.946	27
泰州	65.923	30	66.470	31	65.376	31
江门	65.875	31	65.983	34	65.767	28
镇江	65.530	32	64.860	36	66.201	26
邯郸	65.444	33	69.577	20	61.310	44
肇庆	65.218	34	67.408	26	63.028	35
沧州	64.806	35	68.470	23	61.142	46
廊坊	64.495	36	67.143	27	61.847	40
宣城	64.027	37	62.559	45	65.495	30

续表

城市	一级指标 智慧城市	排名	二级指标 新型基础设施	排名	创新驱动	排名
邢台	64.027	38	67.143	28	60.911	48
滁州	63.933	39	63.813	42	64.054	33
马鞍山	63.794	40	62.247	46	65.341	32
铜陵	63.587	41	60.973	49	66.201	25
安庆	63.542	42	64.115	41	62.970	36
安阳	63.436	43	65.622	35	61.250	45
衡水	63.175	44	64.767	37	61.584	41
秦皇岛	62.713	45	64.288	40	61.139	47
张家口	62.348	46	64.523	38	60.172	51
舟山	61.943	47	61.437	47	62.450	37
承德	61.895	48	63.589	44	60.202	50
定州	61.308	49	60.500	50	62.116	38
池州	61.294	50	61.120	48	61.469	43
辛集	60.205	51	60.000	51	60.410	49

注：以上数据与排名依据《中国城市统计年鉴 2020》EPS 数据库等测算，排名按照智慧城市指标由大到小排序。

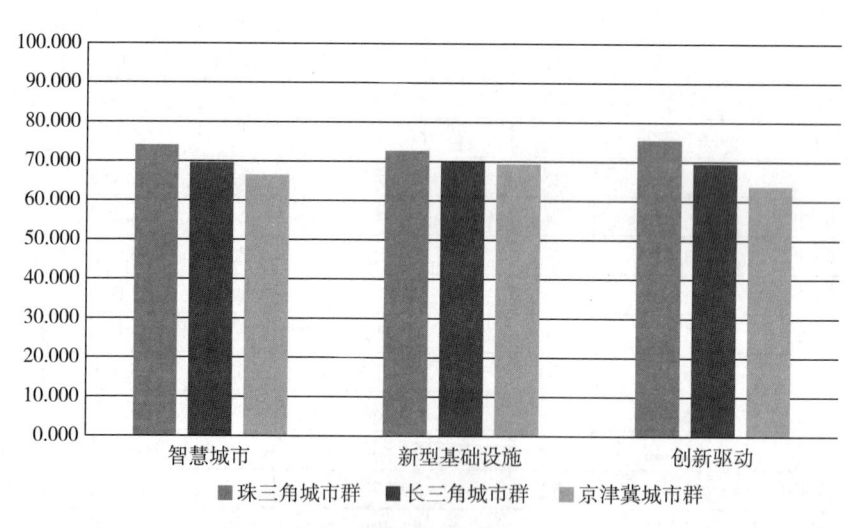

图 2-6　2019 年三个城市群智慧城市指标及分项指标对比图

注：图中数据为三个城市群中各城市指数的算术平均值。

①新型基础设施比较。从图 2-6 可以看出，城市群间新型基础设施指标得分较接近，区域内差异不明显。珠三角城市群新型基础设施指标指数平均值为 72.702，长三角和京津冀城市群分别为 69.771 和 69.340。珠三角城市群得分稍高，其他城市群水平基本持平。就排名结果来看，在新型基础设施指标前 10 位的城市中，珠三角城市群有 2 个，占其城市群的 22.22%；长三角城市群有 5 个，占其城市群的 19.23%；京津冀城市群有 3 个，占其城市群的 18.75%。总体来看，珠三角城市群较好，长三角和京津冀城市群间差异较小，发展水平相当。

②创新驱动比较。由于各城市经济社会发展水平、政策的导向型不同，其对人才的吸引力、科学技术支出也有较大差别，北京、上海、深圳等城市凭借其雄厚的经济实力，经济社会活动中科学技术支出、新型信息化设备、对发明专利的资金支持等相比其他城市要高很多，所以城市的创新竞争力也强很多。受此影响，城市群间创新驱动指数差异较大。珠三角城市群创新驱动指标平均得分为 75.505，长三角城市群为 69.525，京津冀城市群为 63.736。珠三角城市群创新驱动优势明显，其次是长三角城市群，京津冀城市群稍弱。从创新驱动得分排名结果看，在创新驱动前 10 位的城市中，珠三角城市群有 3 个，占其城市群的 33.33%；长三角城市群有 6 个，占其城市群的 23.08%；京津冀城市群有 1 个，占其城市群的 6.25%。珠三角城市群优势依旧明显，进一步验证了城市群创新驱动区域差异性的存在。

③智慧城市比较。在新型基础设施指数和创新驱动指数共同作用下，城市群间智慧城市指数差异也很明显。在智慧城市前 10 位的城市中，珠三角城市群有 3 个，占其城市群的 33.33%；长三角城市群有 5 个，占其城市群的 19.23%；京津冀城市群有 2 个，占其城市群的 12.5%。珠三角城市群在智慧城市指标指数中有绝对的优势，其次是长三角城市群。评价得分统计结果显示，珠三角城市群智慧城市指标指数平均值为 74.104，长三角城市群为 69.648，京津冀城市群为 66.538，这也进一步说明智慧城市指数具有珠三角城市群较高、长三角城市群次之、京津冀城市群塌陷的特征。长三角和京津冀城市群智慧城市指数得分低是由其创新驱动指数评价得分低造成的。上海和

南京高校及科研机构众多，创新资源集聚，创新发展投入力度较大，同时作为长三角城市群核心城市，其吸引人才和资金的能力强。2019年，上海市专利申请数为173586件，专利授权数为100587件，相比上年分别提高了23353件和8127件，创新驱动指数得分达到81.876分，城市创新发展水平不断提高。但长三角城市群部分城市例如舟山、滁州、安庆、池州等，由于自身经济实力、产业结构的影响，创新活动成本相对较高，同时缺乏国家级优惠政策的支持，无法吸引人才，所以它们的创新驱动指数评价得分较低，整体上也拉低了长三角城市群智慧城市指数评价得分。京津冀城市群智慧城市建设与长三角、珠三角城市群存在一定差距，主要原因在于河北省城市创新发展动力不足。创新驱动指数排名后10位的城市中，河北省城市占了9个。而北京和天津分别排在第2位和第13位。

（2）城市群内差异分析

①珠三角城市群智慧城市指数及排名。2019年珠三角城市群智慧城市指数测算结果如表2-10所示。

表2-10　　　　2019年珠三角城市群智慧城市指数及排名

城市	智慧城市 得分	排名	新型基础设施 得分	排名	创新驱动 得分	排名
深圳	93.069	1	86.138	4	100.000	1
广州	88.688	4	90.687	3	86.689	3
佛山	76.539	8	72.823	13	80.255	6
东莞	72.207	13	72.472	15	71.942	14
中山	70.349	14	67.086	30	73.611	11
珠海	67.725	23	63.683	43	71.768	16
惠州	67.265	26	68.041	24	66.488	24
江门	65.875	31	65.983	34	65.767	28
肇庆	65.218	34	67.408	26	63.028	35

注：以上数据与排名依据《中国城市统计年鉴2020》EPS数据库等测算。

珠三角城市群9个城市中，有3个城市位居所有测评城市的前10位，分别是深圳、广州和佛山，这些城市具有显著的领先优势。佛山、东莞、中山、珠海、惠州、江门和肇庆 6 个城市排在所有测评城市的第 13~34 位，其中肇庆以 65.218 的指数值位居珠三角城市群的最后 1 位，位居所有测评城市的第 34 位。可以看出，珠三角城市群内各城市智慧城市指数位居中上游的偏多。值得注意的是，深圳的智慧城市和创新驱动指数均排在第 1 位，新型基础设施指数排在第 4 位。深圳作为世界知名的创新之都，在创新驱动发展战略上走在前列，目前正大力推动技术创新、体制创新，重点发展科技、金融等高端产业，朝智慧城市目标稳步推进。

图 2-7 显示了珠三角城市群智慧城市和新型基础设施与创新驱动指标的对比，图中反映出以下几点：第一，除广州、深圳较为突出以外，各城市之间的差距相对较小。第二，创新驱动指标波动幅度最大，创新驱动指标得分最高城市深圳与得分最低城市肇庆之间的差值达到 36.972。第三，广州、惠州、肇庆、江门和东莞 5 个城市新型基础设施指标得分大于创新驱动指标得分，新型基础设施对智慧城市的贡献度大；而佛山、深圳、珠海和中山 4 个城市的创新驱动指标得分大于新型基础设施指标得分，创新驱动对智慧城市得分有较大的拉动作用。

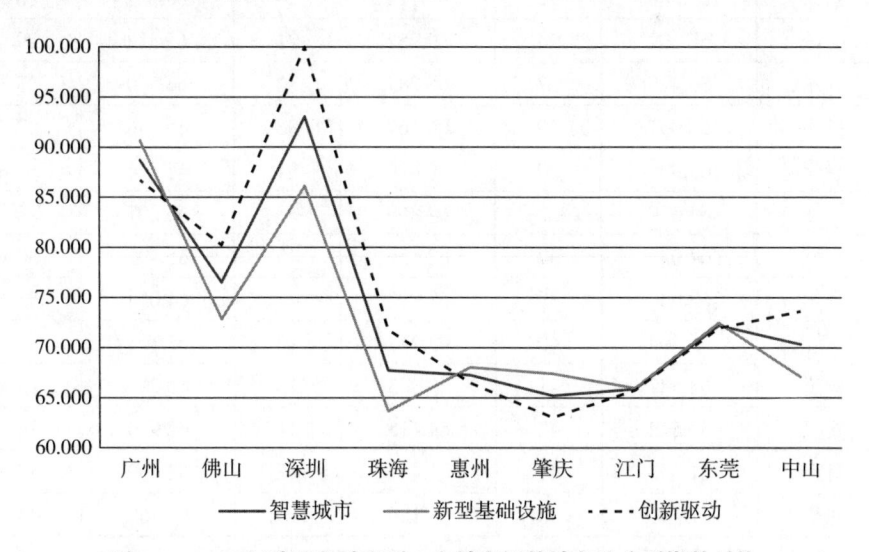

图 2-7　2019 年珠三角城市群 9 个城市智慧城市及分项指数对比

②长三角城市群智慧城市指数及排名。2019年长三角城市群智慧城市指数测算结果如表2-11所示。

表2-11　　　　　2019年长三角城市群智慧城市指数及排名

城市	智慧城市 得分	排名	新型基础设施 得分	排名	创新驱动 得分	排名
上海	90.908	3	99.939	1	81.876	5
苏州	83.962	5	83.902	5	84.022	4
杭州	79.685	6	80.467	6	78.902	7
南京	77.040	7	78.187	8	75.892	9
合肥	75.417	10	72.530	14	78.304	8
宁波	75.395	11	75.900	9	74.890	10
无锡	72.504	12	73.373	11	71.635	17
绍兴	69.730	15	67.613	25	71.846	15
金华	69.605	16	71.070	17	68.140	20
南通	69.237	18	71.665	16	66.809	22
台州	68.817	19	69.931	19	67.704	21
常州	68.636	20	68.683	22	68.589	19
芜湖	68.587	21	64.369	39	72.805	12
嘉兴	67.880	22	67.124	29	68.637	18
盐城	67.392	24	69.252	21	65.532	29
湖州	66.429	27	66.287	32	66.570	23
扬州	66.057	29	66.167	33	65.946	27
泰州	65.923	30	66.470	31	65.376	31
镇江	65.530	32	64.860	36	66.201	26
宣城	64.027	37	62.559	45	65.495	30
滁州	63.933	39	63.813	42	64.054	33
马鞍山	63.794	40	62.247	46	65.341	32
铜陵	63.587	41	60.973	49	66.201	25
安庆	63.542	42	64.115	41	62.970	36
舟山	61.943	47	61.437	47	62.450	37
池州	61.294	50	61.120	48	61.469	43

注：以上数据与排名依据《中国城市统计年鉴2020》EPS数据库等测算。

长三角城市群 26 个城市中,有 5 个城市位居所有测评城市的前 10 位,分别是上海、苏州、杭州、南京和合肥,占长三角城市群的 19.23%,其中上海以 90.908 的指数值位居所有测评城市第 3 位,远高于其他长三角城市。宁波、无锡、绍兴等 13 个城市位于所有测评城市的第 11~30 位,镇江、宣城、滁州等 8 个城市位于所有测评城市的第 32~50 位。长三角城市群大部分城市位居所有测评城市的中游和下游。安庆、舟山和池州的各项指标指数评价得分低,排名均靠后。三地较低的智慧城市指数主要与地区产业结构密切相关。安庆、舟山和池州主要以机械制造、农产品加工、纺织等劳动密集型产业为主,金融、信息、新能源等技术密集型产业发展缓慢,自主创新能力有待提高。

图 2-8 显示了长三角城市群智慧城市和新型基础设施与创新驱动指标的对比,图中反映出以下几点:第一,智慧城市和新型基础设施与创新驱动指标之间有着很强的一致性。第二,各城市之间波动幅度明显,但单个城市的三项指标得分接近。

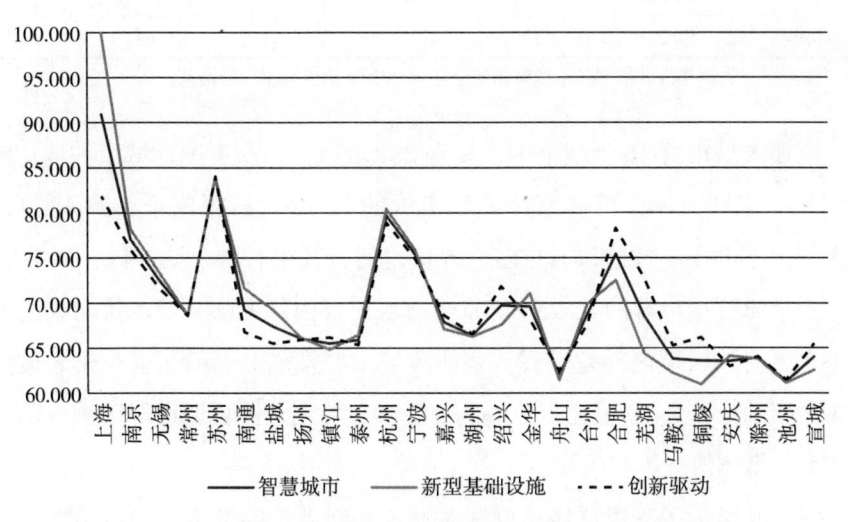

图 2-8 2019 年长三角城市群 26 个城市智慧城市及分项指数对比

③京津冀城市群智慧城市指数及排名。2019 年京津冀城市群智慧城市指数测算结果如表 2-12 所示。

表2-12　　　　　　　2019年京津冀城市群智慧城市指数及排名

城市	智慧城市 得分	排名	新型基础设施 得分	排名	创新驱动 得分	排名
北京	91.854	2	95.400	2	88.307	2
天津	76.256	9	79.900	7	72.611	13
石家庄	69.249	17	75.373	10	63.125	34
保定	67.275	25	72.972	12	61.578	42
唐山	66.123	28	70.180	18	62.067	39
邯郸	65.444	33	69.577	20	61.310	44
沧州	64.806	35	68.470	23	61.142	46
廊坊	64.495	36	67.143	27	61.847	40
邢台	64.027	38	67.143	28	60.911	48
安阳	63.436	43	65.622	35	61.250	45
衡水	63.175	44	64.767	37	61.584	41
秦皇岛	62.713	45	64.288	40	61.139	47
张家口	62.348	46	64.523	38	60.172	51
承德	61.895	48	63.589	44	60.202	50
定州	61.308	49	60.500	50	62.116	38
辛集	60.205	51	60.000	51	60.410	49

注：以上数据与排名依据《中国城市统计年鉴2020》EPS数据库等测算。

京津冀城市群16个城市中，只有2个城市位居所有测评城市的前10位，分别是北京和天津，仅占京津冀城市群的12.5%。石家庄排在第17位，除此之外余下的13个城市均排在第25位之后，其中有7个城市排在倒数后10位，占京津冀城市群的43.75%。京津冀城市群内绝大部分城市排名处于中等以下水平。从区域内部差异看，京津冀城市群排名最高的北京与排名最低的辛集之间的位差为49位，得分差为31.649，可见京津冀城市群区域内部差距也较大，整体情况不容乐观。

图2-9显示了京津冀城市群智慧城市和新型基础设施与创新驱动指标的对比，图中反映出以下几点：第一，同长三角城市群类似，京津冀城市群智慧城市和新型基础设施与创新驱动指标之间保持着很强的一致性。第二，新型基础设施波动明显，图形走势曲折，其中得分最高城市北京与得分最低城

市辛集之间的分差达到35.400。第三，层级分化严重，北京和天津发展势头强劲，其余城市发展动力明显不足。

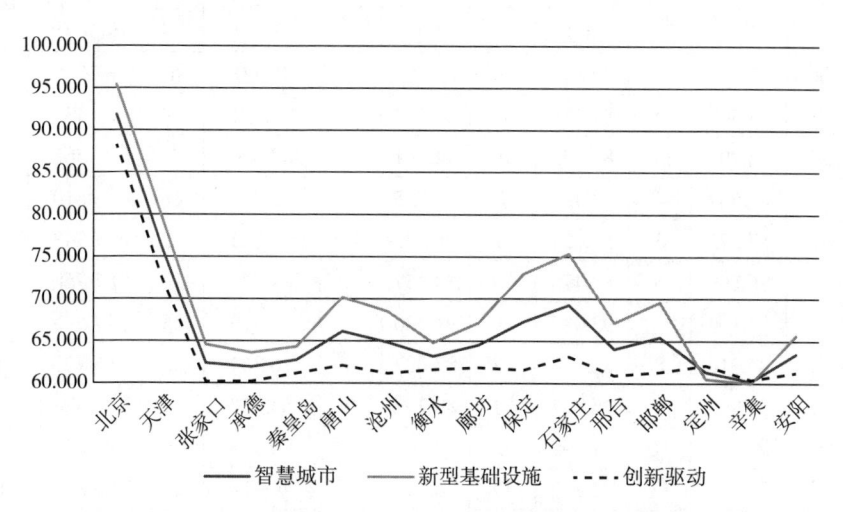

图 2-9 2019年京津冀城市群16个城市智慧城市及分项指数对比

2.2.3 城市化指数评价

（1）城市群间差异分析

2019年三个城市群51个城市的城市化指标及分项指标测算结果、城市群间城市化指标及分项指标的对比结果分别如表2-13和图2-10所示。排在城市化指数前10位的城市依次是北京、广州、南京、深圳、上海、杭州、珠海、无锡、舟山和天津。二级指标中，人口城市化排名前10位的城市依次是深圳、佛山、东莞、珠海、中山、上海、北京、广州、天津和南京；经济城市化排名前10位的城市依次是深圳、南京、无锡、珠海、苏州、广州、常州、北京、舟山和杭州；产业结构城市化排名前10位的城市依次是北京、上海、广州、张家口、石家庄、衡水、南京、天津、廊坊和沧州；生活质量城市化排名前10位的城市依次是北京、杭州、泰州、南京、无锡、南通、湖州、苏州、台州和邢台。

表2-13　三个城市群51个城市城市化指标及分项指标得分及排名

城市	一级指标 城市化	排名	二级指标 人口城市化	排名	经济城市化	排名	产业结构城市化	排名	生活质量城市化	排名
北京	91.719	1	89.845	7	89.254	8	100.000	1	87.779	1
广州	88.333	2	89.735	8	89.594	6	92.572	3	81.432	29
南京	88.292	3	87.172	10	92.391	2	87.040	7	86.562	4
深圳	87.581	4	100.000	1	94.755	1	81.759	18	73.810	48
上海	87.575	5	91.024	6	88.292	11	93.035	2	77.948	37
杭州	86.269	6	83.478	11	89.057	10	84.773	14	87.768	2
珠海	85.104	7	93.083	4	91.760	4	77.975	25	77.596	39
无锡	84.316	8	82.378	12	92.097	3	76.364	32	86.427	5
舟山	83.960	9	75.697	21	89.207	9	85.557	11	85.378	11
天津	83.508	10	87.392	9	78.608	32	86.095	8	81.937	27
合肥	82.920	11	81.772	14	86.296	15	79.714	21	83.899	17
苏州	82.856	12	82.299	13	90.075	5	73.092	40	85.956	8
常州	82.583	13	79.367	16	89.590	7	76.989	28	84.385	16
佛山	82.001	14	96.447	2	87.209	13	72.621	42	71.727	49
镇江	81.883	15	78.511	17	84.734	23	79.066	23	85.222	12
宁波	81.634	16	79.627	15	88.089	12	76.484	31	82.335	26
石家庄	81.141	17	72.906	29	77.676	36	89.024	5	84.956	13
金华	80.429	18	75.775	20	80.455	27	80.928	19	84.559	14
东莞	79.693	19	94.168	3	85.698	16	67.970	50	70.938	50
廊坊	79.603	20	69.951	34	79.111	31	85.741	9	83.609	19
芜湖	79.321	21	73.975	28	85.277	20	76.212	33	81.820	28
马鞍山	79.281	22	76.105	19	84.162	24	76.137	34	80.721	32
湖州	79.133	23	72.474	31	85.413	18	72.647	41	85.998	7
扬州	78.975	24	75.382	23	86.468	14	71.252	44	82.796	21
嘉兴	78.907	25	74.753	25	84.991	21	73.168	39	82.715	22
南通	78.722	26	75.304	24	85.355	19	68.045	49	86.183	6
绍兴	78.716	27	75.539	22	85.476	17	69.295	48	84.552	15
唐山	78.691	28	72.332	32	82.558	26	76.865	29	83.009	20
秦皇岛	78.679	29	69.503	35	77.503	37	85.124	13	82.587	24
泰州	78.527	30	74.282	26	83.713	25	69.296	47	86.817	3
台州	77.714	31	71.845	33	78.272	33	75.170	38	85.568	9

续表

城市	一级指标 城市化	排名	二级指标 人口城市化	排名	经济城市化	排名	产业结构城市化	排名	生活质量城市化	排名
沧州	77.681	32	64.936	41	77.436	38	85.702	10	82.650	23
中山	77.391	33	91.260	5	72.579	49	70.199	46	75.528	46
池州	77.298	34	64.944	40	80.155	29	82.727	17	81.366	30
衡水	77.271	35	63.608	49	75.667	44	87.451	6	82.358	25
张家口	77.215	36	67.664	36	75.933	42	89.035	4	76.229	42
邢台	77.149	37	64.402	45	75.462	45	83.287	16	85.447	10
承德	76.929	38	63.639	47	75.921	43	84.392	15	83.763	18
滁州	76.483	39	64.645	44	84.913	22	75.358	36	81.016	31
盐城	76.404	40	72.788	30	77.860	35	79.183	22	75.787	45
宣城	76.012	41	66.052	39	80.275	28	77.415	27	80.307	33
惠州	75.668	42	78.463	18	77.068	39	71.222	45	75.920	44
江门	75.579	43	74.211	27	75.219	48	76.681	30	76.206	43
邯郸	75.573	44	67.483	37	76.700	41	80.852	20	77.255	41
安庆	74.140	45	61.061	50	77.941	34	78.225	24	79.332	35
保定	73.996	46	64.763	42	75.224	47	85.427	12	70.569	51
肇庆	73.040	47	60.000	51	77.029	40	77.472	26	77.659	38
安阳	72.121	48	63.631	48	69.530	50	75.357	37	79.967	34
定州	71.605	49	64.716	43	75.455	46	71.871	43	74.378	47
铜陵	70.914	50	66.705	38	63.586	51	75.853	35	77.512	40
辛集	70.379	51	64.229	46	79.280	30	60.000	51	78.006	36

注：以上数据与排名依据《中国城市统计年鉴2020》EPS数据库、Wind数据库等测算，排名按照城市化指标由大到小排序。

①人口城市化比较。人口城市化指数是体现人口由农村向城镇转移数量多少的指数。受区域发展水平、第三产业发展状况、政策扶持情况的影响，城市群间人口城市化指数表现出显著的差异性。人口城市化具有珠三角城市群明显好于长三角和京津冀城市群的分化格局。具体如图2-10所示，其中珠三角城市群的均值达到86.374，而长三角和京津冀城市群的均值分别为75.498和69.438。从人口城市化得分排名结果看，在人口城市化前10位的城市中，珠三角城市群有6个，分别是深圳、佛山、东莞、珠海、中山和广州；

长三角和京津冀城市群各有 2 个,分别是上海、南京和北京、天津。珠三角城市群人口城市化优势依旧明显。

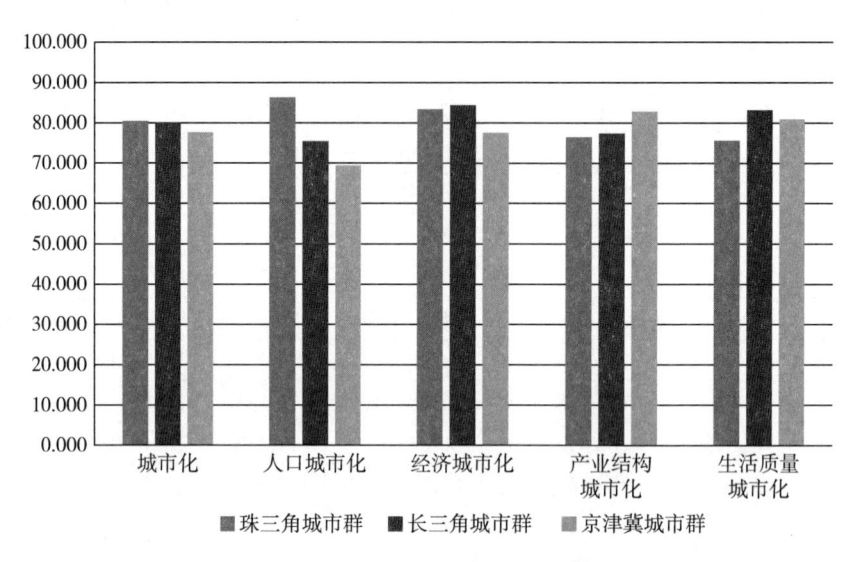

图 2-10　2019 年三个城市群城市化指标及分项指标对比图

注：图中数据为三个城市群中各城市指数的算术平均值。

②经济城市化比较。经济城市化指数同样也存在一定差异性,但这种差异相对于其他指数来说相对较小。从图 2-10 可以看出,京津冀城市群明显落后于其他 2 个城市群,珠三角城市群和长三角城市群间发展差异小,经济发展齐头并进,长三角城市群以 84.390 略高于珠三角城市群。就排名结果来看,在经济城市化前 10 位的城市中,珠三角城市群占 3 个,长三角城市群占 6 个,京津冀城市群占 1 个。

目前,长三角和珠三角地区是中国经济最具活力的两大经济发达区,无论是经济总量还是人均各项经济指标都处于全国其他各地区的前列。2019 年长三角城市群和珠三角城市群人均地区生产总值平均数分别达到 112234 元和 120299 元,这 2 个城市群经济城市化发展主要受地理位置、政策扶持和经济基础的影响。长三角城市群位于华东平原,地势开阔,水上运输便利,是我国内陆运输的桥梁,是产业集中带和生产力发展的主轴线;珠三角城市群毗邻港澳，靠近东南亚，对外商投资的吸引力大，有利于开展国际合作。政策扶持和经济基础则是另外一个重要因素。珠三角地区作为我国了解世界、世界了解中国的窗口，国家在其发展建设过程中给予了相当大的政策扶持。而长三角地区经济基础好，自古以来就是商贾云集的繁华之地，目前长三角地区已初步建立了一个以上海为龙头，以南京、杭州为轴心的经济发展带，正朝着以建立国际金融、贸易、信息中心为目标，区域一体化协同发展的城市带而努力。

③产业结构城市化。产业结构城市化指数相比其他指数呈现出不同的差异性。产业结构城市化总体呈现出京津冀城市群最优，长三角城市群次之，珠三角城市群最弱的局面，具体如图2-10所示。其中，京津冀城市群的指数均值达到82.889，远高于其他城市群；长三角和珠三角城市群的指数均值分别为77.424和76.497，长三角城市群稍高于珠三角城市群。从产业结构城市化排名结果看，在产业结构城市化前10位的城市中，珠三角城市群占1个，长三角城市群占2个，京津冀城市群占7个，达到其城市群的43.75%。按照区域内城市最高得分值与最低得分值的差值来看，珠三角城市群得分最高城市广州与得分最低城市东莞之间的差值为24.602；长三角城市群得分最高城市上海与得分最低城市南通之间的差值为24.990；京津冀城市群得分最高城市北京与得分最低城市辛集之间的差值为40。总体而言，京津冀城市群产业结构呈现高级化，但空间不均衡趋势明显。从当前发展阶段看，北京处于工业发展的成熟阶段，以高新技术产业、战略性新型产业、现代服务业等为主；天津处于工业发展的过渡阶段，以先进制造业及生产性服务业为主；而河北除石家庄、廊坊以外，其余城市处于工业发展的起步阶段，以高耗能、高污染产业为主，建设有效的产业对接路径是京津冀城市群产业升级的必由之路。

④生活质量城市化。生活质量城市化由万人拥有医生数、人均城市道路面积和燃气普及率3个指标衡量。51个城市中有25个城市燃气普及率达到100%，所以生活质量城市化的差异性主要受万人拥有医生数和人均城市道路面积指标的影响。万人拥有医生数以及人均城市道路面积高的地区，其生活

质量往往较好。从图 2-10 可以看出，生活质量城市化的区域差异表现为长三角城市群和京津冀城市群遥遥领先，珠三角城市群最弱。2019 年，珠三角、长三角和京津冀城市群生活质量城市化指数均值分别为 75.646、83.190 和 80.906。从排名结果看，生活质量城市化指标排名前 10 位的城市中，长三角城市群占 8 个，京津冀城市群占 2 个，没有珠三角城市群；排名后 10 位的城市中，长三角城市群占 1 个，京津冀城市群占 3 个，珠三角城市群占 6 个。从中可以看出，长三角城市群总体水平较高，且分布相对较为集中；珠三角城市群和京津冀城市群总体水平较差且排名分布分散，城市间水平参差不齐。

⑤城市化比较。在人口城市化、经济城市化、产业结构城市化和生活质量城市化指数共同作用下，城市化指数区域差异相对较小。从图 2-10 中可以看出，各城市群间的城市化指标得分均值较接近，城市群差异不明显。珠三角城市群城市化指标指数平均值为 80.488，长三角城市群为 80.126，京津冀城市群为 77.704。京津冀城市群得分稍低，珠三角和长三角城市群水平基本持平，珠三角城市群城市化指数得分相对较高是人口城市化指数拉动的结果。

（2）城市群内差异分析

①珠三角城市群城市化指数及排名。2019 年珠三角城市群城市化指数测算结果如表 2-14 所示。

表2-14　　　　　2019年珠三角城市群城市化指数及排名

城市	城市化		人口城市化		经济城市化		产业结构城市化		生活质量城市化	
	得分	排名	得分	排名	得分	排名	得分	排名	得分	排名
广州	88.333	2	89.735	8	89.594	6	92.572	3	81.432	29
深圳	87.581	4	100.000	1	94.755	1	81.759	18	73.810	48
珠海	85.104	7	93.083	4	91.760	4	77.975	25	77.596	39
佛山	82.001	14	96.447	2	87.209	13	72.621	42	71.727	49
东莞	79.693	19	94.168	3	85.698	16	67.970	50	70.938	50

续表

城市	城市化 得分	城市化 排名	人口城市化 得分	人口城市化 排名	经济城市化 得分	经济城市化 排名	产业结构城市化 得分	产业结构城市化 排名	生活质量城市化 得分	生活质量城市化 排名
中山	77.391	33	91.260	5	72.579	49	70.199	46	75.528	46
惠州	75.668	42	78.463	18	77.068	39	71.222	45	75.920	44
江门	75.579	43	74.211	27	75.219	48	76.681	30	76.206	43
肇庆	73.040	47	60.000	51	77.029	40	77.472	26	77.659	38

注：以上数据与排名依据《中国城市统计年鉴2020》EPS数据库、Wind数据库等测算。

珠三角城市群9个城市中，广州、深圳和珠海3个城市位居所有测评城市排名前10位，分别排在第2位、第4位和第7位；佛山、东莞和中山排在第14位、第19位和第33位；而惠州、江门和肇庆位居所有测评城市排名后10位，分别排在第42位、第43位和第47位。由此可见，珠三角城市群内各城市排名差异较大，排名分布分散。

图2-11显示了珠三角城市群城市化和4项二级指标的对比，图中反映出以下几点：第一，人口城市化整体波动明显，各城市之间差异较大。肇庆市2019年常住人口城镇化率为48.63%，人口城市化指数为60，位居所有测评城市的最后一位，如何提高城镇化率是该城市亟待解决的问题。第二，各城市间的生活质量城市化指标得分较接近，区域间差异不明显，图形走势较为平缓。

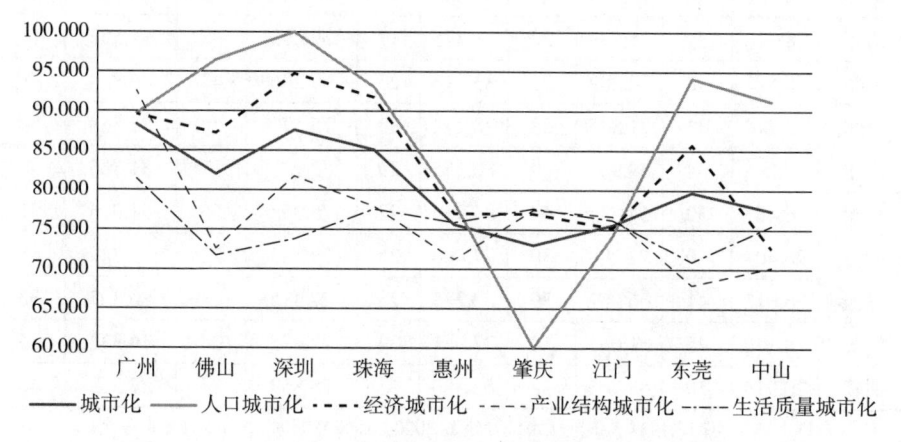

图2-11　2019年珠三角城市群9个城市城市化及分项指数对比

②长三角城市群城市化指数及排名。2019年长三角城市群城市化指数测算结果如表2-15所示。

表2-15　　2019年长三角城市群城市化指数及排名

城市	城市化 得分	排名	人口城市化 得分	排名	经济城市化 得分	排名	产业结构城市化 得分	排名	生活质量城市化 得分	排名
南京	88.292	3	87.172	10	92.391	2	87.040	7	86.562	4
上海	87.575	5	91.024	6	88.292	11	93.035	2	77.948	37
杭州	86.269	6	83.478	11	89.057	10	84.773	14	87.768	2
无锡	84.316	8	82.378	12	92.097	3	76.364	32	86.427	5
舟山	83.960	9	75.697	21	89.207	9	85.557	11	85.378	11
合肥	82.920	11	81.772	14	86.296	15	79.714	21	83.899	17
苏州	82.856	12	82.299	13	90.075	5	73.092	40	85.956	8
常州	82.583	13	79.367	16	89.590	7	76.989	28	84.385	16
镇江	81.883	15	78.511	17	84.734	23	79.066	23	85.222	12
宁波	81.634	16	79.627	15	88.089	12	76.484	31	82.335	26
金华	80.429	18	75.775	20	80.455	27	80.928	19	84.559	14
芜湖	79.321	21	73.975	28	85.277	20	76.212	33	81.820	28
马鞍山	79.281	22	76.105	19	84.162	24	76.137	34	80.721	32
湖州	79.133	23	72.474	31	85.413	18	72.647	41	85.998	7
扬州	78.975	24	75.382	23	86.468	14	71.252	44	82.796	21
嘉兴	78.907	25	74.753	25	84.991	21	73.168	39	82.715	22
南通	78.722	26	75.304	24	85.355	19	68.045	49	86.183	6
绍兴	78.716	27	75.539	22	85.476	17	69.295	48	84.552	15
泰州	78.527	30	74.282	26	83.713	25	69.296	47	86.817	3
台州	77.714	31	71.845	33	78.272	33	75.170	38	85.568	9
池州	77.298	34	64.944	40	80.155	29	82.727	17	81.366	30
滁州	76.483	39	64.645	44	84.913	22	75.358	36	81.016	31
盐城	76.404	40	72.788	30	77.860	35	79.183	22	75.787	45
宣城	76.012	41	66.052	39	80.275	28	77.415	27	80.307	33
安庆	74.140	45	61.061	50	77.941	34	78.225	24	79.332	35
铜陵	70.914	50	66.705	38	63.586	51	75.853	35	77.512	40

注：以上数据与排名依据《中国城市统计年鉴2020》EPS数据库、Wind数据库等测算。

长三角城市群 26 个城市中,有 5 个城市位居所有测评城市的前 10 位,分别是南京、上海、杭州、无锡和舟山。合肥、苏州、常州等 11 个城市排在第 11~25 位,占长三角城市群的 42.31%。南通、绍兴、泰州等 10 个城市排在第 26~50 位,在所有测评城市中排名靠后,这些城市的城市化发展有待进一步提高。总的来看,长三角城市群各城市排名分布分散,城市化指数位居中上游的偏多。值得注意的是,相比其他指标,上海市的经济城市化和生活质量城市化排名相对靠后,其中生活质量城市化指数排名达到第 37 位。上海市经济城市化指数得分相对较低主要受地区生产总值增长率指数的影响。2019 年上海市的地区生产总值增长率仅为 6%,低于全国平均水平 6.1%。而生活质量城市化指数得分低与上海市不断增加的常住人口有关。2019 年上海市常住人口达到 2481 万人,比上年增加了 4.36 万人,其中外来常住人口占比为 40.3%。常住人口增加影响了万人拥有医生数和人均城市道路面积,降低了生活质量城市化指标得分。图 2-12 显示了长三角城市群城市化指标和 4 项二级指标的对比。可以看出,各城市间的指标得分差异大,图形走势曲折。

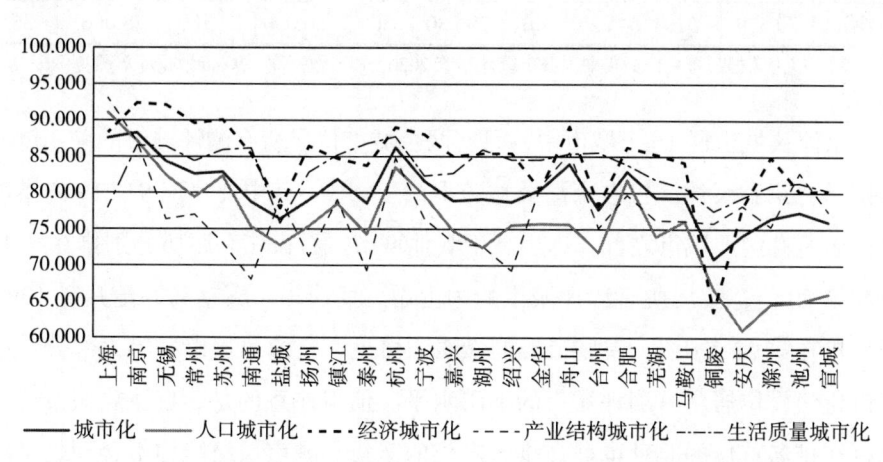

图 2-12 2019 年长三角城市群 26 个城市城市化及分项指数对比

③京津冀城市群城市化指数及排名。2019 年京津冀城市群城市化指数测算结果如表 2-16 所示。

表2-16　　　　　2019年京津冀城市群城市化指数及排名

城市	城市化 得分	排名	人口城市化 得分	排名	经济城市化 得分	排名	产业结构城市化 得分	排名	生活质量城市化 得分	排名
北京	91.719	1	89.845	7	89.254	8	100.000	1	87.779	1
天津	83.508	10	87.392	9	78.608	32	86.095	8	81.937	27
石家庄	81.141	17	72.906	29	77.676	36	89.024	5	84.956	13
廊坊	79.603	20	69.951	34	79.111	31	85.741	9	83.609	19
唐山	78.691	28	72.332	32	82.558	26	76.865	29	83.009	20
秦皇岛	78.679	29	69.503	35	77.503	37	85.124	13	82.587	24
沧州	77.681	32	64.936	41	77.436	38	85.702	10	82.650	23
衡水	77.271	35	63.608	49	75.667	44	87.451	6	82.358	25
张家口	77.215	36	67.664	36	75.933	42	89.035	4	76.229	42
邢台	77.149	37	64.402	45	75.462	45	83.287	16	85.447	10
承德	76.929	38	63.639	47	75.921	43	84.392	15	83.763	18
邯郸	75.573	44	67.483	37	76.700	41	80.852	20	77.255	41
保定	73.996	46	64.763	42	75.224	47	85.427	12	70.569	51
安阳	72.121	48	63.631	48	69.530	50	75.357	37	79.967	34
定州	71.605	49	64.716	43	75.455	46	71.871	43	74.378	47
辛集	70.379	51	64.229	46	79.280	30	60.000	51	78.006	36

注：以上数据与排名依据《中国城市统计年鉴2020》EPS数据库、Wind数据库等测算。

京津冀城市群16个城市中，只有两个城市位居所有测评城市的前10位，分别是北京和天津，仅占京津冀城市群的12.5%。其中北京以91.719的指数值位居所有测评城市之首，远远高于其他城市。石家庄和廊坊分别排在第17位和第20位，位居所有测评城市的中上游。而唐山、秦皇岛、沧州等12个城市排在第28~51位，占城市群的75%。可见，京津冀城市群绝大部分城市城市化建设位居所有测评城市的下游水平。值得注意的是，京津冀城市群内既存在排名首位的北京也存在排名末位的辛集。城市层级结构不合理是京津冀城市群最大的特征。京津两个核心城市发展过于突出，而河北省城市发展动力不足，城市发展的巨大落差使得北京的辐射带动作用难以充分发挥，制约了城市间产业协同发展，未来京津冀城市群应以发展大中型城市为重点，激发城市群发展潜力。

图 2-13 显示了京津冀城市群城市化指标和 4 项二级指标的对比，图中反映出以下几点：第一，各城市间的产业结构城市化指标得分差异大，图形走势最曲折。第二，除北京外，其余城市间的经济城市化指标得分较接近，图形走势较为平缓。第三，人口城市化指标得分普遍低于城市化指标得分，对城市化指标得分的贡献较小；产业结构城市化和生活质量城市化得分普遍高于城市化指标得分，对城市化指标得分的贡献较大。

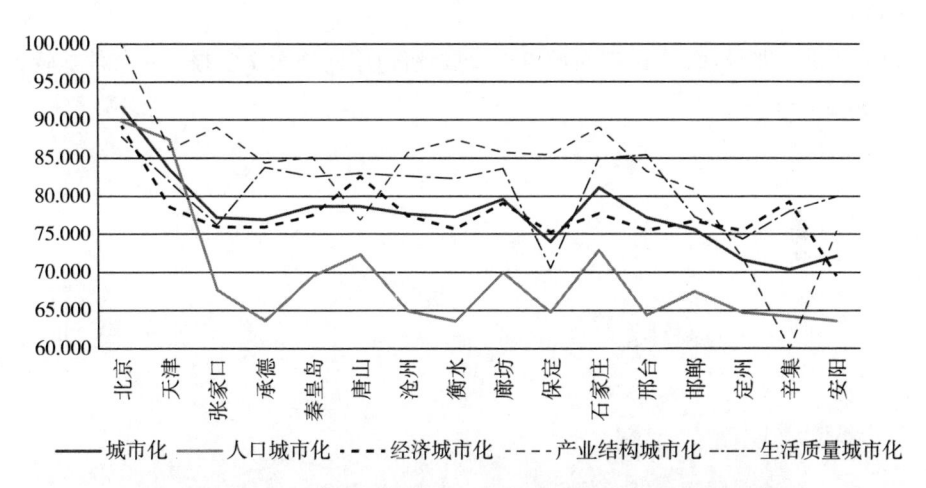

图 2-13 2019 年京津冀城市群 16 个城市城市化及分项指数对比

参考文献

[1] 北京师范大学经济与资源管理研究院，西南财经大学发展研究所，国家统计局中国经济景气监测中心.2015 中国绿色发展指数报告 [M]. 北京：北京师范大学出版社，2015.

[2] 郑林昌，付加锋，高庆先，等. 低碳环保发展绿皮书：低碳环保双重约束下的中国发展评估报告（2005—2011）[M]. 北京：中国环境出版社，2014.

[3] 易昌良 .2015 中国发展指数报告 [M]. 北京：经济科学出版社，2016.

[4] 王德利，许静，高璇. 京津冀城市群城镇化发展现状分析 [J]. 经济研究导刊，2019（7）.

[5] 温天力.协同发展战略下京津冀商贸流通业发展评价[J].商业经济研究,2017(18).

[6] 郭芳,董树功.关于"十三五"时期推进京津冀开发区协同发展的研究[J].商场现代化,2017(12).

[7] 董芸.长珠三角洲经济发展优势分析[J].商场现代化,2007(13).

[8] 王德利.京津冀城市群产业结构演变特征[J].中国集体经济,2018(06).

[9] 王德利,许静,高璇.京津冀城市群城镇化发展现状分析[J].经济研究导刊,2019(07).

[10] 刘士林,张懿玮.中国三大城市群发展评价[J].同济大学学报(社会科学版),2014,25(04).

第二部分

专题报告
中国城市碳达峰碳中和研究

第 3 章

中国城市低碳产业的发展战略研究

3.1 中国城市低碳产业的发展现状

3.1.1 低碳产业的相关概述

（1）低碳产业的概念

低碳，顾名思义，就是减少含碳气体的排放，低碳产业即是碳排放量较低的产业集群。城市低碳发展的重点和核心是低碳产业，低碳经济发展的载体和渠道也是低碳产业。低碳产业有广义和狭义之分，狭义的低碳产业主要是指在生产销售过程中产生少量含碳污染物的企业或服务业；而广义的低碳产业还包括提供节能减排的服务行业及能净化和处理相关含碳污染物的相关行业。大部分的国内学者都对低碳企业有不同的定义，本报告认为低碳产业是以低碳技术开发和创新为核心，以低排放、低消耗、低污染为基础，实现绿色生产、降低碳排放水平为特点的具有光明发展前景的新兴产业。与城市传统产业相比，低碳产业最独特的优势在于通过科技化的手段和技术充分利用现有的资源，进而达到碳排放水平的降低。

（2）低碳产业的特点

与传统的产业相比，城市低碳产业具有以下特征。

①符合低碳经济的发展。低碳经济是有利于社会稳定发展和国民身心健康的经济发展方式，它的实质是充分利用现有的资源和能源，降低含碳气体的排放量，以此获得较大的经济产出和维护生态平衡。低碳产业是低碳经济发展的载体，也是实现低碳经济长效增长的助推器。发展低碳经济的关键在于转变经济发展方式，降低对能源资源的消耗，促进低碳能源的使用，使国民经济在不对环境造成污染的同时能够稳定增长，因此低碳产业必须低碳化或者无碳化，从而符合低碳经济的发展要求。

②具有节能减排的能力。传统产业的发展方式都是高投入、高消耗，从而造成了生态环境的大肆污染，节能减排是缓解生态压力的有效途径。低碳产业的发展方式是在尽可能减少能源消耗的前提下获得与传统产业对等的经济产出，或者在消耗与传统产业相同的能源水平下获得较高的经济产出。因此低碳产业是能够节能减排、实现低碳发展的产业，这些产业不但能最大限度地保护环境、节约资源和降低污染，还能为人们带来清洁美丽的生活环境，提高生活质量。

③具有产业化的特点。产业化是低碳产业最重要的特征之一，它是低碳产业持续、健康、稳定发展的重要途径，也是低碳经济发展的助推器。低碳产业化的一体工序，从研发到制造，从产品到服务，从运输到售后，均遵循低碳标准，从而形成独具绿色竞争力的产业链。

④具有国家战略性地位。中国正处于经济转型的关键时期，而低碳产业是促进经济发展方式转变的有力武器。随着生态环境压力的日益剧增，中央政府出台了一系列产业扶持政策鼓励低碳产业的发展，因为这些不同于传统产业的新兴低碳产业，在未来具有能够成为一个国家经济支柱产业的可能性，对国家经济的发展和人民的身体健康都具有至关重要的意义和影响，在国民经济中具有战略性地位。

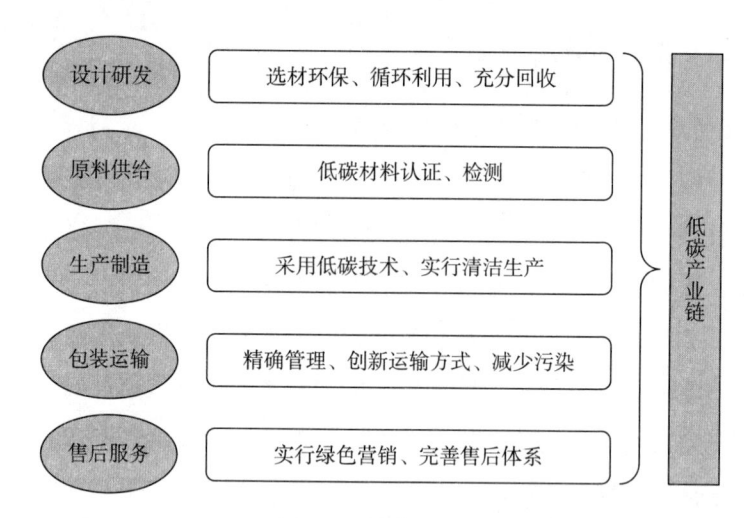

```
设计研发 ── 选材环保、循环利用、充分回收  ┐
原料供给 ── 低碳材料认证、检测              │
生产制造 ── 采用低碳技术、实行清洁生产       ├ 低碳产业链
包装运输 ── 精确管理、创新运输方式、减少污染 │
售后服务 ── 实行绿色营销、完善售后体系       ┘
```

图 3-1　低碳产业链

（3）低碳产业的分类

随着"低碳经济"概念的提出，世界各国都纷纷采取行动发展低碳经济，但对低碳经济具体包括哪些产业并没有统一的看法，对低碳产业的分类也不尽相同。参考李金辉（2011）的研究，部分国家对于低碳产业的分类如图3-2所示。

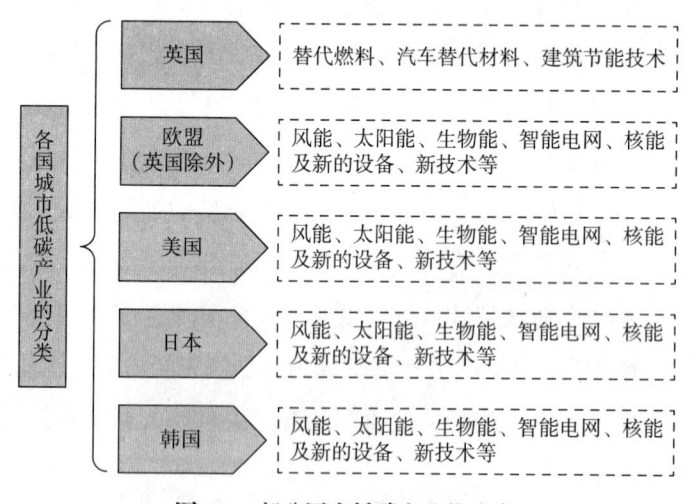

```
                  ┌─ 英国 ──────── 替代燃料、汽车替代材料、建筑节能技术
                  │
各国城市          ├─ 欧盟(英国除外) ─ 风能、太阳能、生物能、智能电网、核能
低碳产业          │                   及新的设备、新技术等
的分类            │
                  ├─ 美国 ──────── 风能、太阳能、生物能、智能电网、核能
                  │                   及新的设备、新技术等
                  │
                  ├─ 日本 ──────── 风能、太阳能、生物能、智能电网、核能
                  │                   及新的设备、新技术等
                  │
                  └─ 韩国 ──────── 风能、太阳能、生物能、智能电网、核能
                                    及新的设备、新技术等
```

图 3-2　部分国家低碳产业的分类

从图3-2中可以大致了解到部分国家内城市对低碳产业的分类，基本都是与环境保护、节能减排、新能源生产的相关产业。英国是"低碳经济"概念的提出国，因此对低碳产业的分类标准较为具体。2009年英国出台的《低碳和环境产品与服务业分析报告》全面介绍了低碳经济及低碳产业的分类，认为低碳产业涵盖23个行业和95个子行业，大致可以划分为环境产品和服务、新能源与新兴低碳行业三大领域。笔者根据该报告和我国的实际，将我国城市的低碳产业分为以下三种。

①环境产品与服务业。环境产品与服务业是服务于环境领域的新兴产业，是低碳产业的重要组成部分，它的发展程度衡量着一国环保产业的成熟度，对于改善一国的生态环境具有十分重要的意义。根据目前中国的情况，环境产品与服务业主要包括环境影响评价、环境学统计、环境监测、污水处理、大气控制、固体废物处置、噪声处理等。随着全球环保意识的与日俱增，环境产品与服务业逐渐受到重视，在国际市场内的份额不断提高。

②新兴能源行业。新兴能源行业（简称新能源行业）主要是对新能源的发掘与利用的相关产业，目前中国的新能源主要包括水电、风能、太阳能、生物能、核能、地热能、氢能、海洋能等。新能源产业的发达程度是衡量一个国家或地区高新技术发展水平的重要依据，也是新一轮国际竞争的战略关键。新能源行业是我国近年来加快培育和发展的战略性新兴产业之一，也是未来城市低碳发展的重要产业，多种支持新能源政策利好，新能源产业市场发展前景一片光明。

③新兴低碳产业。新兴低碳产业是由传统低碳产业衍生而来，主要包括替代燃料的研发及其应用，如由此衍生的新能源汽车、节能减排建筑技术、核能技术和碳金融。低碳产业的发展依赖于低碳技术的发展，掌握核心的低碳产业技术有利于一国低碳经济的发展，更有利于一国国际竞争力的加强。新兴低碳产业的发展，是带动传统低碳产业发展的引擎，也是推进绿色经济发展的驱动力，还是促进工业设计、现代物流、信息服务等生产性服务业发展的内生动力。

环境产品与服务业：环境影响评价、环境学统计、环境监测、污水处理、大气控制、固体废物处置、噪声处理等

新能源行业：水电、风能、太阳能、生物能、核能、地热能、氢能、海洋能等

新兴低碳产业：新能源汽车、替代燃料、研发中的其他能源、碳捕获与存储、碳金融、能源管理、绿色建筑技术等

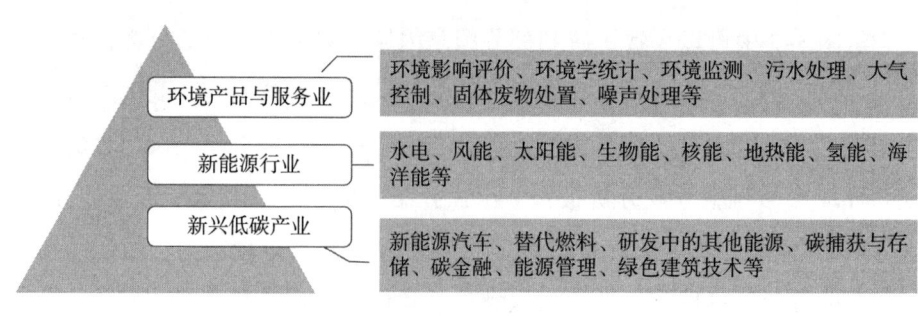

图 3-3 中国低碳产业的分类

3.1.2 中国城市低碳产业的发展现状

（1）中国城市低碳产业快速发展

根据颜俊（2015）的研究，中国的碳排放总量主要来源于产业经济部门，因此控制好产业部门的碳排放水平将大大有利于缓解我国的生态环境压力。我国城市的低碳产业起源于环保产业，从 20 世纪 90 年代开始真正发展，随着近年来国民环保意识的逐渐深化，国家加强了对绿色低碳产业的扶持力度，促进低碳产业形成较为完整的规模和水平，我国各城市的低碳产业整体上取得了一定的成效。目前，我国各城市的产业结构正在不断调整，低碳产业发展的速度正在不断加快。

其一，如图 3-4 所示，2011—2020 年中国第一产业生产总值上升空间有限，第二产业生产总值缓缓上升，而第三产业生产总值增加迅速，2020 年第三产值已经达到 553976.8 亿元。如图 3-5 所示，第二产业产值占比显著下降，2020 年为 37.8%，较 2011 年下降了 18.70%。第三产业产值占比稳步上升，2020 年第三产业产值占国内生产总值的占比达到了 54.5%，远超过第一产业和第二产业。

其二，我国城市低碳产业具有较大的发展潜力。2009 年国家能源局表示中国计划将在 2050 年将可再生能源占能源总比重从目前的 9% 提高到 40% 左右；2013 年《能源发展"十二五"规划》中明确提出单位 GDP 能源消耗降低 16%，主要污染物排放总量减少 10%。根据《能源生产和消费革命

战略（2016—2030）》与党的十九大报告要求，"十四五"期间我国可再生能源、天然气和核能利用将持续增长，高碳化石能源利用大幅减少，能源发展的外部环境将面临深刻的变化。这些规划将为新兴能源、节能环保带来巨大的市场机遇，在国家政策的引导下，各个城市的低碳产业具有无限的发展潜力。

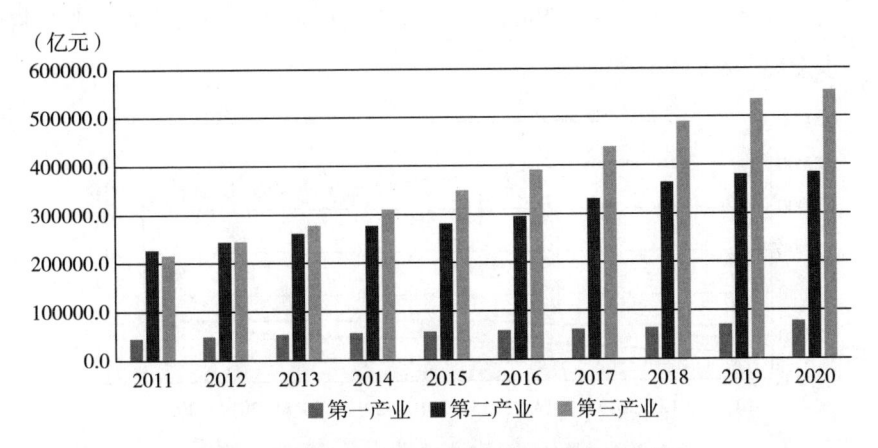

图 3-4　2011—2020 年中国三次产业生产总值

数据来源：中国统计年鉴。

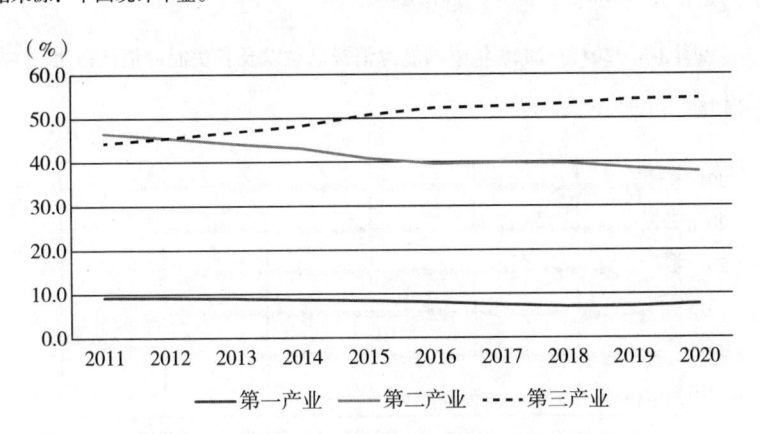

图 3-5　2011—2020 年中国三次产业产值占比

数据来源：中国统计年鉴。

其三，我国城市内的新能源产业普及利用率逐渐提高。如图 3-6 和图 3-7 所示，我国能源消费总量从 2011 年的 38.70 亿吨标准煤，上升到 2020 年的 49.80 亿吨标准煤，十年间增长了 28.68%。具体来看，煤炭能源消费占比十年内下降 19.08%，石油消费占比十年内增长 12.5%，天然气消费占比十年内增速高达 82.61%，水电在此期间的增速为 80.61%，核电在此期间增长了 3.71 倍，风电增速更是高达 8 倍多。天然气、水电、核电、风电能源消费增长速度远远超过了煤炭和石油，这说明我国以煤炭和石油为主的传统能源消费结构正在逐步改善，新兴能源的消费比重逐渐加强，新兴能源产业将得到进一步发展。

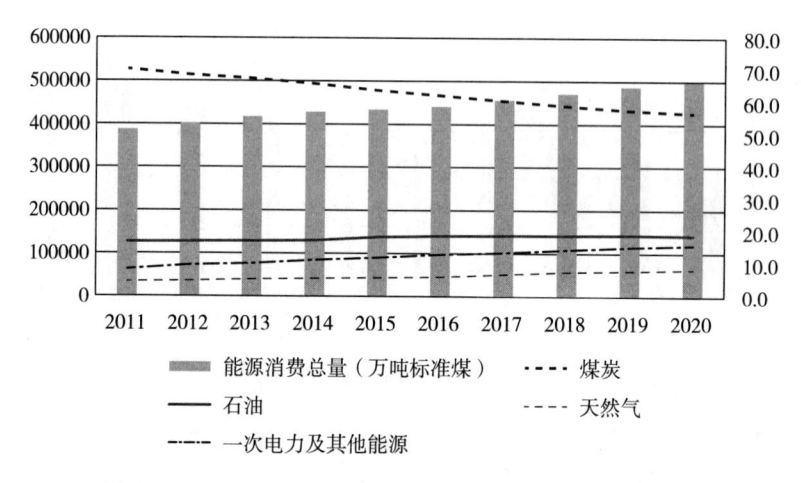

图 3-6　2011—2020 年中国能源消费总量以及各类能源消耗占比

数据来源：中国统计年鉴。

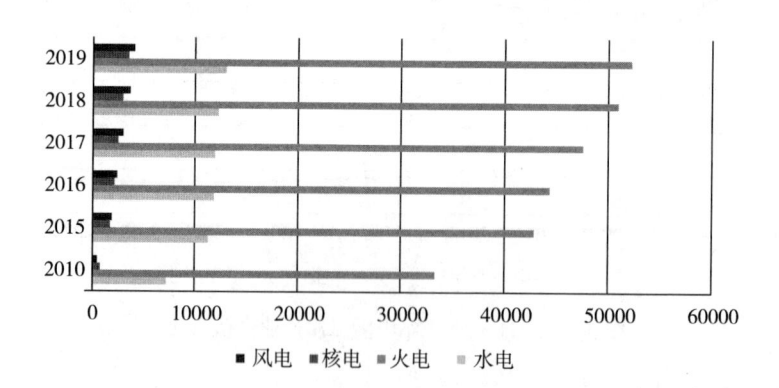

图 3-7　2010—2019 年中国电力能源消费图（单位：亿千瓦时）

数据来源：中国统计年鉴。

（2）低碳技术研发日益见效

在经济发展的任何时期，科学技术的发展都是提高一国核心竞争力的关键要素。低碳技术水平的高低是低碳产业发展的决定性因素，高水平的低碳技术能够促进一国低碳产业及低碳经济的迅猛发展。因此，我国近年来在低碳产业的技术研发方面加大了资金投入，加强了相关设施建设，以促进我国低碳产业的发展。如图3-8所示，在国家重点政策的扶持之下，2020年"碳减排"技术专利申请数量高达14164项，虽近年来有所下降，但较2012年相比仍呈现上涨趋势。新能源发电技术、制氢技术、储能技术、碳捕集、利用与封存（CCUS）技术、碳汇类技术逐渐发展，空气直接捕集CO_2技术、人工光合作用技术、可再生合成燃料技术都得到了提高，新能源产业的利用效率得到了大幅度提升，我国低碳产业的相关技术研发日益见效。虽然我国的技术发展水平显著增加，但目前我国的低碳技术缺乏核心技术创新，城市之间在实现产业化方面仍有较大难度，且有多种核心技术我国仍未掌握，因此与西方发达国家相比具有较大的差距。

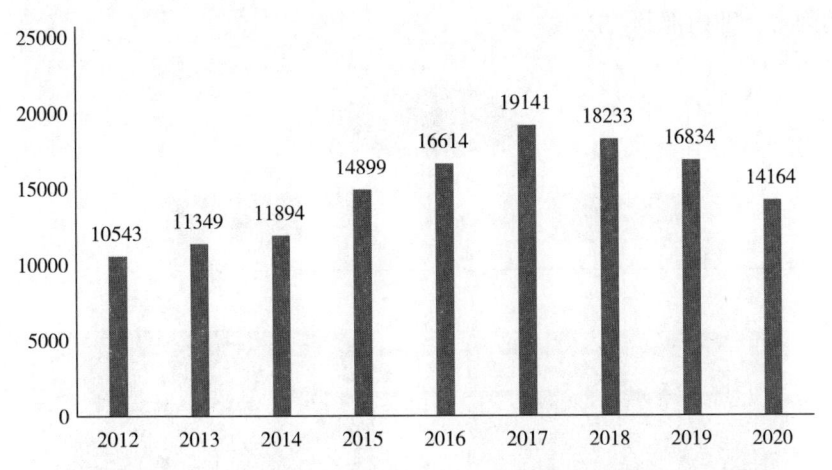

图3-8　2012—2020年中国节能减排技术专利申请情况（单位：项）

数据来源：前瞻产业研究院。

3.2 中国城市低碳产业发展面临的问题

随着污染水平增加、全球气候变暖、海平面上升、生态环境压力不断严峻，世界各国纷纷采取措施应对生态环境恶化的问题。中国作为世界上最大的发展中国家，一方面，大力发展我国经济以满足人民日益增长的物质文化需求是我国主要的任务，另一方面，我国是温室气体排放大国，二氧化碳的排放总量约占世界碳排放总量的20%，虽然中国没有强制性的义务去节能减排，但作为一个负责任的东方大国，我国也会采取手段逐渐降低含碳气体的排放量，为保护全球生态环境献出中国力量。发展低碳产业是既能促进经济增长又能改善生态环境的有效途径，但我国城市的低碳产业在发展的过程中，仍存在着一些制约因素。如图3-9所示，这些因素主要分为两类，一是外部环境对低碳发展的制约因素，即外部制约因素；二是低碳发展本身所带来的制约因素，即内部制约因素。

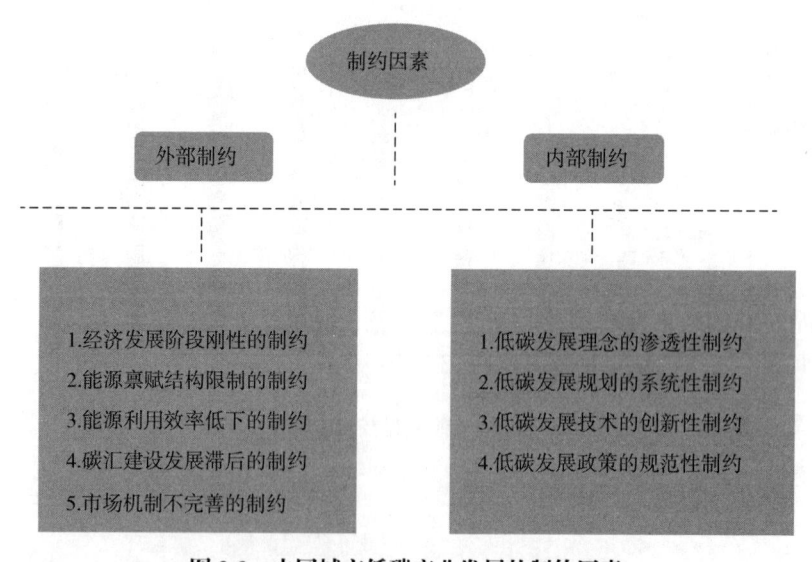

```
                    制约因素
                   /        \
              外部制约      内部制约
                 |             |
    1.经济发展阶段刚性的制约    1.低碳发展理念的渗透性制约
    2.能源禀赋结构限制的制约    2.低碳发展规划的系统性制约
    3.能源利用效率低下的制约    3.低碳发展技术的创新性制约
    4.碳汇建设发展滞后的制约    4.低碳发展政策的规范性制约
    5.市场机制不完善的制约
```

图3-9 中国城市低碳产业发展的制约因素

3.2.1 外部制约因素

（1）经济发展阶段刚性的制约

著名的"环境库兹涅茨曲线"显示，人均 GDP 和人均碳排放之间呈倒 U 形关系，即随着全球经济的逐步发展，生态环境呈现先恶化再逐渐改善的趋势。

中国城市在社会发展初期一直是以"高投入、高排放"的方式发展经济，造成了较高水平的污染。如今我国正处于经济技术水平飞速发展的时代，处于倒 U 形曲线的后半上升阶段，这也是人均 GDP 不断上涨、人均碳排放水平不断增加的阶段。就城镇化而言，根据国家统计局显示的第七次人口普查结果，目前我国有约 9 亿人口居住于城镇，城市化率为 63.89%，较上年增长了23.5%，预计未来仍会继续增长，城镇化水平不断提高；就工业化而言，中国城市仍处于以能源、机械、钢铁等为主体的重工业的发展阶段，对工业化产值及国民生产总值的贡献率均超过了 50%，预计未来工业的前进方向仍是以重工业为主。在如此快速发展的城市化和工业化趋势下，我国的能源及资源消耗、含碳气体的排放量势必会大量增加，加上我国在发展过程中出现了产业结构不合理、高碳能源消费比重高的现象，我国所面临的经济发展和生态失衡的压力与日俱增。我国低碳产业发展起步较迟，如今也不过处于萌芽阶段，因此在促进城市低碳产业发展的过程中，所面临的第一个制约因素就是经济发展阶段的约束。

（2）能源禀赋结构限制的制约

促进低碳经济发展的核心是促进低碳产业的发展，而低碳产业发展的关键是企业在形成产业链的过程中减少碳排放水平，同时要节约能源。因此，除了经济发展阶段能够显著影响低碳发展之外，一国的能源结构特征也能显著影响该国城市的低碳产业的发展程度。作为世界上排名前列的人口大国，我国的能源消耗及温室气体排放也远超其他国家，多年的经济发展让我国形成了化石燃料密集型的能源结构。据国家统计局最新的数据显示，2020 年我国能源消费总量已接近 50 亿吨标准煤，其中煤炭消耗占比 56.8%，成为主要的消耗能源。相较于风电、水电和核电而言，火电的生产量连年增加，并且远远超出其他三种的生产量。在煤炭燃烧和火力发电的过程中，会释放大量的二氧化碳气体，对生态环境造成严重污染。各个城市由于对新能源的开发和利用不足，造成了长期以煤炭能源为主、火力发电为主的能源消耗结构，导致了大量温室气体的排放，这势必成为我国低碳产业发展过程中重要的影响因素。

（3）能源利用效率低下的制约

不仅城市内的能源结构影响低碳产业的发展，各城市能源的利用效率也会显著影响含碳气体的排放量。能源效率利用高的城市，不仅污染排放水平低，经济水平也会快速发展。中国城市的低碳产业结构不仅呈现"高碳性"的特征，而且能源的利用也不充分。总体来看，国家统计局的数据显示，2020 年中国单位 GDP 能耗为 0.49，过去 40 年，我国单位 GDP 能耗年均降幅超过 4%、累计降幅近 84%，能源利用效率虽有所提升，但从国际比较来看，我国单位 GDP 能耗仍是世界平均水平的 1.5 倍，电力、钢铁、有色冶金、石化、建材、化工、轻工、纺织 8 个行业主要产品单位能耗也比国际先进水平高。此外，我国的能源消耗以煤炭为主，而煤炭的终端利用效率极低，这也造就了我国能源利用综合效率比较低下。

（4）碳汇建设发展滞后的制约

碳汇是指通过植树造林、森林管理、植被恢复等措施，经过植物的光合作用后吸收大气中的二氧化碳并储存的过程，主要有森林碳汇、草地碳汇、耕地碳汇、湿地碳汇及海洋碳汇等。碳汇市场是碳市场的重要组成部分，积极推进碳汇市场建设对发展低碳产业具有至关重要的意义。如今城市内现阶段碳汇建设存在一些问题：第一，碳汇市场建设目前还缺乏明确的部署；第二，碳汇交易的基本知识有待普及，公众认知度不高；第三，碳汇市场的相关认证、注册制度尚待完善。由于碳汇市场建设尚不完全，因此对我国城市低碳产业的促进作用还有待加强。

（5）市场机制不完善的制约

低碳市场机制是解决环保问题的有效手段，因此完善的市场机制能够有效配置资源，最大化地发挥的市场的作用。欧盟、美国等均将市场机制引入大气污染的治理，以较低的成本实现了低碳发展的目标。虽然我国早已注意到市场机制的作用，并采取行动将其融入城市低碳发展的领域中，但仍存在一些问题。第一，政府干预过多。即使借鉴西方各国以市场机制促进低碳发展的成功经验，但政府在制定规则时约束过多，导致企业无法发挥自身最大的积极性和能力。第二，金融机构在进行低碳产业发展时没有发挥作用。金融机构是市场发挥作用、激发市场活力的重要参与者，我国在引入市场机制时，并未考虑金融机构的参与环节，导致低碳市场的发展速度变缓。因此，不完善的市场机制也是影响我国城市低碳产业发展的一个制约因素。

3.2.2 内部制约因素

（1）低碳发展理念的渗透性制约

作为新时代应运而生的新兴发展模式，低碳发展的理念对我国现有的生产和生活带来了一定的影响。虽然在政府的强力推动以及保护环境的意识驱使下，居民对低碳发展的理念有一定的了解，但仍然是处于基本概念的层面。低碳发展的过程是低碳技术不断植入的过程，是低碳行为不断深入的过程，要全社会公众都全面理解并且努力实施，需要花费较长的时间，因此，低碳发展理念的渗透性也能制约城市低碳产业的发展。因此，大力推进城市低碳产业的发展，需要充分发挥政府的主导作用，扩大低碳环保的宣传力度，加大低碳理念的普及度，牢牢树立全民低碳意识。

（2）低碳发展规划的系统性制约

即使国际社会没有强行给我国设定碳排放的确定要求，但随着我国经济体量的迅速扩大，排放的温室气体总量也越来越大，仅次于美国，世界其他国家开始要求我国各城市减少温室气体排放。为此，我国也逐渐开始温室气体减排道路的探索。但是，我国主要由政府使用行政手段来主导低碳建设和发展，尤其一些省市各自为政，机械完成数量指标，发展规划缺乏系统性、长远性和统一性，聚焦到低碳研发、能源耗费和城市低碳建设等角度，具体规划又暴露出短视、粗略的缺点。这对我国的低碳建设和发展来说是一个不小的挑战。

（3）低碳发展技术的创新性制约

科学技术与知识水平的力量成为 21 世纪国与国竞争中获胜的关键武器，一国技术水平的高低决定了该国的综合国力，城市技术水平的高低决定了该市的经济发展实力。低碳经济亦是如此，城市低碳技术的研发水平是城市低碳产业发展的关键，只有掌握了核心的低碳技术并不断创新，才能真正地引领城市低碳产业的发展。由上文可知，我国各城市近年来低碳技术研发水平逐渐提高，但仍存在总体技术水平落后、自主研发、创新能力有限、关键设备制造能力差、产业体系薄弱等问题，尤其在核心技术方面，我国与发达国家相比还是处于中低端水平，这是我国目前在产业发展中所面临的最严峻问题。

（4）低碳发展政策的规范性制约

在低碳产业的发展过程中，特别是发展初期，由于存在上述提到的能源利用率差、技术研发不到位等问题，企业在参与低碳产业发展时难以发挥主观能动性。因此，政府的主导对低碳发展至关重要，而政府发挥引领作用的有力举措就是政策创新。政府需根据经济环境大背景、社会的发展状况及低碳产业的发展程度，合理制定相应的保护政策，以构建有利于环境保护、节约能源、降低排放的产业发展模式。虽然近年来我国政府先后制定了一系列的法律法规政策，但是国家政策始终存在时滞效应，在颁布和实施时操作性不强。中央政府颁布的与低碳发展相关的文件和报告缺乏具体、规范化的行动方案，所以应当加快制定、修改和完善与低碳经济发展有关的政策、法律体系，进一步完善我国低碳政策法规环境。

3.3 中国城市低碳产业的发展趋势

3.3.1 制造业加速绿色转型

（1）中国城市制造业存在低碳转型困境

根据比尔·盖茨在《气候经济与人类未来》中从消费端对温室气体排放的分类，生产和制造占31%，电力生产与存储占27%，种植和养殖排放占19%，交通运输占16%，取暖和制冷占7%。自18世纪以来，几次工业革命不断推动人类社会发展进步，全球工业的飞速发展打破了过去几千年来人类活动与自然调节的碳平衡状态，也令工业生产制造成为碳排放的最主要来源，并将承担极大的低碳改造目标。

实现城市制造业的低碳转型目标，对于中国来说是极大的挑战。自改革开放以来，制造业一直担任中国经济腾飞的最重要引擎，整体规模已跃居全球第一。根据国家统计局数据初步核算，2020年中国能源消费总量49.8亿吨标准煤，比上年增长了2.2%。煤炭消费量增长0.6%，原油消费量增长3.3%，天然气消费量增长7.2%，电力消费量增长3.1%。煤炭消费量占能源消费总量的56.8%；天然气、水电、核电、风电等清洁能源消费量占能源消费总量的24.3%，上升了1个百分点。由此可见，尽管我国各城市在工业低碳转型方面已取得可见的进展，速度和力度仍显缓慢和不足。

（2）中国城市制造业转向绿色智能制造

与欧美发达国家相比，中国制造业一直肩负着经济发展增速的硬指标，难以兼顾效益与环保的平衡，往往因绿色环保的生产工艺溢价较高而选择粗放型的经营和生产模式。近年来，随着双碳目标和低碳发展理念在全社会的普及推广，各城市制造业在环保工艺和低碳技术领域开始奋起直追。

2016年9月，工业和信息化部发布了《绿色制造标准体系建设指南（2016—2020）》，绿色制造体系倡导高效、清洁、低碳、循环，以绿色工厂、绿色产品、绿色园区、绿色供应链为主要内容，以企业为建设主体，由第三方评价机制和标准体系为基础。自工信部于2016年首次发布关于绿色制造标准后，截至2020年9月，5批符合标准的绿色制造名单相继公布，累计共评选出2135家绿色工厂，874项绿色设计，173个绿色园区和189个绿色供应链。

绿色智能制造事实上是我国自上而下对制造业进行绿色低碳转型的一种尝试，也是中国对于兑现"30·60目标"的承诺，同时也意在加速我国传统制造业从粗放的能源密集型向技术密集型转变，从而提升城市制造业参与未来国际低碳制造的力量。

3.3.2　传统能源趋于智能化

（1）传统能源生产储存智能化

中国作为世界上最大的发展中国家，稳定而持续的经济增长得益于能源事业的长足发展。同时，能源总量与人均能源拥有量的倒挂导致能源供给压力依然不减，传统能源依然占据主流，支撑庞大的能源消费。2020年《中国统计年鉴》数据显示，以煤炭为主的传统能源仍占据传统能源消耗比重为56.8%。在传统化石能源仍将长期内作为主要能源的大背景下，传统能源管理的智能化，是平衡城市间经济发展、碳排放控制和社会协调的必经之路。

传统能源从发掘到使用，需要涵盖勘探、开采、炼化加工、运输、存储等方面。在智能化的加持下，生产环节逐渐数字化、信息化、融合GIS空间地理信息、大数据分析、移动互联网等新技术，能源勘探与开发能够实现信息可视化、大数据诊断和事故预警。初级能源材料进入再加工环节后，炼化管理系统对加工过程进行实时监测，提升对生产过程的管理精度，为优化生产流程、提高生产效益筑牢基础。同时，智能化管理延伸至运输和仓储环节，进一步打通物流系统，通过对产品流动性的低碳管理，提高生产全过程的产出效益和碳排放管理水平。此外，智能化赋能，也将各个生产相对独立的环节联系起来，推动上下游形成统一的数据模型和数据管理方式，从而实现数据的自动采集和集成式共享。

电力作为二次能源，其运输和消费环节效率较高并且排放极低，但依靠传统化石能源的燃烧式进行生产，二氧化碳减排空间巨大。从电力生产来看，通过对火电厂燃料的智能化管理，能够推动燃料质量评估、计量的标准化，保证化石燃料的合理使用，集中管理的业务流程，也可以在降低管理难度的同时，实现化石燃料使用效率的提升，提高单位碳排放量下的发电水平。从电力传输来看，数字化+电网，可以通过"馈线自动化"等技术形成智能化的输电网络，提升输电效率，数字电网对储能的优化，也大大减少因时空错位带来的能源浪费，有力支撑着减碳事业。

（2）数字技术赋能传统能源

在能源互联网的框架下，能源流和信息流逐渐一体化，能源消费需求的多样化、时间与空间的不均衡带来的需求波动，都可以通过中间路由进行及时的信息读取和方案优化，并传达给能源生产端，从供需双方的协调上平抑能源需求波动。具体到消费端，数字技术最直接的作用在于给能源消费决策提供决策工具。数字化系统可以通过传感器硬件与信息汇总分析软件的结合，实现能源消费及时全面的监测，支撑消费主体对自身能源消费的评估。随着能源革命的深入，能源数字逐渐形成生态，多元主体的数据流、价值流和业务流形成体系，经过进一步的数字化分析，能源消费主体将可以更加准确、科学地制定节能方案，有针对性地对生产环节进行优化。

此外，数字技术更是对能源消费业态的一场变革，消费者将拥有更加广泛的消费选择权。信息技术和智能终端的逐渐普及化，使得消费者可以及时根据市场信息对用能品种进行差异化选择，进而丰富用能选项。这打破了传统单一的能源本身的消费，拓展出"能源、信息、服务"的综合性消费理念，倒逼能源生产端和中间环节采取更加有效的需求平抑方案，催化了更加丰富的能源生产消费、服务的新业态。

2021年4月，南方电网发布《数字电网推动构建以新能源为主体的新型电力系统白皮书》，并指出"数字电网将成为承载新型电力系统的最佳形态"，阐述了新型电力系统"数字赋能、柔性开放、绿色高效"的三大特征。该白皮书认为，"跨省区主干电网+中小型区域电网+配网及微网"的技术形态，将更具有包容性和灵活性，适应新能源分布分散、发电功率不一的特性，对新能源接入电网更加友好，提高新能源在电网消费中的使用比例，推动碳中和目标达成。

从产业形态来看，数字技术的深入将助推清洁能源发展。生产生活方式的转变，孕育了以新能源为能源的设备的市场需求，碳交易的发展和减碳监管措施也将使碳捕获和碳储存相关设备受益。新能源种类繁杂，分布地点不一，新能源上网，给电网的升级带来前所未有的机遇，引导电网向经济、稳定、清洁化方向发展。就下游应用领域来看，数字技术能够优化新能源汽车充电设备的使用效率和支付体验，实现信息的平台化与共享化，优化充电桩的配置，也能助力新能源汽车自动驾驶系统的智能化，并与交通网络大数据等技术结合，减少交通领域的碳排放。

产业形态层面的产业端需求，为数字技术推动碳中和提供市场空间，而消费端领域的新特征，也在潜移默化地依托于数字技术，推动碳排放控制的良性进步。绿色节能、生态环保的理念越来越深入人心，外化在新能源领域，则成为消费者乐于接受的"附加价值的服务"。埃森哲的调查显示，75%的成年人愿意支付更高的价格，选择重视环境保护的商家。除了对节能环保产品的追求，分布式能源设备，如光伏设备，近年来也受到追捧。此外，互联网日益发达，为消费者提供信息交流和共享平台。消费者通过集中的讨论了解新能源产品的发展进程，形成了对新能源的社会监督，在提高新能源曝光率的同时，引导新能源走向整个生产链的低排放甚至零排放。

3.3.3 新能源产业蓬勃发展

（1）城市间新能源汽车加速发展

从消费端来看，占碳排放总量16%的交通运输，与居民个人生活息息相关。乘用车领域的低碳目标主要通过能源消费场景革新实现，即以新能源车代替传统燃油车。自2009年推动新能源车行业发展，在国家财政的大力补贴、公共交通电动化推广和部分主要城市燃油车限购政策下，中国已于2015年成为全球最大的新能源汽车市场。

2020年11月发布的《新能源汽车产业发展规划（2021—2035年）》测算，预计2025/2030年的中国新能源车产销分别650万/1400万辆，渗透率分别为21%/40%，未来十年的复合增速达到25%。研究分析，乘用车行业低碳发展路径较为清晰，中国在锂电领域的技术突破和产业优势，以及中国在新能源车产业链和消费端的数字化变革与创新，有望带动中国乘用车行业在全球产业发展及碳中和表现中实现弯道超车。在新能源车消费领域，根据中国汽车工业协会数据显示，截至2021年5月底，中国新能源汽车保有量约580万辆，约占全球新能源汽车总量的50%。全国已累计建设充电站6.5万座、换电站644座、各类充电桩187万个，建成覆盖176个城市、超过5万公里的高速公路快充网络，发展十分迅速。

（2）清洁能源生产快速增长

随着生态文明建设步伐的加快，绿色发展各项措施有效实施，能源供给侧结构性改革持续推进，以及"一带一路"能源国际合作广泛开展，我国能源生产总体稳中有升，能源清洁化进程进一步加快，能源供应总体平稳。如图 3-10 所示，2011—2020 年中国能源生产总量稳步上升，2020 年中国能源产量为 408000 万吨标准煤。

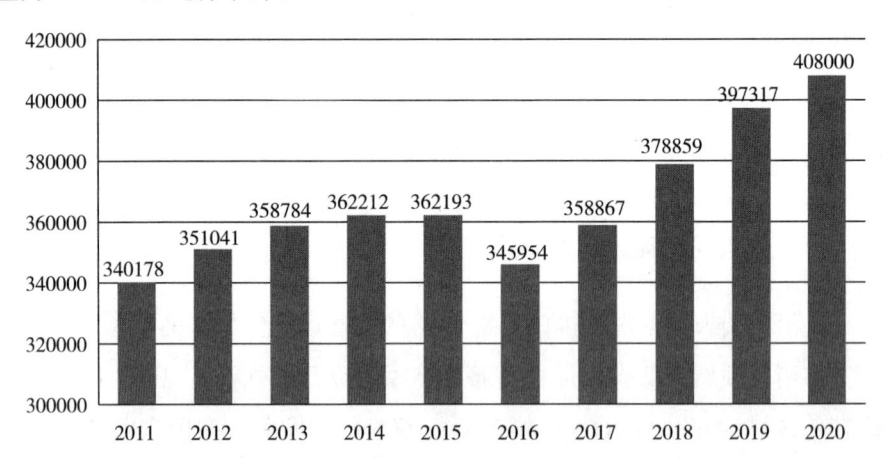

图 3-10　2011—2020 年中国一次能源生产消费总量（单位：万吨标准煤）

数据来源：中国统计年鉴。

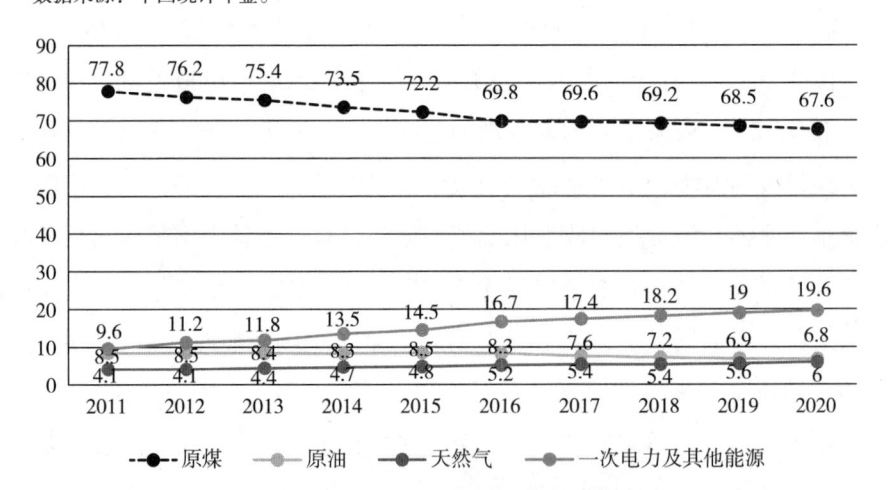

图 3-11　2011—2020 年中国各类能源生产占比

数据来源：中国统计年鉴。

如图 3-11 所示，从各能源占比来看，原煤生产逐渐下降，原油稳定增长，清洁能源产量占比不断提高。2011—2020 年这十年天然气产量占能源总产量比重在不断上升,从 2011 年的 4.1% 上升到 2020 年的 6.0%,同比增长 46.34%,一次电力及其他能源占比从 2011 年的 4.1% 提升至 2020 年的 19.6%,同比增长 3.78 倍。由此可见,我国清洁能源发展越来越受到重视,预计未来也会稳步增长,能源生产逐渐步入石油产量低速增长、天然气及风电等清洁能源高速增长的"新常态"。

参考文献

[1] 陈正东. 我国低碳产业与低碳消费协同发展研究 [D]. 江西师范大学,2012.

[2] 刘晗,顾晓君. 低碳产业发展研究述评 [J]. 上海农业学报,2012,28(04).

[3] 刘传江,章铭. 低碳产业发展研究动态述评 [J]. 生态经济,2012,(02).

[4] 李金辉,刘军. 低破产业与低碳经济发展路径研究 [J]. 经济问题,2011,03.

[5] BEERR,Low carbon and Environmental Goods and Services: an industry analysis. Mar,2009.

[6] 颜俊. 低碳产业发展的金融支持研究 [D]. 杭州:浙江大学,2015.

[7] 伍华佳. 中国低碳产业技术自主创新路径研究 [J]. 社会科学,2013,(04).

[8] 陈晓春,朱仁崎. 我国低碳发展的制约因素及其路径选择 [J]. 西南民族大学学报(人文社科版),2010,31(11).

[9] 陈伯军,赵净. 低碳经济的概念演变及现状与趋势的研究 [J]. 贵州大学学报(社会科学版),2011,29(04).

[10] 白璐,赵增锋. 我国低碳经济发展的制约因素及策略研究 [J]. 环渤海经济瞭望,2015(01).

[11] 赵健,史春媛. 低碳经济视角下城市可持续发展研究 [J]. 经济管理文摘,2021(21).

[12] 王军. 我国低碳产业发展的问题与对策研究 [J]. 理论学刊,2011,(02).

[13] 李健,徐海成. 低碳产业发展问题与对策研究 [J]. 科技进步与对策,2010,27(22).

[14] 曹华军,李洪丞,曾丹等. 绿色制造研究现状及未来发展策略 [J]. 中国机械工程,2020,31(02).

[15] 中经行业发展研究课题组. 能源行业上半年发展报告 [N]. 经济日报, 2021-08-24.

[16] 韩文科. 能源结构转型是实现"碳达峰、碳中和"的关键 [J]. 中国电力企业管理, 2021（13）.

[17] 国办发 [2020] 39 号: 新能源汽车产业发展规划（2021—2035 年）[EB/OL]http://www.gov.cn/zhengce/content/2020-11/02/content_5556716.htm.

[18] 周浩营. 低碳经济视角下我国新能源汽车的发展 [J]. 时代汽车, 2021（20）.

第 4 章

中国城市绿色建筑碳减排效应研究

4.1 中国城市绿色建筑碳减排的基本理念

4.1.1 中国城市绿色建筑碳减排的背景

（1）全球气候变化问题严峻

当今，全球气候变化和能源危机问题日益严峻，对社会和全球经济的可持续发展造成了阻碍，也对环境和生态产生了威胁。近百年来，由于化石燃料的消耗形成了大量二氧化碳的排放，导致全球年平均气温显著升高，突破全球平均气温历史纪录。全球陆地和海洋表面气温在 2020 年 1 月连续第 44 次超过 20 世纪 1 月 12 摄氏度的平均气温，高达 13.14 摄氏度，并且打破了最高历史纪录，该纪录于 2016 年 1 月所创下。北极海冰覆盖面积较 1981—2010 年平均水平低 5.3%，南极海冰覆盖面积较 1981—2010 年平均水平低 9.8%。

全球气候变暖不仅造成了严重的生态威胁，也成为全球公共健康的"最大威胁"。气候变暖导致了全球性的极端天气，影响人们的日常工作和生活，甚至夺去人们的生命。如果不加以控制，全球变暖预计将在未来 100 年内持续甚至加剧，对自然和社会经济系统产生重大的负面影响。

据顶尖医学期刊《柳叶刀》2015年发布的一份年度报告可知，全球气候变暖实际上已直接影响到了全球数亿人的健康。在气候变暖的背景下，随着温度升高，在一定程度上可能会使疾病危险程度和死亡率提升，加速了疟疾及其他多种传染病的传播，传染率在诸多国家逐年上升，并且这些疾病的传播会随着纬度的增加，危险性逐步加大。此外，由于全球气候变暖导致的高温天气还有可能造成人类循环系统紊乱，甚至导致死亡。因此如何有效解决全球变暖问题已成为国际政治、经济和环境关注的焦点，督促世界各大经济体采取更多措施减缓气候变暖、减少二氧化碳排放迫在眉睫。

（2）中国双碳目标的提出

为应对气候变化，已有一些发达国家实现了碳达峰，并进而提出碳中和的战略目标。表4-1向我们展示了部分国家碳达峰年份和碳中和的目标年份。在这样的背景下，中国也顺势提出了我国的双碳目标。2020年9月22日，中国国家主席习近平在第七十五届联合国大会一般性辩论上阐明，在应对全球气候变化的问题上，《巴黎协定》代表了全球绿色低碳转型的大方向，是保护地球家园需要采取的最低限度行动，各国必须迈出决定性步伐。同时宣布，中国将提高国家自主贡献力度，采取更加有力的政策和措施，使二氧化碳排放争取在2030年前达到峰值，即碳达峰，并力争于2060年前实现碳中和。

表4-1　　　　　相关国家和地区提出碳达峰、碳中和时间

国家和地区	碳达峰时间	碳中和时间
美国	2007	2050
欧盟	1990	2050
加拿大	2007	2050
韩国	2013	2050
日本	2013	2050
澳大利亚	2006	2040
南非		2050
巴西	2012	

（3）城市建筑物碳排放现状

建筑物在其全生命周期内各阶段都会产生碳排放，具体可分为：第一，在建筑运行阶段通过对化石能源的直接消耗所产生的碳排放，通常指建筑炊事、热水和分散采暖等行为所产生的碳排放；第二，在建筑运行阶段通过对电力、热力的消耗所产生的碳排放，该阶段是二氧化碳排放的主要来源；第三，在建筑施工和建材生产阶段同样也会产生大量的碳排放。表4-2向我们展示了2009—2018年中国30个省市10年的能源消耗量及碳排放量情况。根据联合国环境规划署计算，全球大约30%~40%的能源都是由建筑业消耗的，建筑业所产生的温室气体约占全球30%，在这样的背景下，如果各国仍不采取应对措施，减少建筑部门的碳排放，那么预计建筑行业温室气体排放将在2050年占到全球总排放量的一半水平以上。

随着我国城镇化的快速发展和人民生活水平的普遍提高，建筑部门所产生的能源消耗不断增加。住建部原副部长、中国城市科学研究会理事长、国务院参事仇保兴指出，城市既是能源和资源消耗的主体，也是节能减排的重点，实现双碳目标应抓住城市的主体地位。建筑行业作为一个城市中的碳排放主要来源，在实现双碳目标的过程中处于重要地位，绿色建筑更是其中的关键。

目前，我国建筑业能源浪费严重，建筑所产生的碳排放量超过全社会一半以上的水平。因此提升建筑能效，降低建筑能耗，在建筑中应用技术发展清洁能源、可再生能源日益成为未来建筑领域碳减排的主要途径，也将是我国实现碳减排目标的重要手段。"十四五"期间，我国各省均发布了相应的建筑能效标准，明确提出推广、发展绿色建筑的要求，各企业为响应政府号召，致力于提升绿色建筑的节能性能，这也成为推动我国大力实施绿色建筑碳减排的重要原因之一。

表4-2　　　　2009—2018年中国城市能源消耗量和碳排放量

年份	2009	2010	2011	2012	2013	2014	2015	2016	2017	2018
能源消耗量/万吨	357238	389511	422305	443217	427490	439945	440751	448715	434397	473697
碳排放量/万吨	8153.4	9134.78	10275.9	10564.76	11243.64	11334.05	11106.99	11223.69	11553.32	11882.96

数据来源：《中国能源统计年鉴》。

4.1.2　城市绿色建筑碳减排的定义

（1）城市建筑碳减排

一个城市中若干相邻建筑物构成在空间组织上紧密联系的建筑群体，这些城市建筑具体包括公共建筑、商用建筑、住宅建筑、科教文卫建筑等其他多功能的建筑。建筑的全生命周期包括从建筑材料的筹划与设计、制作与运输、运营与售后直到报废与再利用的整个循环过程，主要分为筹划、设计、施工与运营四个循序渐进的过程。建筑全生命周期内的空调制冷制热、生活热水、做饭、照明等多种用电行为，都会产生大量的能源消耗，从而产生碳排放。

建筑碳减排，顾名思义，就是减少建筑物全生命周期的碳排放量，根据国务院常务会议决定减少 40%~45% 的单位 GDP 碳排放。建筑碳减排就是通过提高建筑节能标准和能源使用效率，利用可再生清洁能源替代传统能源，回收能源燃烧产生的余热，并且在日常行为上做到节能减排等，根据不同城市的不同特点提出具体技术和管理措施，以期使城市内建筑的能源消耗量和二氧化碳排放量实现长期稳定的降低。从建筑自身角度来讲，建筑业具有很大的减排潜力，因为建筑行业具有成本效益，可以有效地削减约 29% 的全球二氧化碳排放量，这在所有行业部门中是最大的，特别是在发展中国家，从全生命周期来看，建筑部门有 52% 的减排潜力。

（2）绿色建筑

绿色建筑有两个含义。第一，将节约资源、保护环境、减少污染，作为建筑全生命周期的最终目标，将为人类提供健康、适用、高效的使用空间作为行动指南，在最大程度上实现人与自然和谐共生的高质量建筑我们将其称为绿色建筑。绿色建筑是在从选址到设计、施工、运营、维护、翻新和解构的整个建筑生命周期中，创建对环境负责且节约高效的结构和使用流程的实践。第二，绿色建筑是随着气候的变化，能源系统和围护结构具有自动调节的能力，并且可以做到不断适应气候的变化的建筑。例如在我国冬冷夏热的广大长江流域，夏天的时候可以把多余的热量储存在地底下，使土壤成为一个热储存器，到冬天的时候再把这些热量取出来用于取暖，此类建筑的节能水平可超过一般建筑的75%以上，是绿色建筑的主要形式之一。

4.2 中国城市绿色建筑碳减排的直接与间接效应

4.2.1 中国城市绿色建筑碳减排的直接效应

（1）有效减少社会碳排放

"十四五"规划要求到2025年，绿色建筑在城镇新建建筑中的面积要达到90%的水平，并且要应用高达65%以上的绿色建材。根据每年新建筑总量将增长至10亿平方米的计划，如果所有的新公共建筑和超过50%的新城市建筑被迫执行65%或更高的标准，那么建筑行业就需要实现能源消耗和二氧化碳排放量的双减目标，基于此，可以进一步减少建筑业二氧化碳排放的峰值排放量。

在欧盟，建筑业能源需求占总需求的40%以上，而中国这一比例已过半。据图4-3所示，2005—2018年，中国城市地区的能源消耗约占全国总量的近50%，建筑全过程碳排放占比呈现波动趋势，总体均超过一半以上的水平，由此可得，通过控制建筑行业的能源消耗和碳排放，就可以大幅减少我国全社会的碳排放。此外，如图4-4所示，建筑全生命周期内各阶段产生碳排放约占全社会碳排放总量的51.2%，碳排放主要集中在建材生产阶段（28.3%）和建筑运行阶段（21.9%），而建筑施工阶段的碳排放占了建筑全生命周期碳排放的1%。由此得出，传统意义上只考虑建筑运行阶段的碳排放是不全面的，我们应该从全生命周期去减少建筑碳排放。

绿色建筑可以将节能、节水、节材体现在整个生命周期内，从当前建筑运行相关的二氧化碳排放状况来看，大规模推行建造绿色建筑，可以减少建筑全生命周期的能源消耗，减少二氧化碳排放，从而大幅度地减少中国总体碳排放，推动我国全社会实现绿色发展。

该效应在我国江苏省南京市有很好的体现。为响应国家号召，南京市自2016年起建造约9746万平方米的节能建筑，其中以绿色建筑为主，占地8779万平方米，这些新建的绿色建筑大约节省了近115万吨标煤的能源消耗，在一定程度上等同于减少近280万吨的碳排放。与此同时，南京市还将目光放在现有建筑上，主张对其进行节能改造，短短数年，南京市就对281万平方米的已有建筑进行了改造，平均节能率高达15%以上。南京市绿色建筑的发展不仅给南京当地的碳减排贡献了巨大的力量，还对整个江苏省乃至全国的碳减排事业带来了显著的积极影响，南京市也因此成为国家级"公共建筑能效提升重点城市"。

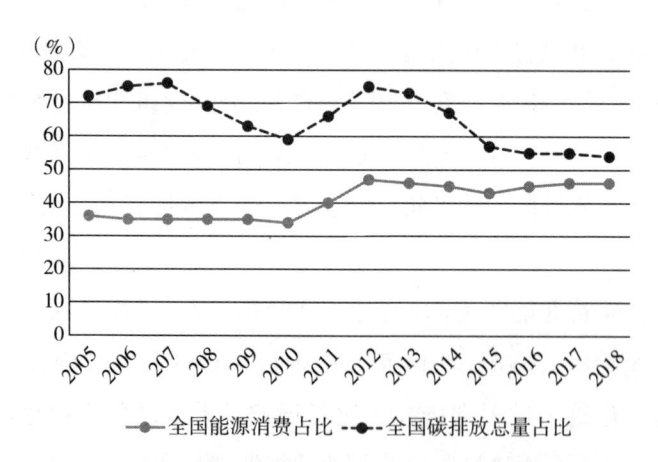

图4-3　2005—2018年建筑全生命能耗和碳排放占全国比重

数据来源：《中国能源统计年鉴》。

图 4-4　2018 年建筑全生命周期碳排放总量占全国能源碳排放的比重

数据来源：《中国能源统计年鉴》。

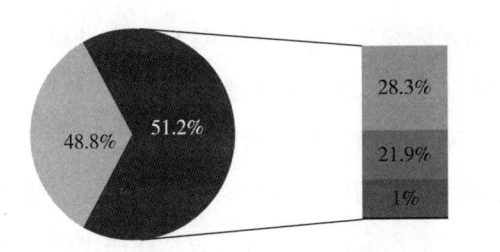

（2）获得可观的经济效益

在当今时代，我国经济飞速发展，建筑行业也在不断推陈出新，取得了显著的经济效益。在"节能、低碳、环保"理念下，绿色建筑的经济效益尤为显著，我们通常使用传统建筑的经济增加值与碳减排的效益加总来描述绿色建筑的经济效益。

多项研究表明，绿色建筑碳减排的经济效益主要可以通过以下几个方面表现出来。第一，在碳减排理念下，绿色建筑可以通过提高员工生产力和员工保留率从而提升企业的市场价值。根据研究得出，物理工作场所对工作满意度的影响高达 24%，例如对于员工而言，与固定照明相比，控制可调节天花板照明会使员工对自己的工作更满意，舒适的工作空间，甚至会使员工认为工作任务难度更小；提升工作场所的能源利用效率，提高热舒适性，会有效提高员工工作的执行力。考虑到照明和热舒适对员工绩效的可衡量影响，生产力的提高可能会对公司产生大幅影响。其结果是，由于工人效率的提高、缺勤率的减少、错误和病假的减少，生产率持续提高了 6% 至 16%，从而节省了非必要的能源消耗和运营成本。第二，通过充分利用建筑项目资源，改善健康和安全条件，减少传统能源使用、维护和运营资金，节省大量经济成本从而获取经济利润。例如可通过设计机械和电气系统包括智能控制系统、高效窗户系统来实现效率的最大化；在屋顶安装天气系统，促进能源的精确应用；通过内部网实现入住率满意度测量系统等等。第三，绿色建筑主张增加建筑物的绿化面积，绿化所产生氧气的环境价值远非工业制氧所能比拟，绿色植物在光合作用中利用光能裂变水来完成，这个反应过程不但对环境不发生污染，而且在光合作用过程中，还在不断地形成树干、枝叶、花、果实，为人类提供有用的物质并带来的经济回报。第四，通过改进技术回收利用资源，变废为宝。例如，利用冷却塔的雨水回收系统，收集大量降水，可用做农田灌溉和工业用水，满足了对水资源的大量需求；在居民楼每层设置储存空间，通过对可回收物的存储和收集，集中处理；通过制定建筑废物管理计划，促进资源再利用，从旧建筑中找寻可以重复使用的建筑材料，如重复使用的混凝土，可节约大量成本，从而产生经济效益。

总之，无论是在节能、节水，还是在节地、节材等多个方面，绿色建筑都蕴含着丰富的经济效益。此外，由于当下我国政策大力支持绿色建筑的发展，在建造绿色建筑上给予的税收优惠与政策补贴也将成为绿色建筑所带来的经济效益的一部分。

（3）适应全球性气候变化

人类生存的家园——地球正面临着全球气候变化带来的严重威胁，全球气候变化将给全球的生态安全、人类的生存以及世界各国的可持续发展带来难以估量的危害，没有哪个国家、团体和个人可以独立应对，更不可能独善其身。鉴于此，全世界各国应通力合作、同舟共济，携手应对全球气候变化给人类带来的威胁。

纵观全球二氧化碳的排放，中美两国就已经占了全球总排放量的44%，再加上2020年11月5日美国宣布退出《巴黎协定》，面对国内外严峻的形势，中国必须承担起减少二氧化碳排放，适应全球气候变化的责任。

中国绿色建筑专家、中国工程院院士刘加平在参加21世纪中心"气候沙龙"时，作了题为"绿色建筑与气候变化"的主题报告，指出无论是高墙深院的徽派建筑，还是以四合院为典型的京派建筑，中国传统建筑的气候适应性与建筑物本身的能源消耗具有同一性，因为同一地区的建筑物具有相同的"技术原型"，这些建筑物都受控于与气候条件相关的指标。刘加平院士还指出："绿色建筑的核心指标与气候条件相关，气候变化影响中国建筑能耗控制目标。"这表明我国发展绿色建筑是适应全球区域性气候变化的重要举措。

从宏观层面上看,中国为应对全球气候变化,对建筑气候区的划分以及对南北供暖线的确定都深切考虑了不同地区气候上的差异,从总量上控制建筑能耗与碳排放。从微观层面上看,由于绿色建筑可以降低建筑室内外温差,在这种情况下就可以减少空调的使用,从而很大程度上减少二氧化碳的排放。绿色建筑第一次颠覆了我国传统的建筑碳排放计算标准,这也使技术人员掌握了国际通用的能耗计算标准,此外城市建筑碳减排方案的设计和评估需要超越当前或未来气候的假设,以考虑气候变化的影响,绿色建筑就充分考虑到这一点。因此通过绿色建筑来达到碳减排是适应全球气候变暖的重要举措,表明了中国在应对全球气候变化问题上的坚定态度。

4.2.2 中国城市绿色建筑碳减排的间接效应

(1)彰显大国责任担当

当今时代,国际社会形势复杂多变,霸权主义和强权政治依然存在,全球经济危机对各国造成的影响仍历历在目,国际恐怖主义、气候变化以及国家安全等一系列全球性问题跨越国界,威胁着数亿人的安全。由于其紧迫性和关联性,困扰世界各国已久的气候问题在倡导人类命运共同体的背景下,需要全球共同应对。再加上近年来国际社会中出现的逆全球化现象,以及新冠肺炎疫情给全球气候治理带来了新的挑战,加大了全球气候治理的不确定性。作为一个有责任敢担当的国家,中国一直以来都在加大力度推动全球气候治理的转型,在气候领域努力践行人类命运共同体,并呼吁世界各国携手共促碳减排,这不仅有助于全球气候治理,也为全人类未来的生存和发展指明了一条优化的道路和前进方向。

"十四五"规划中,中国对城市绿色建筑提出新的要求,这是中国进行生态文明建设的必由之路,也是适应全球气候治理新形势和新特征的关键举措,将给全世界应对气候变化、促进碳减排带来深远影响。中国的这一庄严承诺,在全球引起巨大反响,赢得国际社会广泛的积极评价,多数国家纷纷效仿中国加入碳减排行列,加大对绿色建筑的投入,促进建筑节能转化,在最大程度上减少二氧化碳的排放。

中国推进绿色建筑,实现城市碳减排,彰显了中国不断加强生态环境保护、促进绿色发展、建设生态文明、和国际社会携手共建人类命运共同体的坚定不移的决心,充分体现了中国作为一个发展中国家负责任的大国担当。

(2)提升居民生活品质

近年来,生活水平的不断提高激发了人们的环境意识,人们对生活环境所提出的要求不再局限于温暖舒适,还增加了低碳环保的要求。由于人们平均有80%~90%的时间是在建筑物里度过的,所以城市建筑物成为生活环境的重要组成部分,人们对其的要求也不断提高,城市通过绿色建筑实现碳减排,最大的受益者就是城市里的居民。

根据定义,绿色建筑旨在通过设计优化的室内环境来改善人类健康,并通过减少能源使用来间接影响居民生存的环境水平,从而减少由于空气污染物导致的心血管疾病、哮喘等并发症,建筑内舒适的氛围还有助于居民的正常生理和心理成长。从表4-5中我们可以直观地看到绿色建筑对人类健康绩效指标的具体影响因素,由此得出,绿色建筑对人体健康有着多方面的影响。总体而言,迄今公布的初步科学证据表明,与非绿色建筑相比,绿色建筑对室内环境质量和健康有更好的衡量和感知。在室内环境质量上,绿色建筑加大有机化合物、甲醛、过敏原等对人体有害物质的挥发性,将许多影响居民健康的相关环境污染物在绿色建筑设计中得到了明确处理。

在与传统设施的对比中,通过对自然光和空气的适当规划,绿色建筑还表现出在日光、空气质量和热舒适性等方面的巨大优势。此外,室内外温度的控制、水资源的使用以及室内空气质量的优化等,都会给居民营造一个良好的生活和工作环境,这不仅有利于人们的身体健康,还有利于工作效率的提高,并且在很大程度上提升人们的幸福感和满足感,改善居民的生活方式,为居民打造一个温暖、健康、绿色的"家"。

表4-5　　　　　　　　绿色建筑对健康绩效指标的影响因素

	次要	主要
直接	o 标准测试分数 o 死亡率 o 哮喘/过敏 o 旷工 o 化学物质负担 o 认知功能 s 自我报告的健康状况	o 移动健康传感器（例如压力、心率变化、体力活动） s 生态瞬时评价
间接	o 社会经济地位 s 环境感知 o 居住密度 o 诉讼 o 工作活动 o 员工留任 o 人身安全 o 建筑开支	o 绿色建筑信贷 s 亲生物设计 o 进入绿色空间 o 材料选择 o 绿色清洁 o 通风 o 健康计划 o 虫害综合治理

注：o 客观，s 主观。

4.3　中国城市绿色建筑碳减排的实现路径及现实意义

4.3.1　中国城市绿色建筑碳减排的实现路径

（1）加强绿色技术创新体系建设

先进的技术和改善的生活方式是增加人为碳排放的原因，为了控制人为排放，利益相关者需要提高认识，采用更先进的技术和对环境更友好的方法建造新建筑、改造传统建筑。当代社会高速发展,没有人会拒绝便捷高效的生活方式,这与主张人与自然的协同发展的绿色建筑相背离。而科技作为降低碳排放的核心因素,是解决这两者之间矛盾的有效手段。无论是公共建筑,还是商业建筑,绿色建筑都体现了健康生活方式与新技术的完美融合。我们国家应充分应用前沿科技,突破关键核心技术,推动绿色建筑发展。具体可以通过以下几点来加强绿色技术创新体系建设。第一,将利用传统能源发电的技术转移到热电联产或混合技术上。例如,将传统发电技术与太阳能发电技术相结合,这与传统方法相比可减少40%的碳排放。第二,提升建筑围护结构的热性能。引入绿色创新技术,改造、重建和选择适当的建筑U型系数材料可使碳排放减少平均水平的31%~36%。再利用、再循环和通过燃烧再生能源可节省高达10%的总能源,以减少随之而产生的碳排放。第三,增强日常生活设备功能。通过太阳能发电技术,自动调节室内照明情况,大幅减少电力的使用;创新水循环设备,节约用水量;将电梯运行产生的能量存储起来,通过能量再生电机二次利用,降低能源消耗。

在建造新兴绿色建筑的同时,我国还应对既有建筑进行绿色节能改造。可以通过安装智能节水节电装置,如利用屋顶太阳能板、智能电表和温度传感器、净水器等对现有大楼进行绿色改造。以上一系列绿色技术旨在提高能源效率,致力于减少碳排放,引领中国城市向建筑零排放转变。

(2)健全绿色建筑相应法律法规

法律是促进建筑行业开展节能减排行为的重要举措。近年来,虽然政府发布了严格的低碳政策,并鼓励大规模实施节能技术,但由于政府对市场活动的管理有限,无法对所有市场活动进行有效管控,所以还不足以抑制建筑行业长期的能源消耗和碳排放,因此我们应进一步完善绿色建筑相关法律法规,制定更加严格的政策和措施来对绿色建筑行业进行长远规划。

一方面,推动绿色建筑碳减排,我们需要提高绿色建筑的市场准入门槛,严禁资质不佳的企业进入建筑行业。将《绿色建筑评价标准》作为建筑节能的重要依据和最低要求,以促进碳减排战略的精准实施,并且需要进一步完善和强制遵循《建筑碳排放计算标准》，严格控制建筑物碳排放量。与此同时，政府需加大环境治理力度，建立长效环境管护机制，深化绿色建筑发展创新，推动建筑行业转变绿色发展模式。另一方面，加快推进绿色建筑相关法律法规立法工作的进程，对绿色建筑全生命周期的各阶段碳排放进行详细规定。并完善绿色建筑制度保障，加大执法力度，完善监督体系，制定明确的奖惩机制，对不合规操作给予法律的制裁，以保证每个绿色建筑都合法合规。此外，政府还需加大对绿色建筑的宣传力度，帮助社会公众加深对绿色建筑的了解，并有效区分绿色建筑与非绿色建筑，提升绿色建筑的公众接受度。

只有越来越多的建筑物符合绿色建筑法律法规，在法律约束的前提下给予一定的经济激励，推动建筑全行业符合绿色建筑运行标准，中国才能逐步实现城市绿色建筑碳减排，从而实现建筑零排放的目标。

（3）提升绿色建筑自身能源性能

尽管绿色建筑越来越为人们所熟知，我们却发现在大众眼中，种植绿色植物、节能节水便可以达到绿色建筑的要求，对绿色建筑具体性能并没有清晰的认知。究其根源，是因为目前所建造出的绿色建筑自身性能方面仍存在诸多不足，还有很大的提升空间。绿色建筑将为人们打造健康、舒适、高效的空间作为其最根本的目标，因此提升城市建筑的能源性能一直是碳减排计划和法规的主要目标领域之一。

建筑节能性能不仅取决于建筑设计，还取决于当地气候条件，包括环境温度、湿度、太阳辐射和风力，当地气候的变化也都可能会改变建筑能耗。例如，在相对寒冷的气候条件下，变暖的气候降低了加热能源的需求，相反，在温暖的季节，气候变暖可能会增加建筑物的冷却能源需求。冷却能源消耗导致成本的增加最终可能抵消或超过加热能源节约的效益，特别是在热带和亚热带地区，这种情况表现得尤为显著。因此提升绿色建筑自身能源性能十分必要，可具体从以下几个方面入手。第一，通过整合低能耗建筑技术和可再生能源，实现社区级能源微电网供应。利用风能、水能以及城市生物质能源等可再生能源发电，通过社区的分布式能源微电网以及电动车储能组成微能源系统发电，提升城市建筑的能源性能。第二，在建筑墙体方面，通过使用合适的保温材料来构筑良好的外墙保温系统，根据建筑节能要求设计合适的保温层厚度，克服建筑外立面龟裂、磨损等问题；在建筑门窗方面，也要优选保温隔热效果好的产品，门窗的选择是提升建筑保温节能至关重要的一环，选择保温性能、隔音性能、水密性能、透气性能优越的门窗，也可以有效提升建筑的能源性能，降低能耗。第三，监管机构应加强监管，积极履行监管责任与义务，在审查能源评级方案时提高对建筑能源性能的要求，为提升绿色建筑能源性能形成潜在的推动力。第四，加大对绿色建筑的金融支持，政策引导社会资金向绿色建筑领域倾斜，为绿色建筑提升能源性能提供稳健的资金来源。

（4）适应气候状况采取精准举措

推动中国城市绿色建筑碳减排，还需深度结合我国各城市所处的不同气候区的气候状况，具体问题具体分析，因地制宜地采取有效的应对措施。

第一，在我国南方地区或长江流域谨慎推行"集中供热"系统，以及以天然气为主要燃料的冷、热、电"三联供"或集中供热、集中供电、集中供冷、集中供水的"四联供"系统，因为当地的气候条件可能会造成能源的浪费。第二，进行合理空间布局，防止城市空间低密度扩张。美国的摊大饼式的城市扩张与我国城市发展格局不匹配，我国应对国土进行合理的统一空间规划，就一张规划蓝图进行发展，集约土地，做到土地的最大化利用。第三，结合当地气候状况合理利用玻璃幕墙。玻璃幕墙作为城市建筑现代化的标志，为大多数中心城市所推崇，但在夏热冬暖的南方地区应谨慎使用。因为玻璃本身的导热性能好，隔热效果却较差，夏天的太阳辐射会造成建筑内高温，增加不必要的降温需求。但我国东北地区，冬长夏短的气候造成一年四季的平均气温普遍偏低，在这种情况下通过玻璃幕墙收集太阳光照射产生的热量来调节室内温度，就可以起到减少取暖设备使用的功效。第四，适度推行大面积建设超高层建筑。高层建筑会比普通建筑至少多产生15%的人均能源消耗,因为超高层建筑体量很大,建筑面积可达几万平方米以上,每层的空调通风系统、垂直升降系统、强弱电系统、消防系统、给排水系统、阻尼系统等都需要大量能源供应,不仅会产生超额的能源消耗,还会排放大量热量与二氧化碳。第五,防止过度推行中央空调。中央空调在建筑物中会产生大量能耗,因为中央空调不仅在为空气处理冷量和热量、供给冷热源时会消耗大量能源,风机和水泵在输送空气和水的过程中需要克服流动阻力从而产生大量能源的消耗,不利于能耗的减少。第六,维护农村地区现有土坯房。由于夯土本身的结构属性,所产生的热量仅为混凝土的一半。经过改良的夯土建筑不仅能有效节约能源的消耗和高昂的成本,还可以起到抗震的功效,在土地资源相对广阔的农村地区是完全符合绿色发展的节能建筑。

4.3.2 中国城市绿色建筑碳减排的现实意义

(1) 为"双碳"目标的实现做出有益贡献

"双碳"目标是当下我国进行生态文明建设和实现高质量可持续发展的重大举措,有利于我国加速迈入绿色低碳型社会。

为了实现"双碳"目标,我国全社会各领域都将面临减少碳排放的巨大压力。中国是目前全球既有建筑量和每年新建建筑量最大的国家,现有城镇建筑量高达 650 亿平方米,这些建筑每年仅在运营过程中产生的碳排放量就约占我全社会碳排放的四分之一。建筑业作为全社会碳排放中的关键领域之一,尤其是绿色建筑中所蕴含的巨大减排潜力,使其成为碳减排的突破口。绿色建筑将节约资源、提高资源利用率、降低能源消耗和碳排放作为最终目标,符合中国碳减排背景下的政策要求。因此,大力推进中国城市绿色建筑碳减排,将有效降低全社会大量的碳排放,在根源上助力我国实现"双碳"目标。

自 20 世纪 90 年代绿色建筑概念开始引入中国以来,中国政府相继颁布了若干相关法律文件,旨在推进绿色建筑的发展进程。纵观我国绿色建筑近几十年的快速发展，无论是在标准体系、人才培养还是产业联动方面，都彰显了巨大的技术优势和成本优势，绿色建筑行业的发展也更加高质高效，绿色建筑碳减排将为建筑业乃至全社会碳减排目标提供现实路径，坚持以人为本的碳减排，将助力我国的碳达峰和碳中和的实现。

（2）为建筑业蓬勃发展注入无限潜能

多年来，在推广实践绿色建筑的过程中，通过创新技术的引入与专业设计人员的构思，绿色建筑的性能在不断提高，随之带动建筑材料、绿色施工以及绿色运营等整条产业链的发展，激发了建筑从业人员的无限潜能，不断创新出更加绿色的建筑材料及高效的设计方案，推动建筑行业高质量稳步前进，对促进绿色建筑产业的快速发展和绿色建筑产业链建设的良好运行具有重要的战略意义。

一方面，绿色建筑碳减排不仅可以获得稳定的经济效益，绿色建筑还可以最大限度地满足现代人的生活需求。人体健康和普遍福祉最重要的生理要求是人体保持恒定内部温度的能力，工程设计师们在建造绿色建筑时充分考虑这一需求，通过明智地选择方向、平面图和建筑材料，将热不适的严重影响降至最低，并通过增加动力的使用，提供更高的舒适度和更大的便利性。这些绿色建筑的设计，在满足了人类生理需求的同时，也促进了建筑本身性能的不断提升。

另一方面，近年来由于"三条红线"政策的出台，房地产企业在原有金融领域的生存空间逐年缩减，中国房地产市场处于低迷的状态，各个房地产开发商不断尝试寻求新的获利渠道。由于绿色建筑的节能属性与政策支持，越来越多的房地产开发商将目光锁定绿色建筑，开始认知并接触绿色建筑。在利润的驱动下致力于建造更加节能环保、符合主流需求的建筑，将会进一步推动绿色建筑行业的发展壮大，也将推动未来建筑行业的蓬勃发展，在建筑行业寻求更多的可能性。绿色建筑的发展，还推动了新兴技术和新型材料的创新与应用，无疑推动了相关行业的发展进步。

（3）为中国可持续发展提供现实路径

绿色建筑与可持续发展相辅相成。通过推进一系列绿色建筑碳减排措施，中国碳减排事业取得了前所未有的成功，同时也为人们努力实现可持续发展提供了一个可量化的指标。每个人都会根据不同的因素对可持续发展进行定义，如可持续性目标、背景、意识和经济条件，以不同的方式处理可持续性问题。在建筑学中，绿色是一种设计思想，它包含了人类和社会可持续发展的概念，而绿色建筑主张减少污染和碳排放、节约资源，在资源方面为未来一代提供了发展机会，这与可持续发展节约能源的必要性交相呼应，为可持续发展开辟了新的道路。

与此同时，绿色建筑通过采取大量技术措施来提升建筑使用者在健康舒适、生活便利、环境宜居三个层面上的获得感、幸福感。这些措施与社会其他部门的碳排放密切相关，因此会对建筑碳减排产生间接影响。例如为了提高生活的便利性，在交通方式上提供多种选择，以实现交通部门的个人碳减排；利用木材这种可再生资源作为建筑材料不仅可以减少钢铁等金属材料生产带来的污染和碳排放，还可以带动整个木材产业链的发展。因此，实施绿色建筑的协同增效作用不仅仅体现在有效降低建筑部门碳排放，对城市区域乃至整个社会都具有重要的减排意义，这将促使绿色建筑发展的可持续化目标与经济利益实现有效融合，推动建筑业稳中求好的发展。

在当今社会大力提倡经济与环境两手抓的背景下，由于当前社会发展的需要，传统建筑的高能耗模式必然面临着被淘汰的结局。现如今建筑从业者、政策制定者和其他相关利益者都积极推崇绿色建筑，朝着零能耗建筑迈进。坚持碳减排理念，在全社会大力宣扬绿色建筑，将节约资源与保护环境放在关键地位，有利于实现建筑零能耗的目标，从根本上实现人与自然的和谐共生，贯彻落实可持续发展战略。

（4）为和谐社会的进步提供环境基础

城市建筑碳排放将建筑各阶段产生的碳排放量综合考虑在内。纵观目前总体发展态势，由于我国城镇化进程不断推进，必然会大量使用钢铁、水泥等建筑消耗品，这些建材的使用量已经接近于基础设施建设的使用量，二者之和高达社会生产总量的50%以上，这将会对全社会产生巨额的碳排放，对环境造成不可估量的影响。

近些年来，通过政府、企业、媒体等多方主体大力倡导建造绿色建筑促进碳减排，绿色建筑环境优化功能已成为大势所趋，无论是在建材生产、建筑建造还是建筑运营与维护阶段，绿色建筑设计通常与碳减排进行最大程度的融合，以实现绿色建筑环境效益的最大化。

绿色建筑与碳减排之间的关系是密不可分的，在绿色建筑的设计概念中，不仅要考虑建筑性能的部分，而且要从建筑与人们日常生活产生的碳排放来共同考虑。绿色建筑中所蕴含的环保理念，一方面体现在建筑本身的绿色化设计上，减少建筑自身的能源消耗与碳排放，另一方面体现在统筹规划建筑设计与自然景观，对建筑和自然景观进行一体化设计，从而达到环境保护的意图。

我国绿色建筑经历了初步探索阶段，已走向高速发展阶段，随着绿色建筑设计与建设的不断创新，在环境保护意识的指引下，建筑与绿色的紧密结合，能够为我国减少二氧化碳排放提供强有力的支撑，更好地满足人民的生活、工作需求，从而为现代和谐社会的发展进步提供良好的环境基础。发展和推广绿色建筑体现了节能和环保的人文理念，是全球建筑行业不可逆转的发展趋势，也是推动我国建设特色产业、文化休闲、生态宜居城市的必由之路。

参考文献

[1] 仇保兴. 城市碳中和与绿色建筑[J]. 城市发展研究，2021，28（7）.

[2] 王崇杰，薛一冰. 节能减排与低碳建筑[J]. 工程力学，2010（S2）.

[3] Xianchun Tan, Lai H, Gu B, et al. Carbon emission and abatement potential outlook in China's building sector through 2050[J]. Energy Policy，2018.

[4] 王攀，杨益. 低碳理念下绿色建筑的经济效益探索 [J]. 经济研究导刊，2017，000（035）.

[5] Ries R，Bilec M M，Gokhan N M，et al. The economic benefits of green buildings: a comprehensive case study[J]. The engineering economist，2006，51（3）.

[6] 孙鸣春. 全寿命周期成本理念下绿色建筑经济效益分析 [J]. 城市发展研究，2015，22（09）.

[7] 王有为. 发展绿色建筑是面对气候变化的重要措施 [J]. 住宅与房地产，2019（2）.

[8] Allen J G，MacNaughton P，Laurent J G C，et al. Green buildings and health[J]. Current environmental health reports，2015，2（3）.

[9] Dakwale V A，Ralegaonkar R V. Review of carbon emission through buildings: threats, causes and solution[J]. International Journal of Low Carbon Technologies，2012（2）.

[10] 孙悦，于潇. 人类命运共同体视域下中国推动全球气候治理转型的研究 [J]. 东北亚论坛，2019，28（06）.

[11] Wang X，Chen D，Ren Z. Global warming and its implication to emission reduction strategies for residential buildings[J]. Building and Environment，2011，46（4）.

[12] 叶凌，郑欣欣，丁之茵. 中国以绿色建筑标准提升建筑性能 [J]. 建筑科学，2015，31（006）.

[13] 叶东杰. 我国绿色建筑的可持续发展研究 [J]. 建筑经济，2014（9）.

[14] 赵华，张峰，王嘉惺. 发展绿色建筑的环境效益分析 [J]. 施工技术，2017，46（2）.

第 5 章

中国城市交通运输行业的低碳转型路径研究

2021年十三届全国人大四次会议的政府工作报告明确提出,"十四五"期间要推动绿色发展,将二氧化碳排放量降低到18%左右。中华人民共和国国民经济和社会发展第十四个五年规划和2035年远景目标纲要表明应积极推进交通、工业、建筑领域的低碳转型发展。作为社会经济发展互联互通的重要桥梁和关键纽带,交通运输行业碳排放是城市最主要的碳排放源之一,呈现出占比大、增速快的特征。城市的交通运输行业减排任务依旧艰巨,推动该行业碳排放电气化、智能化、简约化任重道远。为实现"2030年碳达峰,2060年碳中和"目标以及促进城市低碳可持续健康发展,交通运输行业需要从现在就做好布局和规划,重视交通运输行业的建设,应主动制定中长期低碳发展战略以承担起全球长期减排的责任,深度参与全球环境治理,时刻体现大国的使命担当,积极开展可持续、高质量的"零碳"探索之路。

5.1 实现中国交通运输行业碳排放电气化

为了实现中国城市运输行业低碳转型,首先要促进该行业碳排放电气化,主要包括:在小型、轻型道路领域要有序推广绿色电动车和加快构建充电设施;在重型道路交通领域,要使用氢能或氢气,攻关突破氢能核心技术,配套加氢站;在航天航空领域,要大力研发生物航空燃油以及氢动力飞机、电推动飞机等推动该领域实现电气化。

5.1.1　有序推广绿色电动车，促进小型道路领域电气化

在全国绿色低碳转型发展的大背景下，中国电动汽车产业实现了跨越式的发展，成为引领全球交通运输行业绿色低碳转型的中坚力量。2016—2018年新能源汽车销量势头强劲，实现翻番式增长。由于新能源汽车补贴的下滑以及国五燃油车的抛售等导致2019年出现负增长。2020年新能源汽车虽然受到新冠肺炎疫情冲击，但随着疫情好转，行业逐步恢复之前的景气状态。2020年，我国新能源汽车销售高达136.7万辆，较2019年增长了13.6%（见图5-1），充分展示了我国新能源汽车良好的发展前景。除此之外，充电基础设施建设规模也实现翻番式增长，我国的私人充电桩数量从2016年的6.3万个增加到2020年的87.4万个，增幅高达1287%；公共充电桩数量从2016年的12.8万个增加到2020年的55.7万个，增幅达335%（见图5-2）。各城市大力推广新能源电动汽车以及加快建设新能源充电桩，例如：2020年，南京主城区公交车辆除过江隧道车辆外已实现新能源或清洁能源车辆全覆盖，新能源汽车和充电桩累计数量位居全省第一。在新型基础设施建设的鼓励和节能减排目标的制约下，充电基础设施开始迎来新一轮的迅猛增长。因此，各城市要落实在环卫、邮政、公交、出租、物流等领域推广及使用绿色电动车或者绿色清洁新能源车；要加快充电设施在各省市公共服务领域实现全方位覆盖，例如各小区地下车库、出租车停放点、市政车辆集中区、物流集中区、各地级市公交站场等优先建设充足的充换电设备。

新能源环卫车是一个十年五十倍的黄金赛道，市场空间广阔。推动碳排放电气化需要进一步实现新能源环卫车的普及。2020年新能源专用车中环卫车占比最多，高达41.1%（见图5-3），主要是政府政策的支持力度大。国家级和重点省市级新能源环卫车政策数量由2016年的2个增加到2020年的17个（见图5-4），足以看出新能源环卫车的市场。新能源环卫车为什么得到政府推广呢？因为新能源环卫车具有运行缓慢、驾驶安全等

工作特点。此外,纯电动商用车具有操作简单、科技成熟、安全高效、噪声较小、充电便捷等诸多优点。上海、成都、郑州、深圳、合肥等市也相继提高了新能源环卫车所占比例,加快新能源环卫车代替旧式环卫车的速度,积极投入资金研发新能源环卫车,未来新能源环卫车需求将实现进一步释放。

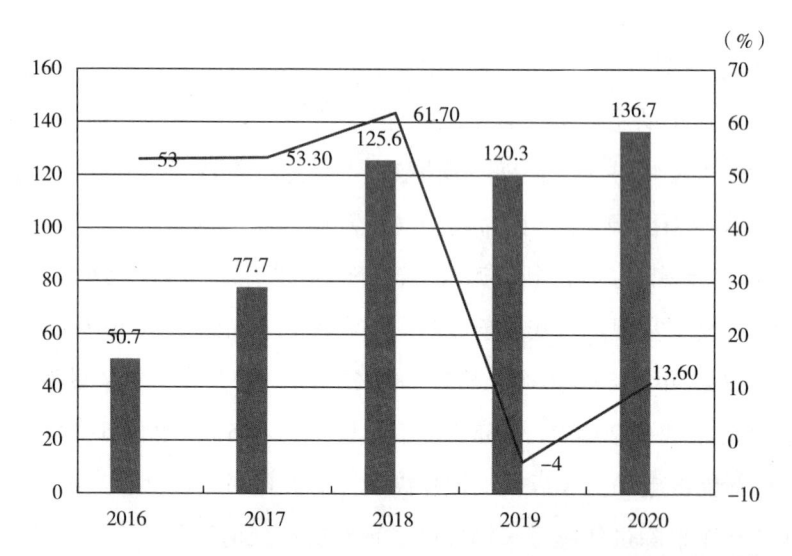

图 5-1 2016—2020 年中国新能源汽车销量及增长速度(单位:万辆;%)

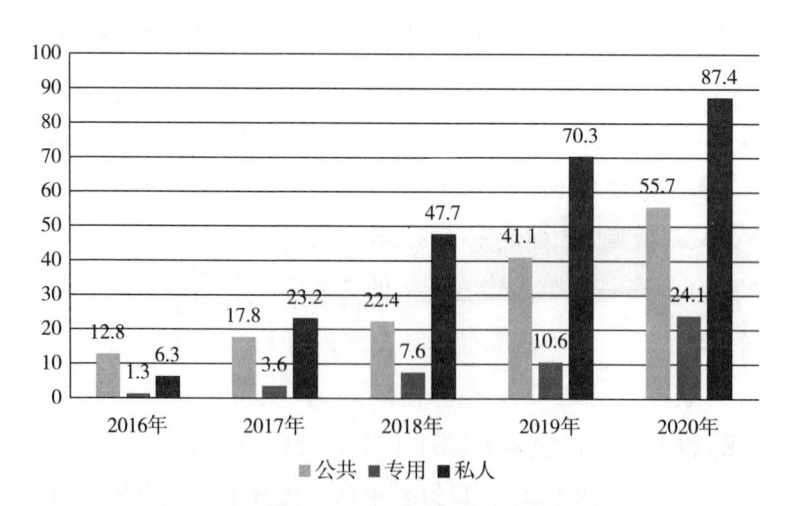

图 5-2 2016—2020 年充电设施规模(单位:万个)

盲目扩大新能源汽车推广量是不明智的，管理者应在电力能源排放的情况下去考虑新能源汽车本身的性能提升，不仅要重视量的发展，更需确保质的提升，有效实现新能源汽车的协同减排效果。各城市应加快构建实施绿色交通的政策，积极建设充电基础设施，合理推广新能源电动汽车、环卫车和出租车，纯电共享汽车和网约车等绿色公共交通工具。从短期来看，应当加快建设现代城市道路交通网络，完善和发展公共交通，竭尽所能地降低城市公共交通带来的污染和能耗，推动港口、公路、物流园区等作业车辆"油改电"，淘汰高耗能、高排放车辆等；对于低碳出行加大奖励及补贴力度，减少对小汽车的依赖性；加快社会存量的高耗能燃油车代替节能的新能源电动车的速度，对于购买新能源汽车的家庭或者企业减免一定的税额。针对高污染的运输方式，应当考虑加大税收和惩罚力度。此外，对于中型货车的运输给予支持和奖励措施，加快实现新能源环卫车全覆盖。从中长期来看，发达国家已设置了禁售燃油车时间表，值得我国学习借鉴，应将其纳入国家交通运输行业规划和城市低碳发展规划中，在财政补贴、价格等方面应确保进行有效落地；设立超低排放示范区，禁止或限制燃油车通行，或对其收取一定比例的费用，而给予新能源汽车通行权的豁免。

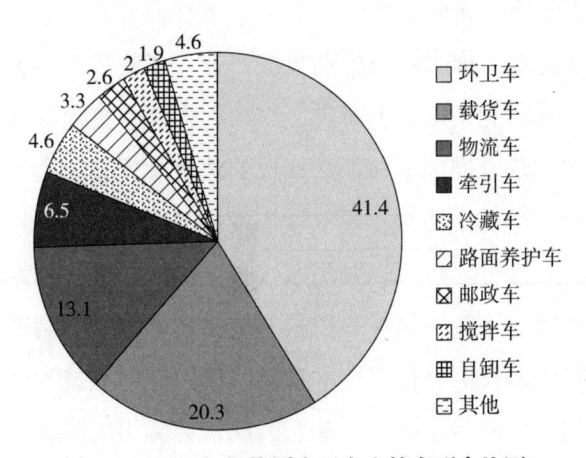

图 5-3 2020 年新能源专用车上榜车型占比图

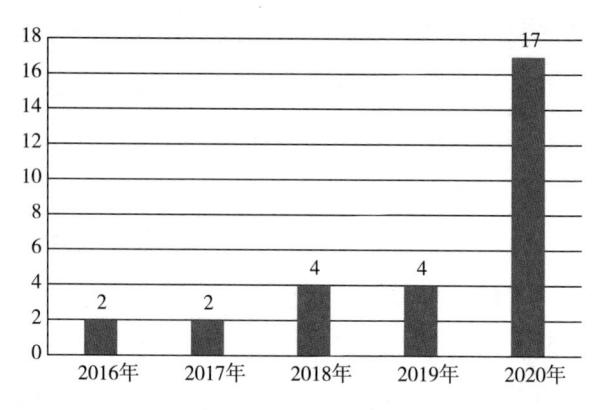

图 5-4　2016—2020 年我国国家级和重点市级新能源环卫车政策数量（单位：个）

5.1.2　攻关突破氢能核心技术，推动重型道路交通电气化

2021年8月，北京的首座加氢站正式进入运营试点阶段。这不仅展现了中国"低碳转型"的交运行业正在蓬勃发展，更向世界展现了"绿色奥运"的大国形象。氢能具有高能量密度、储存灵活易转移、终端零排放等优势，而氢能公交车动力充足、续航较长、耐寒性强，运用"绿电"制造"绿氢"，全程可以实现零排放。截至2021年3月，中国已有108座加氢站投入运营，高达122座处于规划中（见图5-5）。我国京津冀、长三角、珠三角城市群均在布局氢能源。许多城市推动氢能产业发展将推广氢燃料电池车和建设加氢站作为首选。北京市、上海市、广东省作为首批获批准的氢燃料电池汽车示范城市群，政府推进了加氢站建设的政策及规划，主管部门也下发了关于氢燃料电池汽车使用通知，要求城市发挥"领头羊"作用。武汉市、嘉兴市、佛山市、上海市等积极响应国家政策，加快构建加氢站的步伐。美国已经形成了"制氢—运氢—储氢—用氢"的全技术链条，高度重视氢能技术研发，与美国相比，我国仍存在技术难题，例如，储氢技术还处于高成本的研发期、蓝氢和绿氢成本居高不下等。因此，与美国的氢能战略相比，我国首先要加强顶层设计，加快技术研发，突破技术壁垒，开发具有自主知识产权的氢能核心技术，加快形成"制氢—运氢—储氢—用氢"全产业链、全技

术链，抢占市场先机；其次，我国要主动参与国际合作，可以与"一带一路"国家进行氢能产学研合作，了解国际市场研发状况，争取在氢能市场上争取国际话语权；最后，各城市应该响应国家政策，出台加快建设加氢站的目标规划，推动氢能公交车实现运营；而汽车制造企业要充分践行"为民服务"初心，担当"节能减排"使命，加快构建氢燃料客车的研发及推广使用，不断革新用户体验和商业运营模式，助力国家打赢能源转型战。

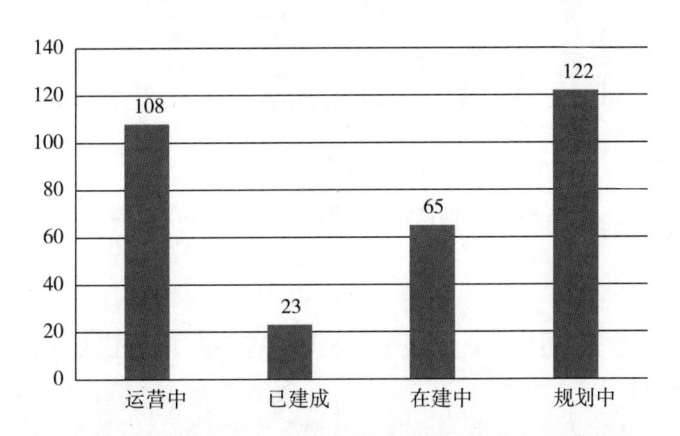

图 5-5 截至 2021 年 3 月末中国加氢站建设情况（单位：座）

2020 年 5 月 19 日，世界上首列氢动力列车 CoradiaiLint 在德国完成试车，该列车已行驶约 18 万公里。而此时，我国铁路运输也正在逐渐向电气化转型发展。2013—2020 年，我国电气化铁路营业里程数和电气化率呈逐年增长趋势。2020 年，我国电气化里程高达 10.7 万公里，比 2016 年增长 2.7 万公里；铁路电化率达 72.8%，较 2016 年增长 12.3%（见图 5-6）。铁路电气化的实现可以加快行驶速度、降低能源消耗、提高运输能力、节约运营成本，可以明显缓解交通拥堵、减少空气污染、节约石油和土地等有限资源。

作为一种环保、高效、现代的交通运输方式，高铁对于降低城市环境污染以及改善城市生态环境具有重要意义。因此，我国一方面应加快产学研融合发展，研发氢燃料电池有轨电车、氢燃料城市轻轨、氢动能列车等大型车辆；另一方面要因地制宜，合理发挥高铁对于城市的减排效应，加快绿色交通基础设施的建设速度，逐步增大高铁网络覆盖区域的面积，推动我国绿色经济和绿色交通实现"高铁速度"。

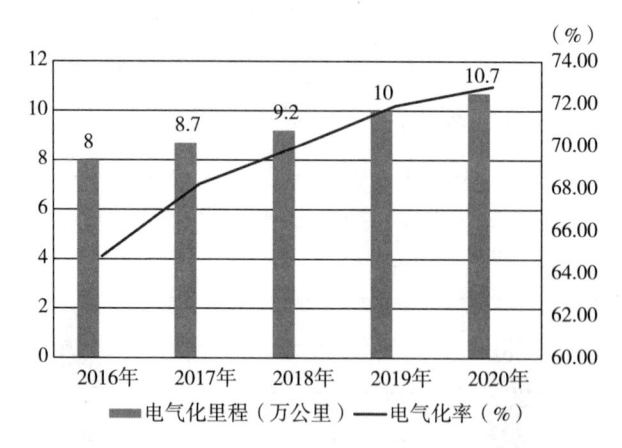

图 5-6 中国铁路电气化营业里程及电气化率

5.1.3 研发生物航空燃油（SAF），实现航天航空领域电气化

2008—2018 年，我国交通运输行业二氧化碳排放总量中，道路运输、铁路运输、水路运输和民航运输中二氧化碳碳排放量的年均增长率分别为 6.0%、3.3%、5.4% 和 12.3%，其中民航运输的直接二氧化碳排放增速最快（袁志逸等，2021 年）。随着国际民航业的快速发展，如果不加以控制碳排放量，这一比例将呈现逐年增长态势。生物航油为推动航天航空节能减排、改善气候环境、节约资源能源等工作提供了一个新的突破口。作为利用地沟油等提炼的生物燃油，与其他航空燃料没有差别。但是，生物航空燃油优点更多，如飞行过程中动力充足、使用安全且高效、降低碳排放量等。因此，为了更好地实现"碳达峰，碳中和"的目标，航空领域需要加大对于生物航空燃油的研发及投入。普拉特·惠特尼集团是一直致力于对于生物航空燃油研发的公司，对于普惠而言，瑞克·德尤鲁表示，所有的产品都在致力于降低碳排放。截至 2020 年，所有的普惠发动机都可以适用最高 50% 的可持续航空燃油与传统航空燃油混合，将来也会探索采用 100% 的可持续生物燃油替代传

统燃油。因此，航空发动机制造企业要加快研发生产100%使用生物燃油的发动机。

21世纪以来，航空动力实现电气化发展的趋势愈发明显，电推进飞机成功吸引了大众眼球，飞机动力源主要运用电能，飞机电气化是将机电系统和动力系统结合的重大创新，其在航空技术发展上降低碳排放功不可没。作为现代飞机标志性的发展方向，多电/全电飞机不仅可以改善战术性能，而且可以实现更低的燃油消耗和排放。目前使用电池驱动的飞机已经在试飞阶段，而且正在研究设计氢动力大型飞机。

对于航空业，近期应持续推进绿色机场建设，充分利用新能源和可再生能源，加强电推动飞机、氢燃料驱动飞机的研发投入，使航空基础设施实现"油改电"；中远期来看，应该大力研究开发航空煤油替代燃料，加大技术资金对于航空煤油替代燃料的支持及研发力度。

5.2 加快中国交通运输行业碳排放智能化

随着5G大数据信息时代的来临，中国城市应大力推进"互联网+"现代交通，通过运用"云、大、物、智、移"等先进技术手段，实现智慧交通和低碳交通的融合发展。

5.2.1 发展低碳多式联运模式，构建绿色综合交通枢纽

搭建大数据、人工智能、5G等先进科技的绿色智慧交通体系，可以为广大市民提供优质舒适的出行体验和高效安全的出行服务。运用互联网、大数据、云计算、区块链等可以综合分析市民出行需求、道路客流量状况及

拥堵状况、车辆运行情况等，从而可以高效配置资源、减少交通拥堵带来的大量无效的碳排放，改善交通运输治理能力，提高人们出行质量及水平。河北省张家口市TOCC平台统筹全市"路、站、车、场"等信息单元数据，可以对重点交通工具的运行提供监测以及为交通运输安全提供保障，运用"互联网+"技术，不仅可以推动低碳交通模式变革，而且有助于提升城市形象。

在国内能源消耗总量中，交通运输行业能源消耗量占比大，货物运输产生的温室气体数量约占全球温室气体总排放量的5.5%，其中二氧化碳排放量占温室气体排放量的93%（刘学之等，2021年）。与公路相比，铁路、水运具有明显的低成本、低碳排放的优势，因此，可以加快构建一体化融合发展的综合交通运输体系，出台大宗货物运输"公转铁""公转水"的补贴政策，基于交通大数据，打造各市物资绿色运输链路，全面释放"公转铁""公转水"潜力，加重公路运输超载的惩罚力度，减轻公路压力。港口企业应积极对接铁路部门、重点客户，推行"港口+铁路+公路"多式联运实体化操作，发展多式联运的交通运营模式，使用新能源重卡完成"最后一公里"。

综上所述，各省市一方面要建设绿色交通管理数据管理服务平台，加强对于交通运输行业能耗的监控及采集，运用大数据等及时处理交通污染源排放；要大力发展绿色智慧交通，通过交通大数据分析，持续规划公交线路，整治慢行系统，完善智慧交通体系，提高交通运行效率，推动智慧高速、智慧航道等新型基础设施建设，推广智能化车辆、新能源网约车等提高路网运行效率；积极搭建交通绿色出行一体化服务平台，继续完善"大交通"行政管理体制。另一方面要大力发展城市的智慧物流体系，可以探索地下物流发展空间，地下物流是我国新型物流运输系统，主要通过隧道、地下管道等运输通路，对货物进行分拣及配送，这也是城市交通可持续发展的必然选择。

5.2.2 推广"指尖服务"智慧系统，构造低碳慢行生态空间

手机安装一个城市公共交通 APP，可以查看公交车辆、长途客运班线、高速公路等的实时动态和航班、高铁剩余票数等关键信息，APP 已成为人们出行的得力好帮手。在城市智慧 APP 的帮助下，我国公交出行分担率不断提升。我国纯电动公交车渗透率从 2016 年的 15.6% 增加到 2020 年的 53.8%，呈直线式上升态势（见图 5-7），表明未来新能源或纯电动公交车将成为国家的主推方向，智能化将是未来公交车技术发展趋势。一些城市还在积极探索"智慧+绿色"交通发展模式，加快研发更先进、更高效、更便捷的城市公交 APP，促进"绿色交通+智慧交通"融合高速发展。

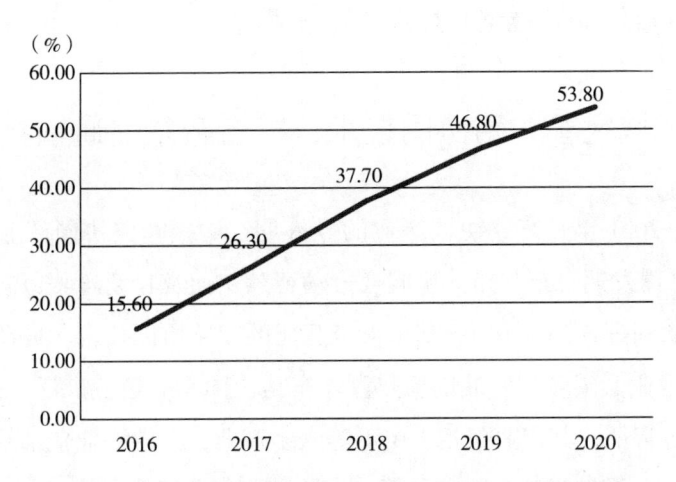

图 5-7 2016—2020 年国内纯电动公交车渗透率（单位：%）

2021 年，刷爆朋友圈的"福州蓝"也吸引更多的城市积极加入探索绿色智慧交通的道路，据福州市政府表明，福州已更新及新增新能源公交车 68 辆，使新能源电动车高达 5583 辆，绿色公交车比率高达 90.9%。除此之外，福州倡导"公交+慢行"模式，打造"指尖出行"服务系统，引入"e 福州""掌上公交"随时随地查询公交车动态，方便人们出行以及为人们节省更多的等车时间。随着"公交都市"的提出，西宁也在不断完善公交运营模式，

促进多元化支付方式改革，持续提高公交服务质量及水平，营造绿色出行良好氛围。

各城市应积极探索独特的绿色智慧交通模式，从公交、骑行、步行、地铁等多种出行方式整合协同入手来加快提升绿色出行比例；利用大数据进行城市慢行系统的整体规划，在云计算和大数据技术的基础下，收集人们慢出行的数据信息，利用强大的计算功能对信息进行优化处理；大力发展智慧车辆交通运输系统，通过移动互联网实现预约出行，利用云计算把同一站点上车和同一站点下车的乘客安排在同一交通工具里，实现"点对点"运输模式，有效解决地铁和轻轨"站站停"所带来的能源消耗和二氧化碳排放问题；合理规划道路，设置安全方便的自行车停靠点，为人们出行提供更加优质的服务，以提高居民生活幸福感为方向，以降低各市碳排放为目标，以推动绿色经济发展为动力，营造绿色出行的"大气候"。

5.2.3 加快完善车路协同技术，打造智慧交通创新新高地

2020—2021年是车路协同产业的导入期，中国车路协同产业将在未来3~5年迎来爆发期，车与路的协同会推动智慧交通及自动驾驶迈向下一个新台阶（任永利等，2020年）。基于人工智能的车路协同技术、自动驾驶等将成为交通行业低碳转型发展的新热潮。车路协同具有覆盖广泛、产业链长、跨界融合等特征，其产业包括上中下等众多产业，上游产业包括互联网、芯片、AI技术、道路设施、传感器等；中游产业包括智能制造、自动驾驶、系统和数据集成等；下游产业包括公共服务、共享出行、智慧物流等。

众多政策及文件都表明中国鼓励智慧交通领域加快5G的应用。2019年，河南省入选了首批13个交通强国建设试点地区来加快5G在智慧交通的发展。其中，郑州市开启了一系列5G+示范工程。2019年5月17日，郑州宇通客车股份有限公司（以下简称"宇通客车"）与市政府、郑东新区管委会联合打造的河南省5G+示范工程在龙子湖智慧岛正式落地，该项目利于实现了"车—路—网—云—法"一体化建设，为车路协同技术创新发展和大规模应用

推广奠定了基础。

要实现车路协同技术发展，需要建设"车—路—网—云—法"一体化智慧交通。在"车"方面，城市要加快投入具备超车会车、跟车进站、更换道路、紧急避障、智能交互、紧急制动、精准停车、车路协同等功能的自动驾驶巴士；在"路"方面，城市应主动设置自动驾驶专用车道，运用C-V2X设备技术，实现远程实时监控、盲区预警提示及信号及时诱导等功能；在"网"方面，要实现5G信号全覆盖，确保自动驾驶的硬件设备完善；在"云"方面，运用云计算等技术手段，实时监控路况以及精确化统计客流状况等；在"法"方面，加快完善城市在新型技术方面的法律法规和交通政策，完善城市智慧交通新体系。

5.3 倡导中国交通运输行业碳排放简约化

为了实现"碳达峰，碳中和"，在交通运输行业中，不仅要加强废弃物的重复利用，节约使用资源能源，而且要积极推广太阳能、风能、生物能源，更要提高市民的环保意识，共同倡导简约化生活方式。

5.3.1 强化能源资源集约利用，树立城市交通高质量发展标杆

近几年来，交通基础设施建设领域正在探索资源能源节约的道路，尤其是对于废弃物重复利用的积极探索，有利于推动交通运输行业碳排放简约化发展。在柳南高速公路改扩建工程、兰州南绕城高速公路建设中，主要采用的是沿线电厂库存的煤灰、废石、矿渣以及施工中产生的开山石粉、泡沫轻

质土等废弃材料，不仅没有破坏原有路基路面，而且没有阻碍交通的正常运作，是我国高速公路改扩建的楷模。此外，上海港和青岛港的自动化码头正是"零碳、清洁、智能、绿色"的集中表现。践行绿色建筑与绿色交通理念，雄安站、北京朝阳站等均建立绿色交通体系，候车大厅的设计符合"少维护，免维护"的绿色理念，降低维护成本，设计绿色施工专项方案，广泛应用生态水泥、绿色玻璃、清水混凝土等绿色环保新技术，打造绿色施工示范工程，实现了三星级绿色铁路客站。我国铁路客站的建设要符合绿色建筑与绿色交通的需求，紧盯新发展方向，推动铁路客站向绿色化、智能化、简约化方向发展。

在新能源汽车原材料生产阶段以及汽车制造阶段，使用易于拆卸、可回收的合金材料，使用气凝胶等节能环保材料作为新能源汽车隔热垫复合材料，推广使用可再生能源，从使用材料角度减少碳排放。各城市及部门需要制定一系列政策措施，组织相关机构发布关于汽车产业低碳发展的实现路径图，实现动力电池回收和循环使用，同时也要将私人购买车辆向小型化、轻型化、电动化方向引导，可以采取减税免税等方式，推动车辆向小型化、轻型化方向发展，对于排量大、污染性高的车辆可以加重缴税，营造良好的用车文化。企业应开展新能源汽车下乡活动以及试点活动等，还要注意切勿盲目投资、重复生产、过度建设，需要进行市场调研、充分挖掘市场潜力，响应国家政策目标，优化新能源汽车企业产业链布局，不仅要提高产业链韧性，而且要加强抗风险管理能力以及提高风险应对能力，尤其是受新冠肺炎疫情的冲击以及面对当前"新常态"的发展格局下，需要更进一步构建完善新能源汽车体系，严格把好产品质量关卡，严格管控数据安全门槛，坚守安全底线毫不动摇。

5.3.2　因地制宜推广绿色能源，打造城市绿色清洁能源示范地

坚持把加强科技投入和改革创新作为推动交通运输低碳转型发展的驱动

力，把加强资源节约与新能源设备的科技研发创新作为主攻点，把能源转型应用及发展作为突破点，把大力推广清洁能源使用作为落脚点，充分挖掘交通运输行业综合减排能力，实现交运行业减排发展。从各方面综合考虑，解决我国交通能源问题的高效方式是太阳能发电，使用太阳能系统产生的电力可以实现社会、经济、环保效益。此外，太阳能光伏路面和光伏隔声屏障也在逐步应用于高速道路中。未来，应该在公路交通匝道、服务区、边坡、隔离带等空间资源广阔的区域加强光伏发电建设；结合公路交通用能的荷属性、网属性，在强电网小负荷、强电网大负荷、弱电网小负荷、无电网小负荷等四种情境下因地制宜地运行及使用太阳能。充分挖掘太阳能的同时，风能的优势也不容小觑，它可以利用风力发电机转化为电能，在美国，风力涡轮机在一些州的公路上随处可见，华盛顿州也提出过安装风力涡轮机将风能转化为电能。各城市应该积极探索公路、航空、海运等领域开发风力的潜力，可以通过建设风力涡轮机来抵消电力成本及能源的使用程度，广泛运用风能、太阳能等清洁能源发电设备。

生物能源是由任何一种或多种有机材料组合研发制成的可再生能源，不仅可以产生动力、电能、热能，而且可以作为运输燃料运用于交运行业。在全球交通领域中，生物燃料的使用对于降低碳排放发挥着不可磨灭的作用。在我国，使用生物燃料进行节能减排仍有足够的提升空间。生物燃料不仅仅是液体燃料的互补品，更应该把其作为其他燃料的替代品。结合中国特色，把地沟油作为环保的生物燃料，将其产业全程追溯，运用于交通物流领域，推广到更多的城市中。液化天然气（LNG）作为生物燃料的补充，作为优质的清洁能源，其燃烧后对于大气环境的污染较小，可以运用于LNG重卡、公交车、运输车等重型车辆领域，因此，要保障车船加注站点的LNG资源供应，编制好LNG车船加注发展专项规划，推动形成车船用液化天然气燃料价格指数，推动交通大数据在LNG车船领域的应用，组建LNG车船产业联盟等，大力推进LNG这一清洁能源在交通运输行业的高效运用。

5.3.3 倡导绿色低碳出行模式，设计城市低碳文明出行新品牌

一辆辆共享单车、共享电动车、共享汽车及网约车等共享出行方式正在成为城市的"标配"。2016 年到 2020 年共享出行用户数呈现逐年递增趋势，2016 年仅 3.8 亿人，2020 年高达 5.9 亿人（见图 5-8）。随着居民对于消费观念、生活方式的转变，共享出行比例也呈现递增趋势，预计 2030 年共享出行车渗透率将达到三分之一。早在 2018 年，交通运输部、中共中央宣传部等均纷纷出台政策，肯定了共享单车对于改善人们出行、减少碳排放的积极作用，引导和规范共享单车健康持续发展。在济源、安阳等诸多城市，为了倡导市民改善出行方式，推出"公共自行车限时免费骑"的活动，"步行＋公交车＋自行车"的出行方式逐渐成为各大城市市民的首选。互联网租赁自行车已经在 280 多个城市进行投放并展开运营，超过 3000 万辆被投放，高达 6.5 亿注册用户，超 5000 万日均订单量。各市应构建绿色交通体系，建立绿色交通规划评价标准，以交通绿色化程度、居民出行满意度、交通便捷度等作为主要的评价指标，分析城市规划中存在的问题并加以改进；积极宣传环保意识理念，充分利用网站、电视、广播、微信、微博和标志语等多种传播方式，展开"实现绿色交通，你我共同参与"的宣传工作，动员人们使用共享单车，向公众宣传绿色交通理念，提升人们的环保意识。

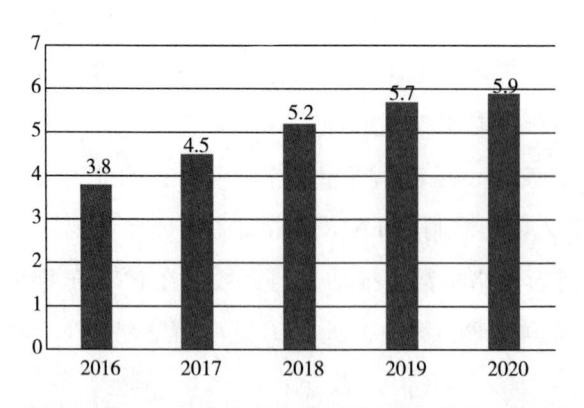

图 5-8　2016—2020 年共享出行用户数（单位：亿人）

《巴黎协定》旨在确保 21 世纪末将全球温升控制在 2℃以内，并力争控制在 1.5℃以内。为实现 1.5℃~2℃温升控制目标，交通部门必须尽快实现低碳发展转型。研究表明，交通运输工具能耗强度有机会实现每年 0.5%~2.0% 的下降率。更乐观的情况下，交通工具能耗强度将下降一半以上。重型货车、大客车和飞机的能耗强度下降相对较慢，分别为 15%~22% 和 30%~35%。中国交通低碳转型形势一片光明。为了实现"2030 年碳达峰，2060 年碳中和"目标，就需要交通运输行业开展绿色的长期探索和实践，实现交通运输行业碳排放电气化、智能化、简约化。首先，要实现中国交通运输行业碳排放电气化，各城市应构建实施有关绿色交通的政策，积极建设充电基础设施，大力推广新能源电动汽车和新能源环卫车，推动港口、公路、物流园区等作业车辆"油改电"，淘汰高耗能、高排放车辆，加快实现新能源环卫车全覆盖等措施促进小型道路领域实现电气化。对于重型交通道路领域，各城市应向武汉、上海等城市看齐，积极采取措施，推动氢能公交车实现运行。对于航空领域，需要加大对于生物航空燃油的研发及投入，重点开展可持续航空燃料应用可行性分析。其次，要加快中国交通运输行业碳排放智能化，从政府和交通部门规划角度来看，需要通过交通大数据分析，持续规划公交线路，整治调整慢行系统，完善智慧交通体系，提高交通运行效率一体化，全面释放"公转铁""公转水"潜力，减轻公路压力，发展多式联运的交通运营模式。从市民角度来看，要积极使用城市交通 APP，综合运用公交、骑行、步行、地铁等多种出行方式，从而促进"慢行交通＋绿色交通＋智慧交通"融合高速发展。最后，倡导中国交通运输行业碳排放简约化，对于企业而言，要注意切勿盲目投资、重复生产、过度建设，需要进行市场调研、充分挖掘市场潜力，响应国家政策目标，优化新能源汽车企业产业链布局。对于交通运输部门和政府而言，需要将风能、太阳能、生物能源广泛运用于交通运输行业的发电及供热等。对于居民而言，每个人都应该做文明绿色出行的觉悟者、示范者、倡导者，主动参与到低碳出行的活动中。交通运输行业的电气化、智能化、简约化的实现必将是一场持久战，要久久为功谋求绿色交运发展。各城市应当共同努力，推动绿色公路、绿色铁路、绿色港口、绿色航道、绿色运输实现低碳化转型升级，试点智慧公路、智慧枢纽、智慧车辆等。绿色交通将会成为城市最靓丽的风景线和最有生机的产业线，必将创造出更加绿色美好舒适宜居的家园。

参考文献

[1] 魏凤, 任小波, 高林, 等. 碳中和目标下美国氢能战略转型及特征分析 [J]. 中国科学院院刊, 2021, 36（09）.

[2] 彭宏勤, 张国伍. 新技术对"十四五"及2035年交通运输系统发展的影响——"交通7+1论坛"第五十七次会议 [J]. 交通运输系统工程与信息, 2021, 21（04）.

[3] 王深, 吕连宏, 张保留, 等. 基于多目标模型的中国低成本碳达峰、碳中和路径 [J]. 环境科学研究, 2021, 34（09）.

[4] 孟翔宇, 顾阿伦, 邬新国, 等. 中国氢能产业高质量发展前景 [J]. 科技导报, 2020, 38（14）.

[5] 董书豪. 我国碳捕获、利用与封存（CCUS）技术的发展现状与展望 [J]. 广东化工, 2021, 48（17）.

[6] 刘学之, 上官强强, 张博淳, 等. 交通运输行业低碳多式联运模式的路径优化 [J]. 科技管理研究, 2021, 41（12）.

[7] 薛博, 刘勇, 王沉, 等. 碳捕获、封存与利用技术及煤层封存 CO_2 研究进展 [J]. 化学世界, 2020, 61（04）.

[8] 马德隆. 全面提升交通运输治理能力和水平 [J]. 宏观经济管理, 2021（05）.

[9] 袁志逸, 李振宇, 康利平, 等. 中国交通部门低碳排放措施和路径研究综述 [J]. 气候变化研究进展, 2021, 17（01）.

[10] 杨思莹, 路京京. 绿色高铁：高铁开通的减排效应及作用机制 [J]. 财经科学, 2020（08）.

[11] 阿迪拉·阿力木江, 蒋平, 董虹佳, 等. 推广新能源汽车碳减排和大气污染控制的协同效益研究——以上海市为例 [J]. 环境科学学报, 2020, 40（05）.

[12] 张晓春, 邵源, 黄启翔. 创新交通现代化治理模式, 打造高质量发展全球标杆城

市——深圳建设交通强国城市范例行动方案解读[J].科技导报，2020，38（09）.

[13] 陈自辉，楼栋，胥艺.杭州市交通强国示范城市创建方案研究[J].科技导报，2020，38（09）.

[14] 徐飞.世界交通运输的发展趋势与挑战[J].人民论坛·学术前沿，2020（07）.

[15] 黄羿，常向阳.低碳经济与交通运输业发展——基于国家中心城市数据的实证研究[J].社会科学家，2019（11）.

[16] 金昱.国际大城市交通碳排放特征及减碳策略比较研究[J/OL].国际城市规划，2022，037（002）.

[17] 任永利，董航瑞.车路协同+自动驾驶助力郑州智慧岛交通强国示范[J].科技导报，2020，38（09）.

第 6 章
中国城市低碳经济与城镇空间协同发展研究

6.1 中国城市低碳经济与城镇空间的发展关系演变

2003 年，英国政府发布的《我们的未来：创造低碳经济》能源白皮书首次提出"低碳经济"概念，其内涵是保证有限资源的情况下获取尽可能高的经济价值，同时降低污染排放量，提高生产标准和生活质量。低碳经济是在可持续发展理念下，推行一种低能耗、低污染、低排放的"三低"发展模式。

城镇空间是中国国土空间的重要组成部分，包含地区经济、政治、文化和环境等基本要素。城镇化在城镇空间这一载体上实现生产力的发展、科学技术的进步和产业结构的调整，最终从农业产业结构过渡到以非农业产业结构的过程。

城镇化是工业化发展到一定阶段的必然结果，工业化通过促进就业、增加收入、改变土地形态来影响城镇化，城镇化的发展必然会对城镇空间产生影响。能源供应是城镇化发展的基础，低碳能源是建设城镇化的可行路径，因此低碳经济与城镇空间两者之间有着不可忽视的纽带联系。在我国城镇空间演变过程中，经济增长和环境治理两者间的平衡问题一直是政府、公众及学者研究的重点。两者之间的演变关系可以分为以下几个阶段。

6.1.1 平行扩展期（1949—1978年）

在新中国成立初期，我国城镇化建设缺乏经验，为恢复国民经济，解决国家对基本生产生活的需求问题，政府全面干预城镇化规划，彼时经济建设以优先发展重工业为指导，推动以东北地区为代表的能源资源型城市的快速发展。大批资源型城市的崛起吸引生产、生活要素向城镇集中，但在初期的城镇化演变过程中，城乡之间各项制度的不同造成了城乡间封闭的"二元结构"。在这近三十年期间，我国城镇化率仅从10.6%增长至17.6%（图6-1），这反映出当时城乡间的无形壁垒阻碍了人口从农村向城市的自由流动，城镇化处于接近停滞的状态。

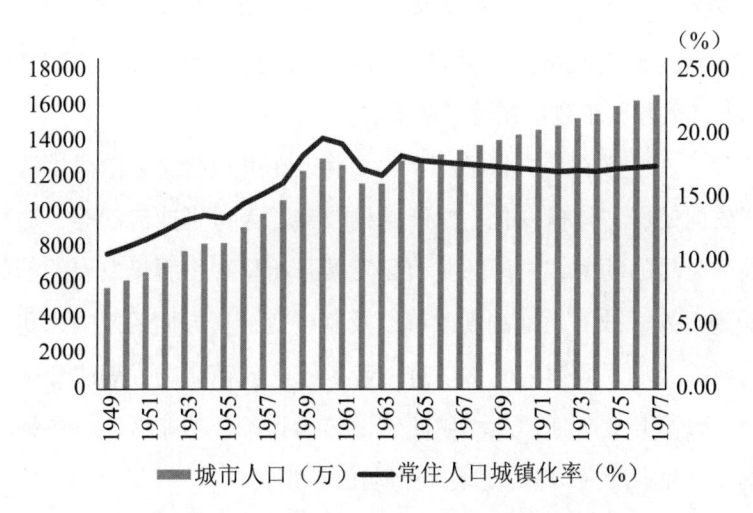

图6-1　1949—1977年城市人口及常住人口城镇化率

数据来源：国家统计局。

在这一时期，虽然国民经济大幅上涨，但重工业优先发展所带来的环境问题不断累积。在新中国成立到我国实行改革开放政策前的三十年间，不断摸索经济建设的有效路径以快速恢复国民经济，是政府的首要任务。城镇化进程缓慢，生态环境问题也还未受到重视，即在整个计划经济体制下，城镇空间和碳排放两者都处于发展初期，速度较缓，两者之间的矛盾尚未显现。

6.1.2 矛盾显现期（1978—2007 年）

　　十一届三中全会明确提出将经济建设作为国家发展的重心，且随着我国改革开放各项政策的落实，我国经济进入到粗放发展时期。在社会经济发展过程中，城镇作为各类经济要素的载体受到前所未有的重视。以费孝通教授为代表的中国社会学家在 20 世纪 80 年代提出"离土不离乡"的乡村城镇化模式，简称为"小城镇模式"，我国政府以此为主导推进城镇化发展模式，即完成农业劳动力向城镇企业的转移，实现城镇空间的扩张及城镇水平的提升。同时，城乡之间的户籍制度不断完善，原有封闭的城乡"二元结构"被打破，以及土地实行承包制改革使大量农村劳动力得以释放，农村人口大量流动，因此城镇人口数和城镇数量在短时期激增。

　　1992 年，邓小平在南方谈话中指出要将改革开放推进新阶段，持续扩大的对外开放促使经济体量变化、生产结构改善、人口迅速流动等，这些均为城市提供了无尽的动力，中国的城镇化发展开始呈现出缓慢发展的趋势（图 6-2）。受到对外开放、土地制度改革以及制度变迁三方面的影响，我国人口进一步大规模流动，城镇空间得以进一步扩张，城镇化的发展改变了城镇空间的格局。改革开放时期，从小城镇建设热潮到各类功能区建设再到综合功能新区建设，都不断推动着城镇空间格局的扩张。

　　这一时期，城镇空间格局存在区域发展不均衡现象。随着深圳、珠海、汕头、厦门等经济特区以及开放港口城市的建立，我国东部地区凭借政策优势得以迅猛发展，各项经济指标遥遥领先于中西部地区。随着改革开放的深入，沿海地区开放程度稳步提高，基本实现完全开放，出现了以长江三角洲、珠江三角洲和京津冀为主的三大城市群，并向腹地蔓延，城镇空间格局由绝对不平衡变为相对不平衡。随着 2001 年中国加入 WTO，进一步提高开放程度，完成从地方开放到全国开放的转变。自"十一五"规划提出形成"两横三纵"的城市化格局后，中西部地区的城市群发展逐渐开始加速。

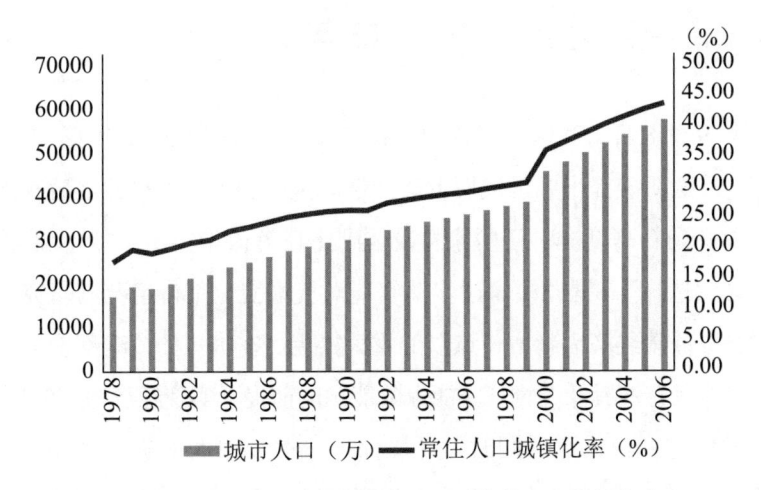

第 6 章 中国城市低碳经济与城镇空间协同发展研究

图 6-2 1978—2006 年城市人口及常住人口城镇化率

数据来源：国家统计局。

从改革开放之前以发展重工业为主恢复国民经济，再到改革开放后经济建设为中心的战略，环境问题不断显现，经济建设与生态环境两者间的矛盾日益突出。为了解决环境问题，我国生态环境保护法律制度体系加快形成。1989 年颁布《中华人民共和国环境保护法》标志着我国环保事业步入正轨；1992 年《环境与发展十大对策》中首次提出可持续发展战略，并将环境保护纳入未来经济发展的综合考量因素；2003 年党中央提出科学发展观，坚持"以人为本，全面、协调、可持续的发展观"。但在这一时期，政府对于环境治理方面仅仅处于提出全面治理的宏观目标，没有对各个生态问题深入探究。同时由于工业设备陈旧和技术落后等因素，污染问题的治理情况虽有所改善但程度不高，仍旧存在恶劣的环境问题，如酸雨、雾霾、二氧化硫污染等。

在经济快速发展阶段，我国的经济体制从计划经济转向市场经济，国民经济不断提升，城镇化扩张程度明显。但同时各类环境问题逐渐突出，城镇空间与碳排放两者间的矛盾日益显现，两者间如何平衡的问题逐渐进入公众视野。

6.1.3 试点摸索期（2007—2012年）

2007年9月8日，我国国家领导人在亚太经合组织（APEC）第15次领导人会议上，首次明确提出中国发展低碳经济的主张和倡导，自此之后我国对低碳的关注上升到新高度。时任国家发改委副主任解振华指出，"发展低碳经济是我们的必然选择"。据此国家逐步落实应对气候变化工作情况的研究，并最终做出"培育低碳经济为新增长点"的重大决定。在中央的战略部署下，各级部门不断明确只有发展低碳经济才能保障能源的前提下实现经济增长的理念。

经济发展进入快速道的同时，环境保护也逐步进入正轨，两者在发展过程中出现了矛盾。在城镇化的快速发展过程中，城镇能源消耗的急剧增大、城镇居民消费模式的改变都给城镇环境带来压力。面对两者间不断尖锐的矛盾，亟需一个解决方案。于是我国创新性地提出将低碳与城镇化结合起来，在新的时代背景下采纳将新型城镇化实现低碳转型这一方案。自2010年开始，中国开始进行低碳城市试点工作，各大试点城市坚持把节能减排作为低碳经济约束性指标，在高耗能行业推行低碳经济技术，发展循环经济，走城市可持续发展道路。低碳城市试点工作开始之后，对于我国城镇化建设起到明显的促进作用（图6-3），仅用一年时间城镇化率就增长约4%。

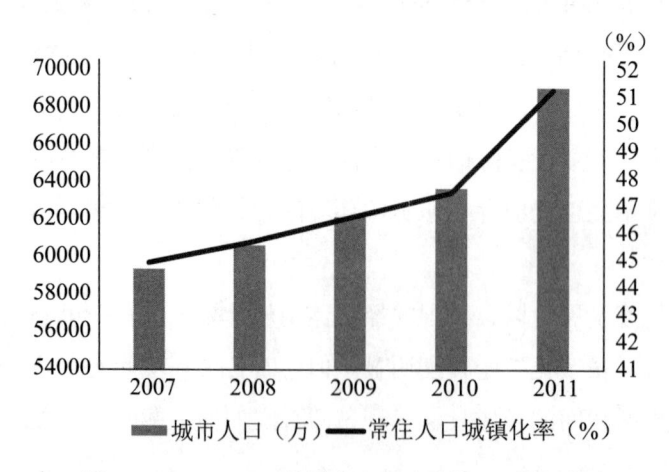

图6-3　2007—2011年城市人口及常住人口城镇化率

数据来源：国家统计局。

在试点低碳城市发展过程中，我国许多城市积极开展低碳经济的各种实践，这些实践给接下来协调低碳经济与城镇空间两者关系提供了一些基本方向。

首先，低碳规划。作为居民和各项经济活动实施的空间载体，低碳化城市建设首先应以低碳规划为先导。只有在低碳规划中准确区分城乡之间以及城市内部之间的分工问题，才能解决社会资源的浪费问题。有效的能源效率必须建立在产业相对集中的基础上，否则会导致效率低下和能源的浪费，影响集群的创新及技术的革新。

其次，低碳产业。工业是城市和区域发展的一个关键支柱。低碳城镇化必须优先考虑工业和能源结构的调整，坚持以提高能源效率为重点的发展战略。在产业发展过程中应该淘汰掉高耗能、高浪费的产业和锻造技术，在一些照明、工业电机、锅炉等耗能相对较高、效率相对低下的产业进行技术革新，提升能源利用效率和转换效率。同时，可以大力推广新能源、绿色清洁能源的利用，如天然气、核电、水电等，用可再生能源代替煤炭等高污染能源，不断降低煤炭在我国能源消耗结构中的比重。

再次，低碳生活。在城市居民的生活方式方面，目标是减少交通、建筑和消费部门的排放。城市交通是温室气体排放的一个主要因素，发展低碳交通是未来的方向。就低碳建筑而言，低碳建筑的发展应从设计和运营两个阶段开始。在建筑设计中应引入低碳概念，如充分利用太阳能、选择隔热建筑材料、设计通风和照明系统、选择节能的供热和制冷系统等。

最后，低碳理念。低碳城市化能否顺利实施，低碳经济能否不仅仅沦为流行语，最终取决于能否在国家层面形成统一的低碳价值观。只有当低碳消费理念深入人心，中央政府树立低碳政绩观，市民树立正确的低碳消费观，才有可能克服现有的制度障碍，保障低碳城镇化的顺利进行。

6.1.4　协同发展期（2012年至今）

在我国改革开放几十年的历程中，我国城镇空间不断扩张，城镇化率不断提升，但也出现了"伪城镇化"的现象，城镇居民并未全部享受到城镇化的福利，甚至受到了一些负面的影响，同时城镇化率存在虚高的成分。

2012年，中国共产党第十八次全国代表大会将"生态文明建设"纳入中国特色社会主义事业总体布局，把"生态文明建设"放在突出地位，这意味着我国将从建设生态文明的战略高度来认识和解决我国环境问题。具体来看，国家将节能减排作为经济社会发展规划的约束性指标，通过强化目标责任的考核，进行工程减排、结构减排、管理减排等一系列措施。2013年中央经济工作会议提出将新型城镇化提升到新高度，将生态文明原则全面融入城镇化全过程，形成高质量、高品质、高水平的新型城镇化。2014年由党中央、国务院印发的《国家新型城镇化规划（2014—2020年）》旨在解决我国城镇化快速发展中的突出矛盾及问题。一系列的宏观政策表明了中央对城镇化背景下低碳经济发展的高度重视。各项具体项目的落实，使得低碳经济与城镇空间两者间的矛盾得以缓解，进入到了平稳的协同发展期。在这一时期，城镇化率呈现出稳定的缓慢增长趋势（图6-4）。

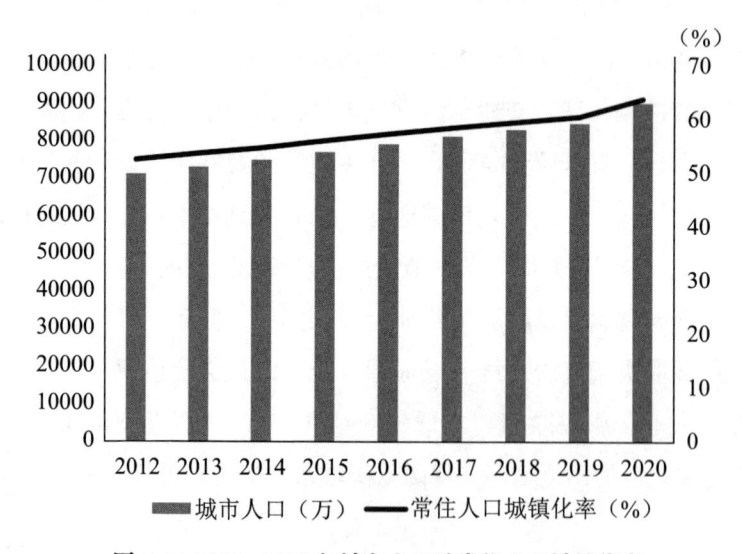

图6-4　2012—2020年城市人口及常住人口城镇化率

数据来源：国家统计局。

随着城镇化水平的提高,人口的自由流动使得大城市人口不断集聚,但城市的承载能力有限,溢出的人口由中心向周围转移,外圈层的人口加速增长,与城市中心人口数量差逐渐缩小,这使得外圈层成为未来城市的重要集聚地。目前,城镇都市圈已经成为我国城镇化空间格局的新特征,城市向大型化、中心化发展,城市间的行政边界逐渐被打破,开始向高度网络化的城镇体系转变。

在研究中国低碳经济的实现路径时,学者们指出中央和地方政府通过设定合理目标,允许设立多样化的协同发展路径,从而可以推进低碳经济的发展。与现如今我国能源结构相比较,通过发展低碳技术来改造现有的工业部门,是当下发展低碳经济更便捷的路线。这意味着我国经济将全面向低碳经济转型升级,在低碳经济发展现状的研究中,主要分为以下几个方面。

(1) 低碳技术

低碳技术是低碳经济的发展保障,而我国发展低碳经济是实现可持续发展的必然选择,因此大力发展低碳技术是必经之路,但目前我国相较于欧美发达国家技术能力弱,研发投入不足,技术研发创新方面存在着许多问题。例如目前我国企业对低碳技术的认识不足,我国支持低碳技术发展的法律法规及相关政策的力度不够,同时现有的低碳技术的研发应用都以高碳技术支撑,导致低碳技术的市场服务体系不够完善。

(2) 低碳经济制度

虽然我国目前对低碳发展和碳市场建设已出台相应的政策,但从我国自身角度出发,结合能源生产以及消费革命的顶层制度设计仍不够完善,如可再生能源电力配额考核、绿色证书强制约束交易等环节。虽然目前我国已逐步重视环境治理工作,各部门也开始进行强制性的节能减排措施,但企业的参与度不高、运行机制缓慢、标准制定困难,导致政策实施效果并不好。

(3) 能源消费结构

能源消费结构是评价低碳经济发展状况的关键性指标之一,也是我国在发展低碳经济中着重关注的方面。从能源消费总量来看，2020年我国的能源消耗总量世界第一，占全球能源消费总量的1/4，二氧化碳排放量占世界总量的1/3。为了实现2030年和2060年的目标，我国需要用较短的时间，将目前总占比达84%的煤、石油、天然气能源转变成为净零碳排放能源体系。这将是目前我国在低碳建设中面临的一大挑战。

（4）低碳金融市场

低碳金融市场按照交易对象可以划分为低碳产业投融资市场和以碳排放权为基础产品的交易市场。我国间接低碳投融资市场主要以商业银行的低碳贷款为主，而低碳资本市场目前正在完善之中，主要包括股票市场、低碳创业板市场和低碳债券市场。

我国碳交易市场高速发展，自2013年开始，我国部分省市碳排放权交易试点的排放配额和基于项目的国家核证自愿减排量（CCER），各个试点陆续展开。目前我国开展碳排放交易的省市有北京、福建、上海、湖北、天津、重庆、广东和深圳共8个碳排放权交易市场点。截至目前，各个省市试点的碳交易总量如图6-5所示。

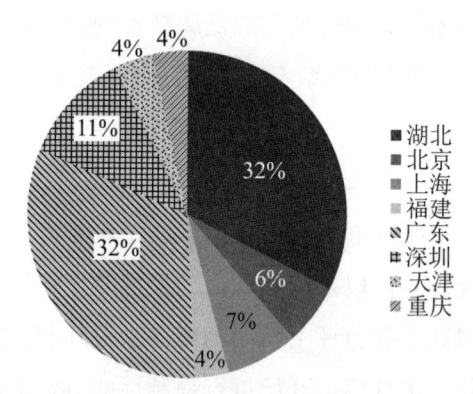

图6-5 我国各碳排放权交易市场点累计交易总量份额

数据来源：碳排放交易网。

经济快速发展，城镇化进一步推进，导致人口的加速增长、城市数量的增加、城市不断郊区化，引发了环境日益恶化的后果。我国城市边界的无序蔓延和城市郊区化会产生以下两个方面的危害。

第一，乡镇工业化。在中国较为发达的地区，乡镇工业化是比较普遍的现象，在一定程度上带动了当地农村的经济发展，推动了城镇化的发展。但是，一些乡村企业的污水、有害气体的治理不当都对环境造成污染，也会对当地的村民身体带来伤害。第二，交通排放量的激增。随着基础设施的不断完善，大城市向周边不断扩张，呈现城市郊区化的特征。随着人们生活条件的提升，对精神生活的追求不断变高，为了欣赏居住环境的自然风光，会选择郊区进行度假、定居，从而导致私家车使用和石油消耗的激增，继而导致交通碳排放问题愈演愈烈。

从经济效益角度看，分散的城镇空间浪费了土地资源、导致了中心区的衰败；从环境保护角度看，城市无序蔓延污染了空气、土壤和水，带来了城市道路拥挤加剧；从社会公平角度看，城市无序蔓延导致了贫富分化、种族矛盾、社区衰败等问题。

为了解决以上问题，学术界提出了"紧凑城市"这一概念，其定义为在空间规划建设中主张以紧凑的形态实现高密度的居住，限制农村土地的大量开发，优先发展公共交通。首先，高密度的城市分布形态减少了对生态环境的破坏，降低人类活动对自然环境的影响。其次，紧凑型城市可以通过缩短通勤距离，减少对私家车的依赖，从而减少能源消耗和温室气体排放。再次，空间的集聚会对基础设施、资源和服务的共享产生促进效果，降低城市运行的能源成本，最终实现城市的可持续发展。

6.2 中国城市低碳经济与城镇空间的协同发展机制

经济进入高质量发展阶段，城乡区域发展、生态环保任重道远，是实现

2035年基本建成社会主义现代化强国目标的大问题。在城镇空间不断优化发展过程中，我国的二氧化碳排放程度逐渐加深。两者之间的主要影响关系是，我国城市在进行城镇化发展和经济增长的进程之中，产业总量和结构调整驱动着城市能源的消耗，从而对城镇环境造成影响。在低碳经济与城镇空间两者间的发展中，只有全面统筹研究两者之间的平衡关系才能实现两者的协同发展。

低碳城市与城镇化两者间的协同发展机制涉及三个理论：生态现代化理论、城市环境改造理论和紧凑型城市理论。首先，生态现代化理论认为城镇化是一个社会进行变革的过程，也是衡量现代化的重要指标。在经济发展的早期阶段，各类环境问题会不断增加，随着社会对环境保护重要性的认识加深，社会各界会通过研发创新技术、城市集聚和调整产业结构来降低环境风险，这一理论在我国的发展中得以证实。其次，城市环境改造理论关注的是城市环境问题及其变化特征。在城市发展的初始阶段，政府会通过生产发展使城市更加富裕，但会带来一系列的环境问题。随着发展水平的提高，由于环境监管和产业结构的调整，工业污染会有所减少。最后，紧凑型城市理论通过高建筑密度、混合土地使用和优先使用公共交通的方式以解决粗放蔓延的城市状态。基于以上三个理论，低碳经济与城镇空间两者间的作用机制可以概括如下。

6.2.1　城镇空间对低碳经济影响机制

随着城镇化的推进，我国新型城镇化以生态文明优先为原则，实现我国城市人口与经济、社会和环境的有机统一，从而实现绿色、节约和低碳的发展。城镇化对城市低碳发展的促进作用可以通过以下三个方面展开，包括交通出行、低碳技术、产业结构。

第一，交通出行方面。城市空间结构的内涵根据就业岗位分布的不同，可以分为单中心和多中心两类城市。以往研究表明，单中心城市的过度扩张给跨市工作的居民带来了较大的通勤成本，交通拥挤的程度与通勤距离呈现正相关；而多中心的城市扩张在一定程度上缓解了通勤成本高的问题及其所带来的负面影响。多中心城市结构正是通过推进郊区城镇化来改善单个城市"一家独大"的情况，新型城镇化所提倡的正是城乡统筹一体化，这与多中心的城市结构的理念不谋而合。同时紧凑型城市理论指出，城镇化进程的加快形成了高密度、功能混合的城镇空间，从而促进了交通、供水、发电和其他公共基础设施的规模经济，减少了资源浪费，降低了环境破坏程度。

在研究城镇空间与交通碳排放两者之间的关系时，学者们发现两者存在明显的倒 U 形关系，即随着城镇人口密度的上升，交通产生的碳排放呈现先升后降的趋势。由此可以认为在经济发展的不同阶段，城镇空间的演变对城市的低碳影响是不同的。主要原因在于最开始经济增长的背景下，人们的生活条件逐渐提高，所拥有的私家车数量明显上升，出游次数的增加导致交通产生的碳排放不断上升。但随着经济的进一步发展，人们转向追求绿色低碳生活，选择私家车出行的次数减少，选择更为方便环保的公共交通，因此交通产生的碳排放出现下降的趋势。

第二，低碳技术方面。实现低碳经济的关键在于进行技术创新。城镇空间中的人力资本及各项资源的自由流动，最后积累形成可持续增长效应，为低碳技术的创新发展提供源源不断的动力。同时信息网络的不断普及和高水平、高素质、专业化的人力资本为高新技术产业、信息技术产业成为主导产业奠定了基础，为低碳技术提供了绝妙的发展平台，扫除了低碳技术推广所面临的障碍，最终实现低碳技术从中心向周边辐射的过程，带动整个区域的低碳技术创新能力。

低碳技术可以分为三个类型，分别为节能减排技术、新能源技术及去碳技术。节能减排技术是在传统高能耗产业的基础上，为了实现优化能源结构、提高能源使用效率、降低能源消耗强度的技术创新；新能源技术是在清洁能源的开发利用过程中涉及的技术；去碳技术是通过将碳排放封存于某些特质结构中以降低碳排放量的技术。

低碳技术发展过程分为研发、扩散、转移三个阶段，不同阶段对于低碳经济的作用不同。首先，研发阶段作为低碳技术的起点，为低碳经济提供了技术可能性，因此低碳技术的研发是实现低碳经济必不可少的步骤。低碳技术在最初的研发阶段就决定了资源配置的合理程度，并且不可避免地对其他一般技术的生产活动产生冲击和影响，是实现低碳经济的最初推动力。其次，研发过程后的技术扩散阶段为低碳经济的实现奠定基础。技术扩散指的是将研发成功的技术进行市场化，将其转为经济现实。最后，技术在国际间的转移具有资源配置效应，促进低碳经济的发展。在经济全球化的时代背景下，各个经济体开放程度进一步加深，各个世界性组织如世界气象组织等为低碳技术的国际合作提供平台，开展的国际间气候合作项目影响着全球的减排工作，这将直接反映在低碳经济的实现过程中。

第三，产业结构方面。城镇空间的演变将推动产业结构的演变，从我国的经济发展过程中不难看出，不合理的产业结构所导致的粗放经济增长模式只会加深环境污染程度。首先，科学合理的城镇化建设为低碳产业的发展提供良好的外部环境，为全新的低碳经济增长点提供稳定的生存环境，城镇空间结构的合理化最终会促进产业结构的合理化，从而推动低碳经济的发展。其次，低碳技术为产业的转型升级提供技术支持，比如企业在技术进步的背景下，会更偏向采用节能减排、新能源等技术进行生产制造，市场中的传统技术逐步被清洁能源技术所替代，一系列的环保产业得以壮大发展，最终推动城市的低碳经济发展。最后，产业结构优化与低碳经济的发展是内在统一的。先前有研究表示，第一产业与第二产业是碳排放的主要部门，而第三产业相比于前两个部门与碳排放之间的直接影响较小。在城镇化进程中，产业结构的优化是由以传统产业为主的第一产业逐渐向现代化的二、三产业转变，从高能耗、高污染、低效率的产业向要素密集度较低、碳排放强度较低的产业转变，这不仅提高城镇化的发展质量，也为城镇的低碳经济发展奠定基础。

6.2.2 低碳背景下城镇化进程的推进

随着城镇空间的优化和居民对于物质的追求不再停留于表面，低碳发展理念普及到居民生活的方方面面，市民的低碳化生活行为特征显现出来，低碳社会的建设不再只是政府一方追求的目标，全社会明确建设资源节约型、环境友好型的城市目标，严格控制城市碳排放量，以促进人、自然与社会的和谐发展，低碳经济的推进对城镇化的绿色发展有着现实意义。

第一，城镇低碳建设提升城镇化的质量。在低碳视角之下，城镇空间的优化方向更倾向于坚持以提升城镇化质量为核心，强调居民环境、生活方式、社会保障、产业支撑等方面完成由"乡"入"城"的转变，最终实现可持续发展。在城镇的低碳建设过程中，建立完整合理的标准体系，并且在经济发展的同时控制城镇的碳排放量，严格把控城镇排污和能源损耗量，助力推动实现绿色城镇化的转变，对于城镇化的质量提升和目标实现有显著的促进作用。

第二，低碳技术创新促进新型城镇化。低碳产业的快速发展，离不开低碳技术的支撑。加快工业设施转型升级，建设与低碳产业相结合的新型城市。在此条件下，城镇化背景下有计划地淘汰高耗能企业，将汇集环境和区域资源的特点，引导和促进当地低碳产业的发展，从而实现"三去一降"的目标，完成高耗能产业的转型升级。

第三，低碳背景下的城镇化，不仅是城市本身的低碳发展，而且是在农业现代化水平不断提高、农村经济快速健康发展基础上的城乡协同发展，最终实现城乡一体化。随着城镇化水平的上升，低碳农业快速发展，农业机械化水平和科技应用水平、农业土地利用效率不断提高，农业的基础保障和生态功能进一步得到重视。

6.3 中国城市低碳经济与城镇空间协同发展的政策建议

通过以上对我国城市低碳经济和城镇空间两者间关系演变历程及两者相

互作用机制的探索，为了进一步打造低碳城市和优化城镇空间，实现低碳城镇化，主要通过以下几个方面进行展开。

6.3.1 完善政策制度，推广低碳理念

当前，阻碍低碳城镇化建设的主要原因是对低碳理念的认识不足和制度体系不完善。重新认识低碳理念的深刻内涵，构建完整制度体系，厘清低碳与城镇化协同发展关系，是建立低碳化城镇的关键步骤。

第一，全面普及低碳理念，形成全社会低碳。只有全方位地宣传低碳相关知识，才能加深社会大众对于低碳的正确认识，让其理念可以充分渗透到生活的方方面面，从而形成有机统一的全社会低碳体系，即低碳交通、低碳建设、低碳产业、低碳生活的和谐统一。

第二，加强全社会的参与。低碳理念的普及和推广当然不能单靠某一个群体，而是需要全社会的参与，形成合力。对居民来说，在日常生活中应当形成低碳优先的思维，优先选择低碳的交通工具和购买低碳的商品，不断追求低碳的生活方式。对于企业而言，在制定长期战略时应贯彻可持续发展战略，保持创新环保理念，逐渐替换掉能耗高、效率低、污染重的生产方式。企业应当加大绿色高新技术的研发投入，顺应时代低碳发展潮流，探索高效低碳的发展模式。对于政府而言，建立和完善低碳相应的制度体系，发挥政府的积极引导作用，鼓励低碳企业发挥其正外部性，增加生产活动的奖励。同时，还要实打实地将低碳技术大力推广的政策落地，例如政府应重视碳排放市场，扩大碳排放交易，不断鼓励社会上闲置资本进入低碳领域，从而推动低碳产业发展。

第三，将低碳全过程贯彻到城镇规划之中。在城镇化过程中，生态系统需要经历复杂的演变，只有坚持和遵循可持续发展战略，考虑将生态系统的承载能力放在第一位，而不是经济效益，只有这样才能将低碳理念贯彻彻底。将低碳理念融入城镇化建设、功能格局和产业布局的各个环节，从根本上扭转工业化和城镇化对生态敏感区影响和破坏的局面，减少不同区域的碳排放，

避免造成超出区域承载能力过度开发的后果。

6.3.2 综合考虑实际，差异建设城市

在我国低碳经济发展的过程中，区域经济发展的不平衡性与低碳发展的均衡性，是一对较为激烈的矛盾。因此必须选择差异化的城市建设策略，以解决这对矛盾。

第一，从先进城市建设的经验中学习，总结先进方法。摸排全国各地区的低碳试点城市的工作完成情况，评估总结试点工作，选出低碳标杆试点城市、低碳标杆园区、低碳标杆社区和低碳标杆企业，鼓励全方位的宣传和分享低碳发展经验，营造低碳城市建设交流合作的良好氛围。上海和天津逐步建立了新型的低碳城市，在这些城市中，低碳技术被集中开发，并在当地进行推广和实时监控，使中国其他城市在低碳工作中可以借鉴有效经验。

第二，按照不同城市发展的实际需要，因地制宜，个性化设计低碳化路径。因为不同城市的资源禀赋和目标定位不同，在低碳发展中需要实行不同的建设模式。比如经济基础较好的东部地区，在低碳经济建设中应利用自身的资金、技术、人才等多重优势，采取技术引领的方式建设低碳城市。而经济基础相对薄弱的中部地区的城市低碳建设应该将重心放在产业优化升级上，拓展产业链，形成循环经济。经济基础更加落后的西部地区应当发展绿色低碳产业，有效利用所拥有的清洁能源，完善产业结构和体系。针对性地实施和执行政策，将在促进低碳城镇化的去碳化目标中发挥重要作用。

6.3.3 建立考核体系，强化宏观引导

中国低碳城市建设中长期减碳任务与政府短期绩效考核并存，是城市低碳建设过程中不可忽视的问题。在宏观建设中，若要避免两者之间的矛盾，就需加强政策引导缓解两者之间的共存问题。

第一，应当引入绿色绩效考核体系。政府作为建设低碳城市的主要力量，

应不断加强宏观政策对城市运行的战略指导，从长远角度制定切实可行的战略举措。在以经济增长速度为目标的同时，考虑社会和环境问题，逐步制定符合建设低碳城市重要性的绿色绩效评价体系，构建并选用绿色GDP的概念评判架构，对发展背景、城市低碳化发展效率和城市发展水平等因素进行评价。这将使地方政府在建设低碳城市时，形成一套具有具体性和可操作的评价指标体系。

第二，加强政府宏观调控力度。选择开辟低碳城市建设的专项融资支持渠道，拓宽多元化的资金来源渠道，充分完善低碳产业与投资之间的发展链条。针对各地区实际情况和发展中的差异，政府应分别制定相应产业、财政、税收等政策。同时，政府还要加强对地方试点示范的协调和指导，不断完善碳排放控制体系，设定适当的碳排放范围。

第三，完善低碳发展的相应法制建设。伴随着全球气候问题的不断加剧，低碳化在城市建设中的重要性凸显出来，这也成为中国城市发展的未来趋势。但在相应的低碳化城市建设中，还存在一些具体的现实问题，这就要求政府在关键决策和相关法律法规的执行过程中加强法律监督，让低碳工作落地，对于损害低碳城市建设的不良行为坚决惩处，以确保低碳城市建设和脱碳目标的顺利实现。

6.3.4 提升低碳技术，实现合作交流

先进的低碳城市建设理念和落后的产业结构体系两者间的矛盾，是阻碍城市低碳建设的问题之一。为此，推动技术创新发展，加快产业结构优化升级，成为城镇建设低碳化战略的重要支撑。

企业只有重视科技创新，加大研发投入力度，提升自身创新成果的转化率，才能形成以自主知识产权为核心的市场竞争力。在创新发展的大背景下，实现低碳产品研发、生产、推广和销售过程一体化，形成低碳企业集群，有效发挥企业群的集聚效应。同时，完善企业的投融资体系，对于小微低碳企业融资难的问题应当采取措施解决，优化企业资金链，提高资金使用效率，

为创新成果转化提供资金和政策支持。

参考文献

[1] 方松林，曹盼宫. 推进城镇化建设与低碳产业的协同发展 [J]. 人民论坛，2018（20）.

[2] 龚翔，朱万春. 低碳经济环境下物流业网络构建对城镇化发展的影响 [J]. 生态经济，2021，37（03）.

[3] 韩春虹，蒋长流. 城镇化低碳发展转型约束及路径选择：文献研究视角 [J]. 当代经济管理，2018，40（01）.

[4] 韩秀艳，孙涛，高明. 新型城镇化建设、能源消费增长与碳排放强度控制研究 [J]. 软科学，2018，32（09）.

[5] 李丰. 低碳经济战略视角下碳排放交易市场研究 [J]. 四川轻化工大学学报（社会科学版），2020，35（02）.

[6] 刘俊伶，王克，夏侯沁蕊，等. 城镇化背景下中国长期低碳转型路径研究 [J]. 气候变化研究进展，2020，16（03）.

[7] 李天骥，周文飞. 论低碳视角下的新型城镇化 [J]. 农村经济与科技，2019，30（20）.

[8] 刘治彦，余永华. 以新型城镇化建设促进城乡高质量发展的路径研究 [J]. 企业经济，2021（10）.

[9] 欧阳慧. 基于碳减排视角的国家试点低碳城（镇）发展路径 [J]. 城市发展研究，2016，23（06）.

[10] 文瀚梓. 新型城镇化发展中的低碳策略探讨 [J]. 安徽农业科学，2013，41（22）.

[11] 王鑫静，程钰. 城镇化对碳排放效率的影响机制研究——基于全球 118 个国家面板数据的实证分析 [J]. 世界地理研究，2020，29（03）.

[12] 王志强，张惠. 人口城镇化下碳排放机理与治理框架 [J]. 企业经济，2017，36（06）.

[13] 谢志祥，秦耀辰，沈威，荣培君. 中国低碳经济发展绩效评价及影响因素 [J]. 经济地理，2017，37（03）.

[14] 易艳春. 我国城镇化阶段的低碳发展路径研究 [M]. 北京：经济科学出版社，2020.

[15] 张占斌. 新型城镇化的战略意义和改革难题 [J]. 国家行政学院学报，2013（01）.

第 7 章

非政府组织在中国城市低碳发展中的关键作用

　　本章首先详细介绍了中国环保非政府组织的发展概况，包括中国环保非政府组织的特点与分类、发展历程、发展动力及其所受到的主要发展制约。然后通过归纳总结非政府组织在中国城市低碳发展中的角色定位与治理效应，主要包括环保非政府组织作为各城市政府合作伙伴，发挥政府协同作用；作为各城市企业合作伙伴，发挥引导与监督作用；作为各城市社会公众代表，发挥提高公众参与作用；作为全球环保非政府组织重要成员，发挥国际交流与合作作用等重点内容。未来，中国环保非政府组织将助力各城市政府选择最优城市低碳发展路径，拓宽企业服务范围，自身组织规模进一步扩大、独立性进一步增强，同时进一步完善的监督管理机制也将为其健康有序发展提供保证与支持。

7.1 中国环保非政府组织的发展概况

　　环保非政府组织（Environmental Non-Governmental Organization，简称ENGO），除了拥有非政府组织自身的非政府性、非营利性、独立性和志愿参与性等诸多特性外，还具有专门服务于环境保护和其他环境目标的特殊属性。区别于政府和企业，环保非政府组织既不像政府专注于公共利益，也不像企业专注于经济利益，而是将生态环境利益作为出发点和落脚点。相较于国际环保非政府组织的成立和发展，中国环保非政府组织起步较晚、发育较慢。中国环保非政府组织按照其成立背景，大致可以分为"官办"中国环保非政府组织、"草根"中国环保非政府组织和国际环保非政府组织驻华机构等三种类型（如表7-1所示）。

表7-1　　　　　　　　　不同类型的中国环保非政府组织

组织类型	说明	包含机构	优劣势
"官办"中国环保非政府组织	自上而下由中国政府发起或倡导成立的环保非政府组织	中国环境科学学会、中华环境保护基金会、中华环保联合会等及其在各地的分支机构	优势：资金获取能力和组织影响力强 劣势：业务开展受到中国各级政府较大的干预，因而缺乏一定的独立性
"草根"中国环保非政府组织	自下而上由中国民间自发形成的低碳环保非政府组织	自然之友、绿色江河、北京地球村和一些未注册的非政府组织，以及学校内部的环保社团等	优势：发源于民间，具备较强的独立性 劣势：存在人力和财力两方面短缺的难题，自身发展受到较大的限制
国际环保非政府组织驻华机构	国际环保非政府组织在中国的分支机构	绿色和平·中国、大自然保护协会·中国等	优势：拥有国外资金支持，组织专业化、规范化程度高 劣势：在中国境内开展环保活动时需要得到中国政府相关部门较为严格的审批

7.1.1　中国环保非政府组织的发展历程

如图7-1所示，根据中国环保非政府组织在成立和发展过程中所发生的典型事例，将其发展历程分为如下三个阶段。

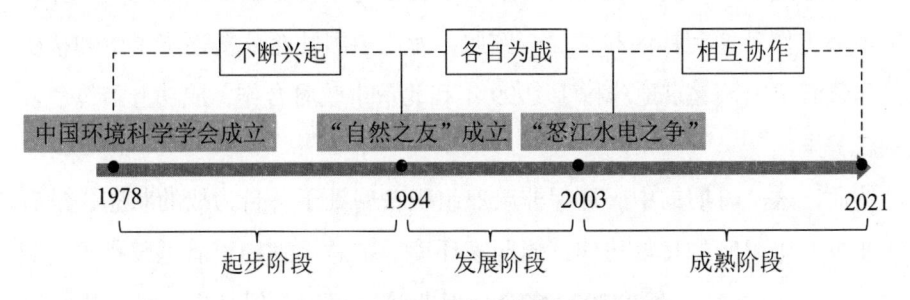

图7-1　中国环保非政府组织发展历程

(1) 起步阶段——1978—1994 年

中国环保非政府组织诞生于改革开放伊始。中国环境科学学会经中国科学技术协会批准成立，是国内成立时间最早（成立于 1978 年）、组织规模最大、专门从事环境保护事业的全国性、学术性科技社团。中国环境科学学会在全国范围内专门从事环保事业，并且作为国内环境领域最高学术团体，具备极强的学术性。因由国家环保行政主管部门担任领导，作为非政府组织的独立性受到部分社会人士的质疑，中国环境科学学会实际上属于"官办"中国环保非政府组织。此外，中国环境保护产业协会、中国环境文化促进会及中华环境保护基金会等"官办"中国环保非政府组织均兴起于这一时期。

而中国第一个"草根"低碳环保非政府组织是 1994 年 3 月于北京经民政部门批准注册成立的"自然之友"。"自然之友"在注册时经历了诸多波折，成立之初也经历了一段较为艰难的时光，但是经过自身的努力发展和良好运营，已经得到政府部门和社会公众较高的认可。更为重要的是，对于中国环境保护事业来说，"自然之友"的成立开辟了一条新道路——打破政府包揽环境治理责任的局限，通过社会公众力量自主聚集，开展环境保护活动。

(2) 发展阶段——1994—2003 年

自然之友成立后，许多"草根"中国环保非政府组织如雨后春笋般在全国范围内诞生，如绿色江河、北京地球村等。该类环保非政府组织规模的不断扩大和环境保护参与力量的不断增强，显示了社会公众力量在环境保护领域的巨大潜能。此时的环保非政府组织主要致力于自身的发展及壮大，并将低碳环保工作延伸到社区和基层。例如，为让中国社会公众逐步了解和接受环保非政府组织，北京地球村于 1999 年和北京市政府合作，成功开展绿色社区试点工作。

然而，这一时期的中国环保非政府组织普遍处于各自为战的状态，没有形成非政府组织间的良好协作。原国家环境保护总局副局长潘岳曾指出，截至 2003 年，中国境内存在 2000 多个环保非政府组织，但其中大部分组织之间没有建立起协作关系。与发达国家相比，中国环保非政府组织的积极作用并未得到完全发挥。

(3) 成熟阶段——2003年至今

在这一时期，中国环保非政府组织实现了互相协作、共同进步的发展目标。中国环保非政府组织经过长时间的发展和积累，逐渐认识到自我力量的局限性。在政府相关部门的倡导下，环保非政府组织为寻求后续发展上的突破以及实现更好的环境治理效果，主动采取联合其他环保非政府组织的举措。如发生在2003年的"怒江水电开发之争"和2005年的"26℃空调节能行动"等活动，背后均存在多个中国环保非政府组织联合倡导环境保护行动的身影。

中国环保非政府组织已由发展阶段的各自为战，转变为成熟阶段的相互合作，通过采取一致行动的方式，实现经济和环保协调发展的目标。与此同时，中国环保非政府组织已涉及低碳环保宣传教育、鼓励公众参与低碳环保活动、低碳环保信息咨询和低碳环保政策倡导等诸多领域。

7.1.2 中国环保非政府组织的发展动力

(1) 中国境内环境恶化加剧

境内环境恶化加剧是中国环保非政府组织发展的根本动力。改革开放以来，中国追求经济高速发展所带来的资源透支和环境污染等问题日益严重，生态环境问题接连不断地发生，如大气污染、水污染、土壤污染等。中国乡镇企业的发展壮大更让环境污染问题向农村蔓延，生态环境破坏范围逐步扩大。生态环境问题不仅阻碍了中国社会的可持续发展，而且威胁了人类自身生存发展的根本利益。中国环保非政府组织正是从人类自身利益出发，通过开展各种形式的低碳环保活动，努力改善日益恶劣的自然环境，谋求人与自然的和谐共存。并且，中国环保非政府组织清楚地认识到单凭个人力量或者仅仅依赖政府来承担环境治理的责任，无法有效解决中国社会所面临的环境污染问题，只有依靠环保团队及其不断壮大的力量才能最终解决生态环境难题。

（2）弥补政府和企业的不足

针对环境保护领域的市场失灵和政府失灵问题，弥补各城市政府和企业在环境治理方面的不足也是中国环保非政府组织发展的重要动力。首先，环境保护的外部不经济性使得企业无法起到自愿作为环境保护市场主体的作用。对企业来说，开展城市环境保护工作需要投入大量成本，却不能为之带来即时的经济效益，容易引发市场失灵。其次，虽然城市政府通过采取向企业征收环境保护税等方式，督促企业注重生产和经营活动中的环境保护问题，但是却无法保证企业的自愿参与性，导致各城市政府在企业环保监管方面投入成本高。最后，考虑到政府过分追求经济发展，对环境保护重视程度不足，进一步导致各城市政府在环境保护管理上高成本、低效率现象的发生，甚至出现部分决策失误，也即政府失灵问题。

而且，受到体制限制，城市政府相关部门无法及时、有效地满足各种环境保护需求。随着中国行政体制改革的实施，城市政府职能由计划经济时期的大包大揽，转变为逐渐将部分城市政府职能放还给社会，由企业或非政府组织凭借自身优势发挥市场作用。中国环保非政府组织获得了城市政府部门在环境保护领域让与的发展空间，弥补了城市政府环境治理能力上的缺憾，并且凭借自身所拥有的先进环保技术优势，为企业降低实际生产和经营成本，从而在一定程度上也弥补了企业在城市低碳发展方面的不足。

（3）国际环保非政府组织的示范效应

国际环保非政府组织的示范效应是中国本土环保非政府组织发展的又一重要动力。对于整个国际社会来说，20世纪既是人类社会高速发展的时期，也是生态环境问题日益严重的时期，在全球范围内出现了许多重大环境公害事件（如表7-2所示），引起了世界各国的广泛关注。正是在环境问题日益危急的情况下，国际环保非政府组织诞生，并在全球环境保护方面发挥越来越重要的作用。1972年6月5日，有上千人参与了在瑞典斯德哥尔摩召开的联合国人类环境会议非政府组织论坛，并针对环境保护议题发表相关意见和看法。到了1992年6月在巴西里约热内卢召开的联合国环境与发展大会，来自165个国家的17000多人注册了此次非政府组织论坛。国际环保非政府组织发展壮大所形成的巨大影响力以及对中国生态环境问题的广泛介入，激励了中国本土环保非政府组织的诞生和发展。而且，国际环保非政府组织日益完善的工作体系和低碳环保操作模式，也为各城市环保非政府组织的发展提供了较大的参考价值。

表7-2　　　　　　　　20世纪全球重大环境公害事件

事件名称	发生时间	发生地	公共危害
马斯河谷事件	1930年12月	比利时马斯河谷工业区	大气污染造成一周内有60多人死亡
多诺拉事件	1948年10月	美国宾夕法尼亚州多诺拉镇	大气污染造成17人死亡
洛杉矶光化学烟雾事件	20世纪40年代初	美国洛杉矶市	形成以臭氧为主的光化学烟雾
伦敦烟雾事件	1952年12月	英国伦敦市	浓雾覆盖
四日市哮喘事件	1961年	日本四日市	空气污染诱发人类哮喘病
水俣病事件	1953—1956年	日本熊本县水俣市	水污染造成60人死亡
痛痛病事件	1955—1972年	日本富山县神通川流域	水污染造成81人死亡
莱茵河污染事件	1986年	瑞士	水污染造成鱼类死亡和河水不能饮用
埃克森·瓦尔迪兹油轮漏油事件	1989年	美国	海洋污染

7.1.3　中国环保非政府组织的主要发展制约

（1）资金来源受限

非营利性和非政府性导致中国环保非政府组织受到经济条件上的制约，资金来源受限成为目前中国环保非政府组织发展的最大阻力。中国环保非政府组织在各城市开展低碳环保活动所需的资金，一般来源于从事环保事业的基金会赞助、政府资助、企业及公众捐赠等渠道。这就导致中国环保非政府组织没有稳定的资金来源，更不用说资金的充足和可持续。并且，非营利性表明中国环保非政府组织无法像企业一样专注于经济利益的获取，非政府性造成绝大多数"草根"中国环保非政府组织难以受到来自各级政府的资金支持。因此，现阶段许多中国环保非政府组织在维持独立性和生存及发展之间仍然存在矛盾——要维持独立性，环保非政府组织就必须依靠自有资金发展；要维持生存及发展，环保非政府组织不得不接受外部资金的资助及捐赠。

（2）自我管理能力不足

自我管理能力不足也是制约中国环保非政府组织健康有序发展的一大因素。很多中小型环保非政府组织体系不够完善，缺乏长期发展规划和自我管理能力。而科学的内部管理，包括财务管理、人力资源管理和活动管理等，恰恰又是非政府组织实现自身可持续发展的必要组成部分。中国环保非政府组织所能提供的职工待遇水平较低，不足以吸引专业性人才为之提供服务，从而限制了自身在管理、活动开展、创新等组织能力和影响力方面的进一步提高。反过来，中国环保非政府组织的组织能力和影响力不能得到有效提高，势必会导致自身所需资金筹集更为艰难，也就无法满足职工所期待的待遇水平。这种恶性循环也是中国环保非政府组织自我管理能力不足的诱因之一。

（3）法律制度限制

法律制度不完善导致中国环保非政府组织发展受到一定的限制。一方面，很多支撑环保非政府组织社会功能发挥的中国法律及法规都过于原则化，实际操作性不强，比如目前几乎不存在具体且一致的可操作性规范来指导环保非政府组织的政治参与行为，从而使得环保非政府组织的政治参与度无法得到保证。另一方面，根据《社会团体登记管理条例》，非政府组织成立需要经其业务主管单位审查同意，考虑到政治上一定风险的存在，大多数政府职能部门不愿成为非政府组织的业务主管单位，造成非政府组织在非法的环境中发展，面临随时被取缔的风险。

（4）文化观念约束

中国环保非政府组织文化观念约束来源于其过于依赖政府。根据独立性原则，环保非政府组织所需经费应由自身筹集，但事实上仍然存在相当多的环保非政府组织活动经费依赖政府拨款。另外，管理体制的限制使得中国环保非政府组织不得不依赖政府，这也从根本上塑造了环保非政府组织过于依赖政府的文化观念。

7.2 非政府组织在中国城市低碳发展中的角色定位与治理效应

各城市政府在中国城市低碳发展方面占据主导地位，企业是实现中国城市低碳发展的主力军，而社会公众参与则是实现中国城市低碳发展的必然要求。各城市的政府、企业、公众各尽其责，共同承担起实现中国城市低碳发展的重任。非政府组织在城市低碳发展领域弥补了市场和政府的不足，形成服务各城市政府、企业和公众的重要力量。同时，非政府组织作为联系各城市政府、企业和公众三大主体的有效桥梁，赢得了各方面的信任。

7.2.1 作为各城市政府合作伙伴，发挥政府协同作用

中国环保非政府组织是各城市政府在推进城市低碳发展方面的重要合作

伙伴。首先，中国环保非政府组织和各城市政府拥有相同的目标——为了实现城市生态环境保护及社会可持续发展，而这种目标一致性恰好是双方友好合作的基础。其次，各城市政府更多的是通过对城市低碳发展宏观方向的把握和总体规划的制定来发挥主导作用，而环保非政府组织在微观层面不仅反映了各城市公众的相关利益诉求，而且促进了各城市企业低碳技术创新、发展规范及自律机制的形成。因此双方均具有达成合作的相应意愿，以实现不同主体功能和优势的互补。再次，环保非政府组织通过履行社会监督职责，既分担了政府市场监督的职能，在一定程度上减轻了各城市政府的压力，同时也进一步完善了监督机制，保证城市各级政府在低碳发展方面的积极作为。最后，具备专业技术优势的中国环保非政府组织，也为各城市政府相关部门的决策提供相应的意见和建议。

中国环保非政府组织通过与各城市政府的合作，协助政府实现城市低碳发展的目标。其一，中国环保非政府组织通过向各城市政府有效传达社会在城市低碳发展方面的主张和意愿，以宣传、对话等方式影响政府对于城市低碳发展的具体决策，使得各城市政府决策更具科学性和民主性。其二，中国环保非政府组织利用自身与社会的紧密关系，将各城市低碳发展具体政策与要求，向当地企业和公众进行深入宣传及实践指导，加速推进中国城市低碳发展进程。其三，中国环保非政府组织自身围绕各城市政府在城市低碳发展中的具体目标和任务，并根据不同城市低碳发展所面临的重大难题，在进行实地考证和调查研究后，为各城市政府出具详细解决方案。

例如，2021年6月18日，中华环保联合会和山西省阳泉市人民政府在山西阳泉签署战略合作协议，同时挂牌成立中华环保联合会环保产业示范基地、中华环保联合会高级专家工作站、山西环保产业发展集团公司。通过采用中国环保非政府组织和政府的深入合作模式，包括开展专家资源引进、产业规划、碳中和、技术引进、共建园区、工程示范、项目对接和绿色金融等合作项目，实现资源共享和优势互补，从而助推阳泉市的产业转型升级以及节能环保产业整体竞争力的提高，达成全面推进阳泉市生态环境高水平保护和高质量发展战略目标，深入推进阳泉市"十四五"时期打好污染防治攻坚战和扎实推进"碳达峰碳中和"等各项任务。

7.2.2 作为各城市企业合作伙伴，发挥引导与监督作用

在党和政府的号召下，各城市企业参与中国城市低碳发展是极为重要的一环，中国环保非政府组织则是企业参与城市低碳发展的重要合作伙伴。已有研究证实，中国环保非政府组织的存在对各城市企业环境责任的履行具有显著的促进作用。在中国特色社会主义市场经济条件下，要达成各城市企业主动开展更加低碳环保的生产和经营活动、自觉承担起参与中国城市低碳发展的社会责任等目标，不仅需要依靠各城市政府部门单方面的管控和监督，还需要中国环保非政府组织与各城市企业的通力合作，以及有效发挥环保非政府组织的社会监督职能。实际上，中国环保非政府组织与各城市企业的合作能够实现双方的共赢，即中国环保非政府组织可以赢得助力各城市实现城市低碳发展及生态环境保护的目标，企业则能够赢得良好社会声誉及企业价值提升的目标。因此，互惠互利进一步推动了环保非政府组织与各城市企业在中国城市低碳发展方面展开合作。

中国环保非政府组织与各城市企业合作的意义在于引导和监督企业参与中国城市低碳发展整体布局。中国环保非政府组织掌握着先进的低碳环保技术及研究成果，并将其与各城市企业实践相结合，使得环保非政府组织所拥有的技术优势转化为企业的发展优势。具体来看，中国环保非政府组织通过对各城市企业工作人员开展专业技术培训、灌输企业低碳发展理念及路径等方式，实现"绿化"企业发展的目标，从而引导企业的生产经营模式及发展战略与中国城市低碳发展政策及要求相契合。各城市企业实现低碳发展并保持技术革新，不仅降低了企业的实际成本，保证了企业的可持续发展，而且帮助了企业执行社会责任战略，进一步增强其核心竞争力。同时，中国环保非政府组织通过动员社会力量，对各城市企业低碳发展的实践进行更加细致的监督，也在一定程度上拉近了企业与公众的距离。

例如，中华环保联合会曾发起组建"中国环境友好企业联盟"，也就是为企业成员提供一个集咨询、研究、议事、服务于一体的非营利互动平台。搭建该平台的目的是通过打造坚持走循环发展、绿色发展、低碳发展道路，同时具备突出经济收益和环保效益的中国环境友好企业典范，督促企业积极开展环保生产。之后，中华环保联合会组织中国环境友好企业联盟成员单位在北京召开相关会议，研究如何完善和推进联盟工作，有效发挥联盟作用。中华环保联合会相关领导在会议上指出，面对日益严峻的环境问题，中国环境友好企业联盟首要任务是提高企业家的认识，让企业家充分认识到各城市企业作为解决环境问题的主体责任，及时转变企业发展观念，将企业从黑色发展、灰色发展、高成本发展转变到绿色发展、低碳发展、循环发展、符合人民普遍利益、符合经济可持续发展要求的轨道上来。联盟应践行资源整合和合作共赢的发展理念，成立专家技术团队、资金筹措团队和市场开发、推广、应用团队，积极支持各城市企业转型工作，推动企业实施节能减排活动。通过互动平台挖掘企业优势，积极发挥联盟作用，引导企业将环境保护的理念贯穿企业采购、生产、消费、再生产全过程，并且帮助企业解决转型过程中所遇到的技术、资金和市场等方面的难题。

7.2.3 作为各城市社会公众代表，发挥提高公众参与作用

中国环保非政府组织代表各城市社会公众参与到中国城市低碳发展过程中。一方面，中国城市低碳发展需要凝聚社会公众力量，但是中国社会公众普遍存在对低碳发展认识不到位、意识薄弱等问题。而中国环保非政府组织恰好能够利用其非政府性、非营利性、独立性等特殊属性，赢得社会公众的信任和支持，并通过宣传教育等方式进一步增强社会公众对低碳发展的认识和认可。同时，中国环保非政府组织还具备公众认同感、归属感和本土感等优势，在鼓励各城市社会公众积极参与环保非政府组织及其所开展的低碳环保活动等方面更具影响力。另一方面，中国环保非政府组织从维护社会公众利益出发，代表各城市社会公众为中国城市低碳发展提供相关意见和建议。

并且，通过检举和揭发各种与中国城市低碳发展目标相悖的城市建设参与主体行为，以及采取环境公益诉讼的方式，有效发挥中国环保非政府组织作为各城市社会公众代表的作用。

对许多城市来说，中国环保非政府组织的存在既提高了社会公众参与城市低碳发展的积极性，也提高了社会公众参与城市低碳发展的广度和深度。首先，社会公众对环境污染问题最为敏感，而中国环保非政府组织作为政府和社会的纽带，与社会公众接触更多，关系也更加亲密，从而使其具备更强的城市低碳发展社会动员能力和更广泛、更真实的信息来源渠道。其次，为了让各城市社会公众对中国城市低碳发展建立起更加全面且透彻的认识，环保非政府组织通过与相关专家、学者合作，对低碳发展进行专题研究，然后将自身所掌握的信息和拥有的经验，借助各种信息渠道向各城市社会公众进行有效传播。最后，中国环保非政府组织为各城市社会公众参与中国城市低碳发展提供了组织化渠道。随着环保非政府组织力量不断凝聚、规模不断扩大以及影响力不断增强，各城市社会公众参与城市低碳发展的广度和深度将进一步得到提高。

例如，为了提高各城市社会公众参与中国城市低碳发展的积极性，自然之友所开展的活动包括低碳消费和低碳家庭。在低碳消费方面，自然之友将个人消费作为切入点，迎合社会公众不断改变的兴趣点和信息接受习惯，将气候变化与个人日常生活相关联，使得各城市社会公众更加深入理解碳与环境的内在关系，从而提升其对低碳消费方式的认知和认可。在低碳家庭方面，自然之友通过对各城市家庭及社区层面的节能减排实践进行总结和推广，形成低碳家庭典范及能效标准，从而帮助各城市社会公众探索出通往中国低碳城市的有效路径。同时，为了提高各城市社会公众参与中国城市低碳发展的广度和深度，自然之友将活动范围延伸到环境公益诉讼及碳中和活动等领域。在环境公益诉讼方面，自然之友已提起两起应对气候变化的环境公益诉讼，分别是"甘肃弃风案"和"宁夏弃风案"，并借助相关城市社会公众信息渠道广泛收集证据。在碳中和活动方面，自然之友与其他环保非政府组织合作，共同探讨向各城市社会公众普及碳中和概念及活动的可行方案。此外，2020

年4月10日，国家能源局发布《中华人民共和国能源法（征求意见稿）》公开征求意见的公告。随后，自然之友等中国环保非政府组织通过互联网渠道，收集和整理各城市公众对此次征求意见稿所提出的具体意见及建议，并经过内部讨论会及其他环保非政府组织共同参与的线上研讨会的讨论与交流，最终形成书面文件递交国家能源局。

7.2.4　作为全球环保非政府组织重要成员，发挥国际交流与合作作用

环境日益恶化是世界上各个国家共同面临的发展难题，同时也在全球范围内催生了许许多多的环保非政府组织。这些环保非政府组织从全球化视角看待城市低碳发展问题，并积极为各国及各城市低碳发展的具体方向及路径建言献策。环保非政府组织的独立性和灵活性，使得许多国家的政府组织吸收了国内外环保非政府组织所提供的意见和建议。在改革开放的强大背景下，中国环保非政府组织作为全球环保非政府组织的重要成员，在国际层面广泛开展交流与合作，是实现中国城市低碳发展过程中相当重要的一环。具体来看，中国环保非政府组织通过开展或参加相关的国际会议与座谈会、派出人员参与有关培训、接待来访和互访等国际活动，在全球范围内开展城市低碳发展领域信息、资金、设备和技术等方面的国际交流与合作。因此，中国环保非政府组织在获得多样化的国内外先进低碳环保技术以及充足的资金和信息支持下，不仅保证了自身的生存和发展，而且也为实现中国城市低碳发展目标添砖加瓦。

例如，中华环保联合会副主席兼秘书长谢玉红在2020年受邀出席中欧绿色发展论坛，与联合国环境规划署、德国发展研究所、英国皇家国际事务研究所等机构的专家代表，就"后疫情时代中欧作为：助力面向绿色发展的创新与产业合作"主题进行研讨，具体包括进一步推动中欧民间常态化环境交流、绿色技术创新与合作以及生态文明建设与可持续发展理念有机结合的中欧联合倡导低碳等内容。

7.3 非政府组织在中国城市低碳发展中的趋势与展望

从实践来看，环保非政府组织已经成为推动中国城市低碳发展的重要力量，其未来的发展将对中国各城市低碳发展方向及相关工作产生十分重要的影响。与此同时，中国各城市低碳发展政策及市场变化也必将对环保非政府组织的发展趋势形成巨大冲击。

7.3.1 助力各城市政府选择最优城市低碳发展路径

力争 2030 年前实现碳达峰、2060 年前实现碳中和，是中国向世界做出的庄严承诺。在《中共中央 国务院关于完整准确全面贯彻新发展理念做好碳达峰碳中和工作的意见》中指出，为实现碳达峰、碳中和目标，要坚持"全国统筹、节约优先、双轮驱动、内外畅通、防范风险"原则。其中，依据全国统筹原则，根据各地实际分类施策，鼓励主动作为、率先达峰。也就是说，各城市应当因地制宜，选择适合的"双碳"目标具体实现路径，以较低的成本代价实现城市及国家"双碳"目标。中国各城市在自然资源禀赋、经济发展水平、区划功能、产业结构、能源结构、技术水平等方面存在较大的差异，将会使各城市政府在选择实现碳达峰、碳中和路径时，呈现城市差异化。然而，从已经出台的一些城市碳达峰、碳中和规划来看，不同城市的总体思路趋于雷同，缺乏地域独特性和针对性。可能的原因是，各城市政府未能根据当地实际情况科学合理地制定低碳发展战略措施。

而根植于社会公众的环保非政府组织，则能够在一定程度上帮助各城市政府选择与当地最为契合的低碳发展道路。首先，环保非政府组织能够借助各城市公众信息渠道并结合实地调查方式，将信息进行汇总与分析，从而了解和掌握城市实际发展情况，为各城市的城市低碳发展路径选择提供科学合理的建议和意见。其次，环保非政府组织凭借不断发展的先进绿色低碳技术和经验，协助各城市企业实现绿色转型，赋能城市环保企业发展，加快绿色低碳科技革命。最后，在各城市政府和环保非政府组织的共同努力下，保持密切的良好合作关系，将进一步发挥环保非政府组织对城市低碳发展的社会引导及监督功能。

7.3.2　针对各城市企业的服务范围将进一步拓宽

2021年7月16日，全国碳排放权交易市场（以下简称碳市场）正式开始上线交易，在北京、上海、武汉等城市同时举办启动仪式。自2011年以来，北京、上海、深圳等城市陆续开展碳排放权交易试点工作并取得成果，推动了碳市场成为实现中国碳达峰、碳中和目标的核心政策工具之一。随着碳市场相关制度体系的完善及其金融属性的明确，碳金融产品将越来越丰富，如碳期货、碳期权等碳金融衍生产品和碳质押、碳回购、碳托管等碳金融业务。未来，各城市企业将积极在碳市场中参与碳排放权及碳金融产品交易，并开展多样化的碳金融业务。

现阶段环保非政府组织能够为各城市企业提供的服务有限，主要围绕先进绿色低碳技术供给和社会监督来展开。而随着中国碳排放权交易市场的日益完善，中国环保非政府组织的服务范围也将进一步拓宽。比如，环保非政府组织不仅能够为各城市企业提供碳达峰与碳中和政策解读与分析服务，而且能够提供碳排放数据管理服务，包括碳排放数据分析、数据整理与证据留存、建立监测计划等。更进一步，环保非政府组织还能够协助各城市企业开展内部碳排放数据审核、碳资产管理、申请碳排放配额及如期履约等工作。

7.3.3　组织规模将进一步扩大

在"十四五"时期，中国各城市政府对城市低碳发展的重点关注、企业对城市低碳发展的密切配合以及社会公众对城市低碳发展的迫切需求，为环保非政府组织提供了更大的发展空间，中国环保非政府组织的规模进一步扩大将成为实现城市低碳发展不可逆转的历史趋势。

随着中国全面建成小康社会目标的实现，人民生活水平和质量普遍提高，各城市社会公众的环保意识进一步增强。当前人类正面临来自诸如新冠肺炎疫情、环境污染、气候变化等困难和挑战，习近平主席首次提出了"人类高质量发展"这一命题和"开启人类高质量发展新征程"四点主张：以生态文明建设为引领，协调人与自然关系；以绿色转型为驱动，助力全球可持续发展；以人民福祉为中心，促进社会公平正义；以国际法为基础，维护公平合理的国际治理体系。人类高质量发展理应是人与自然关系和谐的发展，绿色、低碳的发展，人民福祉和社会公平正义不断增强的发展，国际治理体系更加公平合理的发展[19]。环保非政府组织发源于社会公众，满足各城市公众的环保需求和实现人类高质量发展亦是其不断追求的奋斗目标。

"十四五"时期，我国生态文明建设进入了以降碳为重点战略方向，推动减污降碳协同增效，促进经济社会发展全面绿色转型，实现生态环境质量改善由量变到质变的关键时期。以降碳为重点战略方向，意味着从过去以末端治理为主，开始转向源头管控、过程优化、末端治理、废物循环四个环节协同发力。并且，中国石化、国家能源集团、南方电网等启动了本企业的碳达峰、碳中和战略研究，国家电网发布碳达峰、碳中和行动方案……这些都对在全社会形成积极的低碳发展市场氛围发挥了促进作用。面对着这一重要的历史性机遇，中国环保非政府组织所具备的技术优势及社会监督职能将会得到更加有效的发挥。

7.3.4 独立性将进一步增强

目前来看，支撑中国环保非政府组织发展的资金绝大部分来自于政府资助或企业捐赠渠道，导致中国环保非政府组织在开展低碳环保活动时容易受到各城市政府或企业部门的较大干预，使得中国环保非政府组织的独立性和灵活性不够强。在中国城市低碳发展的背景下，中国环保非政府组织将会通过向其他低碳发展参与主体提供专业化服务的方式，来获取组织发展所需资金。并且，在中国碳市场不断完善的基础上，环保非政府组织将进一步拓宽其服务范围，从而解决资金受限的发展阻力，使得中国环保非政府组织的独立性得到显著增强。

首先，中国环保非政府组织向各城市政府提供专业化服务并获取发展所需资金。城市政府通过向环保非政府组织购买环境治理服务的方式，让环保非政府组织作为独立单位，为城市政府提供有偿监督服务，即由城市政府出资购买环保非政府组织所提供的专业化监督服务。这不仅调动了中国环保非政府组织的发展积极性，也进一步提高了各城市政府和企业落实低碳发展政策及要求的效率。其次，中国环保非政府组织把先进的绿色低碳技术成果及其他相关研究成果应用于各城市企业绿色转型实践，并协助企业高效率、低成本地参与碳市场，将进一步实现多方面获取组织发展资金的目标。同时，这也将进一步增强非政府组织作为各城市企业重要合作伙伴的地位。最后，随着未来中国碳排放权交易市场的不断完善，环保非政府组织将能够为各城市企业提供更多市场化服务，最终有效解决其所面临的资金桎梏。

7.3.5　监督管理机制将进一步完善

为实现中国城市低碳发展目标，各城市政府、企业、公众及非政府组织等参与主体应互相监督、共同努力，从而形成合力。目前，环保非政府组织在受到各城市政府监督、社会监督和自我监督等方面仍然有一定的不足之处。首先，现有针对中国环保非政府组织的法律法规并不完善，使得各城市政府监督无法可依，且缺乏必要的操作规范。同时，各城市政府部门把对环保非政府组织的监督集中在登记监督方面，而对其日常运行环节的监督重视程度不足。其次，各城市社会公众监督路径较少，过于依赖媒体监督，而媒体监督受到各方面因素的影响，其客观性和真实性无法保证，从而使得对非政府组织的社会监督不足。最后，许多中国环保非政府组织存在管理机制行政化、缺乏有效的人力资源激励机制、内部组织结构不合理等问题，无法在组织内部形成有效的自我监督。

然而，随着中国监督体系的升级和信息技术的发展，针对环保非政府组织的监督管理机制必将得到进一步完善与健全，从而保证与支持中国环保非政府组织健康有序地发展。第一，伴随着中国环保非政府组织参与城市低碳发展广度及深度的进一步提高，各城市政府部门对环保非政府组织的日常运行监督将会得到加强，从而使得政府监督机制更加健全和完善。第二，随着中国信息技术的更新换代，各城市公众监督渠道将会更加畅通、便捷和多元化，形成更加高效的社会监督机制。第三，各城市环保非政府组织也将借助发展迅速的信息技术实现自身的公开透明化运行机制，并通过听取各方面意见，进一步完善其管理机制和组织架构，最终实现有效的自我监督机制。

参考文献

[1] 樊根耀，吴磊，蒋莉. 自主治理制度及其在环境保护中的作用 [J]. 统计与决策，2005（05）.

[2] 和莉莉，吴钢. 我国环境 NGO 的发展及其在推进可持续发展中的作用 [J]. 环境保护，2008（14）.

[3] 中国环境科学学会：学会概况 .http：//www.chinacses.org/xhjs/xhgk/.

[4] 刘平. 加快建立健全公众参与环保机制 [N]. 中国信息报，2003-12-22.

[5] 叶林顺. 环保非政府组织的作用和定位 [J]. 环境科学与技术，2006（01）.

[6] 赵文斌，张海清，杨孚之.20 世纪全球重大环境公害事件 [J]. 山东环境, 2000（06）.

[7] 郑丽杰，吴晓敬. 加强环保非政府组织在发展低碳经济中的作用 [J]. 黑龙江科技信息，2011（28）.

[8] 蒋新. 论环境保护非政府组织——第三支力量的崛起 [J]. 生态经济，2006（07）.

[9] 中华环保联合会：中华环保联合会与山西阳泉政府签署战略合作协议 .http：//www.acef.com.cn/a/news/2021/0618/22686.html.

[10] Haojun Yang，Weihao Liu，Jun Sun，et al.Corporate Environmental Responsibility and Environmental Non-Governmental Organizations in China[J]. Sustainability，2017,9（10）.

[11] 金乐琴.非政府组织：可持续发展制度创新的亮点[J].山西财经大学学报，2005（01）.

[12] 李苏，邱国玉.企业社会责任背景下企业与环保非政府组织的跨界合作[J].生态经济，2012（08）.

[13] 中华环保联合会官网：“中国环境友好企业联盟"披露信息整理.

[14] 李立坚."两型社会"建设中环保非政府组织的作用与角色[J].湖南社会科学，2012（03）.

[15] 赵霏.绿色的动员力量——非政府环保组织的传播活动浅析[J].现代传播，2001（06）.

[16] 自然之友："低碳发展"相关公布资料整理.

[17] 中华环保联合会：我会副主席兼秘书长谢玉红受邀出席中欧绿色发展论坛并作主题发言.http://www.acef.com.cn/a/gjhz/gjjldt/2020/1208/21488.html.

[18] 张友国，白羽洁.区域差异化"双碳"目标的实现路径[J/OL].改革：1-18[2021-11-04].http://kns.cnki.net/kcms/detail/50.1012.F.20211102.1331.003.html.

[19] 孙金龙，黄润秋：加强生物多样性保护 共建地球生命共同体.http://www.gov.cn/xinwen/2021-11/01/content_5648304.htm.

[20] 中华人民共和国中央人民政府：降碳引领经济社会发展全面绿色转型.http://www.gov.cn/xinwen/2021-11/04/content_5648743.htm.

[21] 赵新峰，李春.政府购买环境治理服务的实践模式与创新路径[J].南京师大学报（社会科学版），2016（05）.

第 8 章

碳中和愿景下的中国城市：低碳、经济、政策协同发展

碳中和目标的提出对我国经济发展提出了更高的要求，在碳中和愿景下，各城市要平衡好经济发展与环境保护之间的关系，最重要的就是制定相关政策，促进低碳经济的发展，作为一种新的经济发展模式，它与传统的高能耗、低效率的经济发展方式完全不同。目前，我国正处于发展低碳经济的历史阶段，强制减排已经提上日程，但是长期形成的生产方式和消费方式难以在短时间内快速转变，因此，在制定低碳经济发展政策时，要注重强制性与鼓励性相结合的方式，达到既促进公众强制减排、又能够以公众可以接受的方式实现自发减排的目标，从而促使公众更好地参与到低碳经济发展中。低碳经济发展是我国社会经济发展的重要组成部分，必须将其纳入到整个国民经济发展规划中，进行整体的部署和安排，促进低碳经济政策与其他政策的相互配合，加强各种政策之间的联动性，提高低碳经济政策的实用性和科学性，从而建立各城市在经济和环境保护方面的协同发展机制，形成新的发展格局。

8.1 低碳、经济、政策协同发展的背景及基础

随着经济的发展和城镇化的建设，我国生产和消费的能源需求在不断增加，与此同时，经济的快速发展和能源消耗的增加对环境造成了极大的破

坏，调查显示，在造成环境污染的诸多要素中，碳排放是最大的污染源。在碳中和的愿景下，如何在保持经济中高速增长的同时促进全社会对生态环境的保护，让全社会加入到这场长期行动中来，是一个亟待思考并且需要付诸行动的问题。我国作为近些年来碳排放总量最多的发展中国家，同时作为一个有责任有担当的大国，必须采取相关措施促进低碳、经济、政策的协同发展，促进碳排放的减少和环境的改善，从而更好地促进绿色智慧城市的发展。

8.1.1　低碳、经济、政策协同发展的背景

（1）不断恶化的生态环境

我国人口众多，碳排放总量巨大，近年来，人均碳排放量呈现不断上升的趋势。具体而言，我国的人均碳排放量在 20 世纪 90 年代还处于较低的水平，但是随着经济的发展和消费水平的提高，人均碳排放量增长速度较快，截止到 2018 年，我国的人均碳排放已经达到了 7.405 吨（图 8-1）。

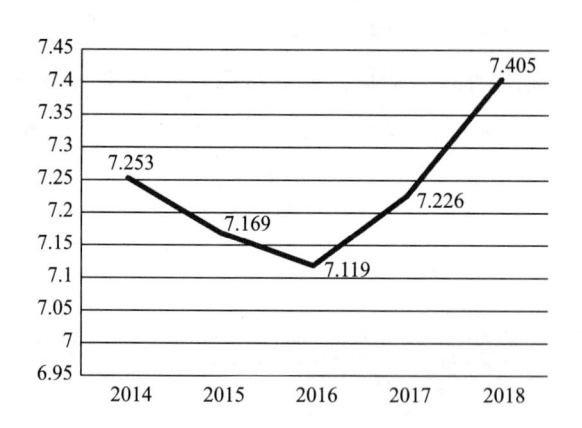

图 8-1　2014—2018 年我国人均碳排放量（吨）

数据来源：世界银行。

碳排放的增加导致生态环境不断恶化，当前，我国面临着严峻的生态环

境问题，尽管局部环境在改善，但是环境总体上还是处于恶化的状态，极端天气频繁发生，并且各种生产活动和消费活动对环境的破坏速度要大于各种环保措施对环境的治理速度。我国生态环境的不断恶化会对各种经济活动造成阻碍，给人类的生产、生活带来巨大的影响，甚至严重威胁着人类的生存与发展，因此为了实现碳中和目标，促进新型城市化建设，我们在进行各种经济活动时必须采取低碳化的方式。

（2）粗放型的经济发展方式

长期以来，我国的经济发展方式主要是依靠高污染高耗能产业的发展，能源消耗巨大，其中煤炭消耗占比较高，产生的碳排放也较多，降煤减碳任务艰巨；制造业是强国之基，但是我国的制造业在国际产业链中还处于中低端。粗放型经济发展方式不仅导致资源的过度浪费，对环境造成了严重的污染，而且还会产生企业管理粗放、产品附加值低等问题，增加环境治理成本，不利于绿色智慧城市的建设。因此，碳中和目标的提出对我国的经济结构和产业结构也提出了更高的要求，在碳中和愿景下，必须促使各城市改变现有的经济发展方式，探索新型经济发展方式，牢固树立绿色发展理念，坚持绿色低碳发展，兼顾经济效益与生态效益，以改善能源结构，调整经济结构，实行低碳生产与低碳管理，从而促进经济与环境的协调发展，更好地实现社会效益。

（3）政府的监管与激励

我国地域辽阔，人口众多，监管难度较大，可能存在市场失灵的现象，因此，要想实现低碳、经济的协同发展，需要发挥政府的作用，通过各项政策的制定，对城市发展中的各种行为进行监管与激励，以发挥各方优势，缓解经济发展与环境保护之间的矛盾。面对我国当前的环境状况与经济发展方式，我国政府发挥其主导作用，投入了大量的人力与资金支持，带动各方积极参与，并且制定了许多相关政策与措施来对各经济主体的行为进行监管与激励，如制定碳排放标准或对企业进行税收优惠等，以改善我国当前的环境状况，促进经济发展方式的转变（见表8-1）。若各经济主体不对政府制定的各种政策加以严格遵守，将会受到严重的处罚，这会在一定程度上促使各经济主体进行技术创新，改变现有的发展方式，自觉采取低碳化的生产方式和生活方式。

表8-1　　　　　　　　　2021年我国碳中和有关政策

日期	会议	主要内容
3月15日	中央财经委员会第九次会议	把碳达峰碳中和纳入生态文明建设整体布局
4月30日	中共中央政治局第二十九次集体学习	各级政府制定碳达峰碳中和的时间表和路线图
5月26日	碳达峰碳中和工作领导小组第一次全体会议	双碳目标是党中央经过深思熟虑做出的重大战略决策
7月7日	国务院常务会议	设立碳减排政策工具，利用社会资金，推动绿色低碳发展
7月30日	中共中央政治局会议	尽快出台政策方案，纠正"运动式"减碳

面对我国当前不断恶化的生态环境、粗放型的经济发展方式，政府采取了相应的监管与激励措施，在此背景下，逐渐形成了低碳、经济、政策协同的机制。但是低碳、经济、政策的协同发展是一个渐进的过程（见图8-2），需要政府先建立起自上而下的发展政策，再采取各种手段促进低碳经济政策的落实，并且依靠市场发挥作用，最终在各城市间形成稳定的低碳、经济、政策协同发展机制（见图8-3）。

发展初期 → 发展模式以自上而下为主，初步建立低碳经济政策

发展中期 → 发展模式以自下而上为主，注重低碳经济政策的落实

发展成熟期 → 依靠市场机制发挥作用，形成稳定的低碳经济政策协同发展机制

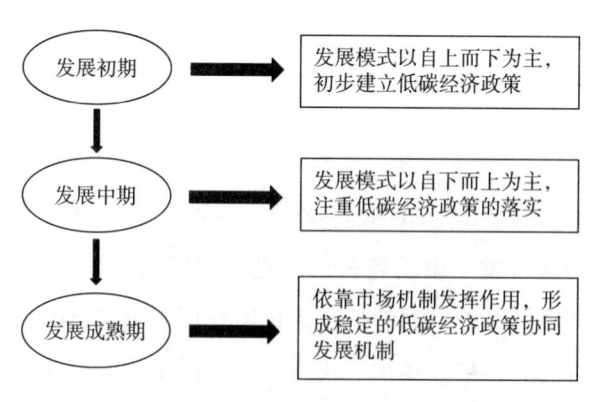

图8-2　低碳、经济、政策协同发展阶段

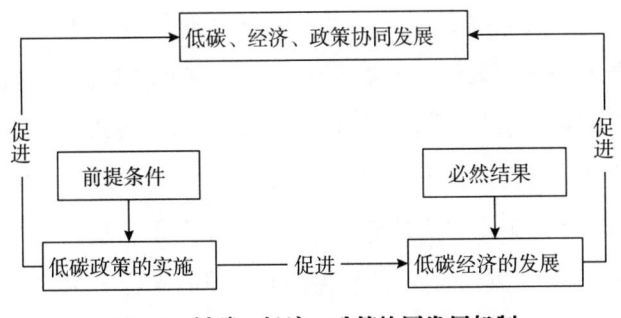

图 8-3　低碳、经济、政策协同发展机制

8.1.2　低碳、经济、政策协同发展的基础

（1）低碳、经济、政策协同发展的理论基础

①公共物品理论。

公共物品是指满足社会或绝大多数群体需要的产品，与私人物品相对应，具有非竞争性和非排他性的特点，它是调节市场与政府关系，促进政府职能转变的基础理论。气候环境属于公共物品，难以实现市场均衡，而气候环境的非竞争性会使得人们过度使用生态资源，导致生态环境的破坏，非排他性会使得人们对环境的使用成本供给不足。在此背景下，低碳经济的发展就显得十分有必要。但是发展低碳经济并不是一件简单的事情，需要社会各界的共同努力，在这个过程中，很容易产生"搭便车"的现象，而市场对此的调节作用是有限的，因此需要发挥政府的作用，需要政府制定各种政策来解决气候环境的公共物品属性所产生的各种问题以及低碳、经济发展过程中可能出现的搭便车问题，从而促进低碳、经济、政策的协同发展。

②外部效应理论。

外部效应是指某一个经济主体的某种行为决策会对另外一个经济主体产生某种影响（受益或受损），但是却没有为这种影响得到某种好处或者付出某种代价，具有普遍性和复杂性的特点，它是促进资源优化配置的基本理论。在目前的经济与环境发展背景下，若不对现有的生产模式和消费行为加以改变，必然会导致生态环境的恶化以及社会福利的降低，从而产生负外部性；而低碳经济作为一种新的经济发展模式，可以通过改变企业的生产方式和消费者的消费方式对经济与环境产生正外部性。经济学家庇古认为外部性的存在很有可能导致市场失灵，无法实现资源的优化配置，这就需要政府的介入，并采取适当的经济政策来解决外部效应存在的情况下市场失灵的问题。因此，根据外部效应理论，低碳、经济的发展需要政策的支持。

③政府管制理论。

政府管制是指为达到特定的目的，政府采取一定的干预行动，通过法律手段建立干预市场资源配置或者影响企业经营决策的规则，从而建立起竞争机制，弥补市场失灵带来的不利影响，从而提高整个行业的经济效率，具有高度制度化、高度目的性的特点，主要分为经济管制和社会管制。通过对外部效应理论的分析可知，政府管制对于抑制负外部性可以发挥巨大的作用，因此，在当前的经济与环境发展状况下，需要政府发挥其管制作用，制定相应的政策措施来促进经济结构的调整和生态环境的改善，加强节能减排、坚持可持续发展才能更好地促进低碳经济的发展。政府在制定经济发展政策时，必须考虑到环境因素，发挥其管制作用，在经济发展的同时注重环境保护。可以说，政府制定的各项政策是低碳、经济发展的重要保障。

（2）低碳、经济、政策协同发展的现实基础

①目标协同。

目标协同是指不同经济主体通过低碳、经济、政策的协同发展期望达到的结果。当前，我国各城市发展水平存在差异，低碳、经济、政策的协同发展涉及多方面的利益博弈，在促进低碳、经济、政策协同发展的过程中，不同的经济主体之间由于目标的不一致甚至会发生矛盾和冲突。因此，要促进低碳经济的发展，需要在政府政策的引领下，设定一个各主体共同认可且愿意为之付出努力而实现的目标。这个目标，就是政府在制定相关政策时，综合考虑经济发展问题和环境问题，使得企业和消费者坚持低能耗、低排放、低污染的宗旨，自觉选择低碳化的生产方式和消费方式，从而实现低碳生产

与低碳消费,以促进城市生态环境的改善,早日实现碳中和的愿景。

②文化协同。

文化协同是指不同经济主体通过协商而形成的指导低碳、经济、政策协同发展的共同价值体系,它是一种软约束,通过心理暗示,使得各经济主体自觉选择低碳化的行为方式。不同经济主体的文化背景不同,在促进低碳、经济、政策协同发展过程中,其思维方式与行为方式也会有很大的差异,因此,需要利用文化协同的力量,缩小不同经济主体之间存在的文化差异,形成共同的价值观念与道德行为规范,以促进不同经济主体之间的友好合作与良性竞争,平衡经济发展与低碳行为选择之间的关系。在政府倡导的科学发展观与可持续发展理念的指导下,逐渐在各城市中营造低碳经济发展的良好氛围,形成低碳、经济、政策协同发展的文化协同机制。

③制度协同。

制度协同是指综合运用各种手段,通过各种准则规范的制定引导不同经济主体的行为,以促进低碳、经济、政策的协同发展。低碳、经济、政策协同发展具有正外部性,但由于各区域的经济发展状况与环境状况不同等原因,各城市在低碳经济发展过程中获得的利益或付出的代价不尽相同,认为自身利益受损的经济主体可能会采取某些不正当行为来阻碍低碳、经济、政策协同发展的进程。在这种状况下,仅靠文化协同是不够的,需要建立协同一致的制度来规范各经济主体的行为,通过明文规定各经济主体必须要做的事,明确各经济主体在低碳、经济、政策协同发展中的责任与义务,以保证各经济主体利益共享,通过制度协同促进共同发展(参见图8-4)。

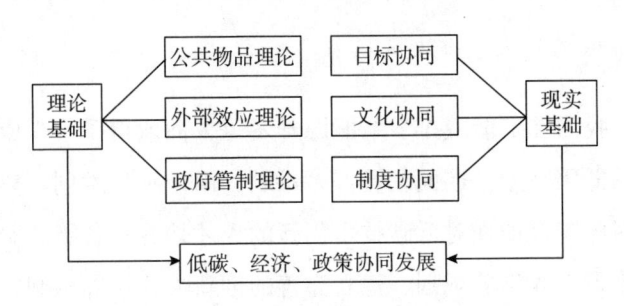

图8-4 低碳、经济、政策协同发展的基础

8.2 低碳、经济、政策协同发展的实现途径

8.2.1 以低碳技术创新为重点

在碳中和的背景下，要促进低碳、经济、政策协同发展，首先要创新低碳技术，结合各城市的优势，从技术创新的角度出发，制定相应的创新政策，发挥低碳技术创新对碳中和的引领作用。

（1）加大低碳技术创新资金投入

低碳技术创新涉及多个领域、多个方面，具有创新难度大、技术成本高、覆盖范围广、研发周期长等特点，无法一蹴而就，因此低碳技术创新离不开资金的大力支持。各级政府应不断优化企业的经营环境与融资环境，在企业低碳技术创新的过程中，绝不能一味冒进，应给予其一定的缓冲期。加大创新资金研发投入，为企业提供低碳技术创新的资金支持平台，并且能够为中小企业提供免费的污染治理技术和低碳技术创新的咨询平台；完善有利于企业低碳技术创新的各项财税与金融政策，为企业创新低碳技术以及发展低碳产业提供必要的财政与金融支持；发展绿色金融，扩大商业银行在低碳技术创新方面的信贷业务，建立低碳技术创新的绿色贷款通道，帮助企业解决创新技术融资难、成本高的难题。

（2）促进低碳技术创新人才培养

近年来，我国在节能减排、新能源开发等方面取得了不少成就，但是对于创新关键的低碳技术，还面临着许多难题，而低碳技术创新离不开人才的大力支持，因此应该加强对低碳技术创新的人才培养。各级政府应制定完备的低碳技术创新人才培养规划，建立完善的创新人才培养机制，重视对低碳技术创新人才的专业技能培训，为低碳技术创新做好人才储备；支持各城市

高校和科研院所的人员以各种合理形式加入到低碳技术创新的企业中，为企业提供低碳技术创新的人才与智力支持，降低企业发展低碳创新技术的人才成本；鼓励企业在内部自主开展员工的低碳技能培训，提升企业内部人员的创新技能，完善低碳技术人才的考核评价体系，通过产学研相结合的形式促进低碳技术创新的人才培养。

（3）推进低碳技术创新信息共享

随着碳中和目标的提出，低碳技术创新越来越重要，而低碳技术与以互联网为代表的数字技术的结合将成为我国低碳技术创新的关键，但是低碳技术与数字技术的结合不是一件简单的事，需要综合各方面的数据，因此推进低碳技术创新的信息共享非常重要。应采取相关措施，不断整合政府、企业以及学术界各自所具有的创新资源优势与低碳技术创新信息，形成低碳技术创新共同体，实现数据共享，降低低碳技术创新的信息成本，提高低碳技术创新的整体效益；从我国各城市低碳技术创新的发展情况出发，强化数字技术的应用，加快低碳技术信息共享平台建设，实现低碳技术创新信息的有效集成与及时更新，构建低碳技术创新的信息识别与数据共享体系，从而更好地推进低碳技术创新的信息公开与数据共享。

8.2.2 以产业结构优化为关键

要促进低碳、经济、政策的协同发展，促进产业结构的优化至关重要。通过制定相应的城市产业发展政策，助推产业绿色低碳转型，加快构建绿色低碳产业体系，从而推动低碳经济的发展，早日实现碳中和。

（1）调整能源结构

我国碳排放不断增加的主要原因就是城市发展以及工业生产中的能源结构不合理，对于高碳能源的使用较多，排放出来的温室气体较多，造成严重的空气污染。而能源又是工业生产的基础，因此，要优化产业结构，最重要的是要调整能源结构，重视低碳能源的发展，推动能源数字化和智能化发展，完善有关能源结构调整的政策法规。首先，深入推进能源供给侧结构性改革，不断优化能源生产结构，降低煤炭等传统能源的生产，将以煤炭为主体的能源生产结构向多元化的能源生产结构转变，优质高效地开发新能源，充分利用风能、太阳能等新型清洁能源和可再生能源进行生产，加快城市环境改善的进程。其次，不断优化能源消费结构，变革生活中的用能方式，改善能源消费品种，使用天然气等清洁能源来代替会产生较大碳排放的污染能源，不断降低能源消费增长幅度和能源消费总量，推动能源消费结构向着清洁、低碳的方向发展。

（2）淘汰落后产能

淘汰落后产能对优化产业结构意义重大。随着国家经济的转型升级和新型城市化建设的提出，有些企业无法跟上时代变革的步伐，生产方式和生产结构等不符合当前发展要求，导致产能落后，因此，为了实现经济的高质量发展，促进生态环境的改善，必须以相关的产业政策为核心，逐步淘汰落后产能。首先，政府应出台相关政策，并且发挥市场对资源配置的决定性作用，即发挥政府和市场的双重作用，优化资源配置，改善资源错配的状况，使得资源能够以合理的方式流入到生产效率和技术水平相对较高的企业，促进先进产能的发展。其次，淘汰落后产能需要相关企业的配合，应培育公平竞争的市场环境，建全淘汰落后产能的补偿机制，即对企业淘汰落后产能过程中发生的各种损失进行一定的补偿，以引导企业主动淘汰落后产能，自觉退出市场，从而化解产能过剩的现象，实现产业结构的优化。

（3）培育低碳产业

国家提出了碳中和的目标，在碳中和的背景下，传统的高耗能产业显然不符合当前的发展需求，因此，各城市在发展中应通过多种手段培育低碳产业，以加快转变经济发展方式，共同应对全球经济发展与环境问题，更好地建设美丽中国。首先，限制高碳行业的市场准入，提高高碳行业的进入门槛，推动高碳产业向低碳产业的转型，通过技术创新等手段，使得企业在生产过程中尽量实现清洁无污染以及资源的回收利用，降低生产成本，提高能源使用效率，减少产品生产对环境造成的污染。其次，要打造低碳生产的产业链，促进节能产业和环保产业的发展，提升节能产业与环保产业的技术水平，推进节能产业与环保产业的规范化、集约化发展。大力推广节能产品与环保产品，提高节能产业与环保产业的市场占有率，通过节能产业与环保产业的发展，逐步建立起城市发展的低碳产业链，推动能源生产结构与消费结构的调整以及落后产能的淘汰。

8.2.3 以各种政策工具为支撑

低碳、经济、政策的协同发展离不开各种政策工具的支持，运用系统化的观点，将各种政策纳入到协调发展机制中，确保各种政策能够落到实处，发挥各种政策工具对碳中和的支撑作用。

（1）财税政策

财税政策是推进碳中和的重要政策工具，各城市实现节能减排需要一定的资金支持和优惠措施，因此政府需要制定相应的财税政策，与其他政策工具互相配合，为碳中和目标的如期实现作出贡献。首先，增加对低碳产业的资金投入，加大对相关参与方的资金支持力度，使得企业等主体在技术创新等各种低碳活动中有充裕的资金保障。此外，还要注重财政资金的科学合理分配与优化支出，使资金流向确实有需要的地方，提高资金使用效率，最大程度地发挥资金对经济高质量发展和生态环境优化的促进作用。其次，实行多元化的税收政策，对各城市中采用低碳化生产方式的企业给予一定的税收优惠，对企业的应纳税额采取减征或免征的方法，对高耗能企业采取惩罚性的税收政策，以促使企业自觉进行节能减排，提高企业生产方式向低碳化转型的积极性，并且能够激励企业增加研发投入，进行低碳技术创新，从而促进企业的绿色低碳发展。

(2) 金融政策

绿色金融的发展有利于满足绿色低碳的投资需求，是我国实现碳中和目标的一个重要抓手，因此，应建立并逐步完善与碳中和目标相匹配的金融政策，发挥绿色金融对低碳投资的引导作用。首先，以政府为主导，完善政策协同机制，明确在促进金融政策有效发挥过程中各主体的责任，提高金融机构对城市低碳产业的支持力度以及企业的参与度，保证社会各界充分参与到低碳经济发展中。其次，商业银行应大力发展绿色信贷，为实行低碳生产的企业给予一定的绿色信贷支持，为低碳企业采取降低贷款利率、延长贷款期限等优惠政策，同时，对违反节能环保政策的企业采取收回贷款等处罚措施。此外，要不断丰富绿色金融产品，进行绿色金融产品创新，为低碳生产的企业提供多样化的绿色金融服务。最后，加强与国际金融机构的合作，学习发达国家的绿色融资经验，缩小与发达国家在绿色金融方面存在的差异，利用金融政策来助推我国的绿色低碳转型发展。

(3) 消费政策

低碳、经济、政策的协同发展，不仅需要制定政策来助推企业的低碳生产，还需要在消费领域颁布消费政策，使得消费者在日常生活中形成绿色消费方式，绿色消费方式的形成还可以从消费端影响到企业的绿色生产。首先，政府应加快相关政策的制定，对消费者购买的高碳排放产品征收费用，提高能源使用成本，从而促使消费者选择绿色低碳产品，并且完善有关绿色消费的法律法规，明确消费者在绿色消费中的权利和义务，使得消费者的绿色消费行为有法可依。其次，对绿色消费进行广泛宣传，使得城市居民树立绿色消费理念，形成文明、健康和科学的绿色消费方式，践行绿色消费行为，自觉减少对高耗能产品的消费，在消费时选择绿色消费产品，以推进绿色消费模式的形成，减少消费领域对碳排放的影响。最后，对消费者的相关消费行为进行补贴，通过对消费者购买新能源家电和节能家电等产品的补贴，促使消费者在消费时更多地选择低碳产品和绿色产品，通过消费引导生产者增加对低碳产品和绿色产品的生产，使消费者形成低碳消费方式，实现生产与消费的双赢，从而达到低碳减排的目标。

以低碳技术创新为重点，以优化产业结构为关键，以各种政策工具为支撑，共同促进各城市低碳、经济、政策的协同发展（图 8-5）。

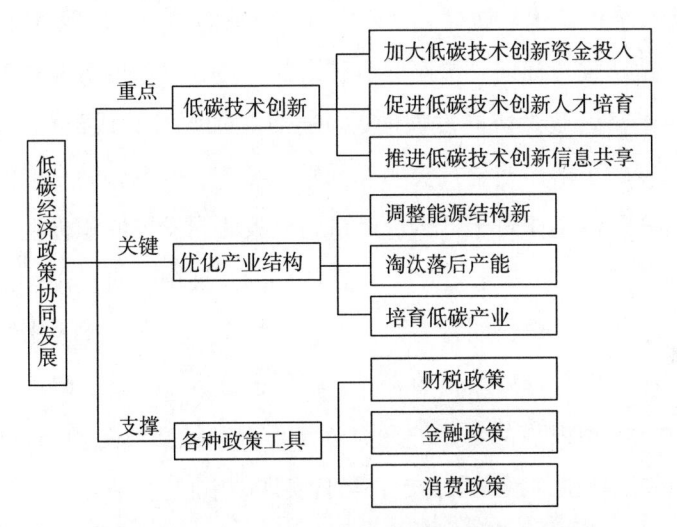

图 8-5 低碳、经济、政策协同发展的实现途径

8.3 低碳、经济、政策协同发展的政策建议

8.3.1 以政府为主导，建立低碳、经济、政策协同发展的机制

低碳经济作为一种全新的经济发展模式，对我国甚至全球的经济与环境都会产生深远的影响，要发挥政府的宏观调控作用，将低碳、经济、政策的协同发展提升到国家战略高度。

建立低碳、经济、政策协同发展的宣传机制。政府是低碳、经济、政策协同发展的倡导者，政府的正确引导对于提高全社会在生产或生活中对低碳减排的重视至关重要，因此政府要建立低碳、经济、政策协同发展的宣传机制，不仅要制定出与发展低碳经济相协调的政策，还要能够提高全体社会成员发展低碳经济的意识，使社会全体成员自发成为践行低碳经济的行为主体。充分利用广播、宣传标语、讲座等各种形式，通过互联网等各种渠道，积极宣传低碳、经济、政策协同发展的各项方针，加强社会成员对低碳、经济、政策协同发展的了解，使全社会明确低碳、经济、政策协同发展的必要性和紧迫性，提高经济主体对于低碳、经济、政策协同发展的积极性，从而促进社会成员自觉参与到低碳、经济、政策的协同发展中。对低碳、经济、政策协同发展的宣传是一项长期行为，做好宣传教育工作，需要紧密结合各城市实际发展状况，创新宣传教育的方式，将促进低碳、经济、政策协同发展的各项工作融入城市发展的各个方面，逐步形成全社会自觉参与低碳、经济、政策协同发展的氛围，减少碳排放，早日实现碳中和。

形成低碳、经济、政策协同发展的长效机制。政府在低碳、经济、政策协同发展中发挥着主导作用，是低碳、经济、政策协同发展的维护者和协调者。一方面，政府要建立全面的发展机制，发挥示范作用，建立科学、合理的职能体系，推进政府机构的低碳减排工作，降低自身的行政成本，担负起各城市低碳、经济、政策协同发展的领导责任，引导各经济主体明确自己在低碳、经济、政策协同发展中应承担的责任与义务，充分发挥各经济主体的作用，让各经济主体自觉参与其中，共同推进低碳、经济、政策的协同发展。另一方面，政府要充分发挥主导作用，以新的行为规范对企业和个人在低碳、经济、政策协同发展过程中的各种行为加以约束，对违反低碳、经济、政策协同发展的各种行为加以处罚，以促进低碳、经济、政策协同发展。引入责任制度，发挥管理职能，将低碳、经济、政策协同发展的责任切实落实到城市发展的各个环节中，建立起低碳、经济、政策协同发展的长效机制。

8.3.2 以企业为主体，承担低碳、经济、政策协同发展的责任

企业作为发展低碳经济的主体，作为低碳经济政策的主要执行者，在低碳、经济、政策协同发展中发挥着重要作用，承担着低碳、经济、政策协同发展的责任。

在生产中，企业应当严格执行政府制定的各项低碳经济政策。企业应该转变生产方式，通过多种手段来发展和壮大城市的低碳产业，进行低碳发展转型，增加对低碳产品的供给，并且保证生产出来的产品满足国家制定的低碳产品的生产标准，满足消费者对低碳产品的需求；另外，传统产业的低碳发展需要低碳技术的支持，低碳技术水平的提高是低碳经济发展的核心竞争力，而目前我国的低碳技术正是制约低碳经济发展的重要瓶颈，因此，企业应该加大研发投入，加强自主创新力度，充分利用政府给予的各种政策扶持，形成具有自主知识产权的低碳技术，同时加强国际低碳技术创新交流合作，引进和吸收国外先进的低碳技术，不断促进低碳技术创新水平的提高，抢占低碳技术制高点，将低碳技术应用到企业生产的各个环节、各个方面，应对低碳、经济、政策协同发展中可能面临的各种挑战，使得低碳经济的发展能够更好地为企业盈利，形成城市间良性互动、合作与竞争并存的低碳、经济、政策协同发展模式。

在能源使用上，企业应提高自觉性，积极响应政府对于清洁能源使用的倡导，落实好各项能源政策。企业要不断优化传统的能源结构，加大对传统能源改良技术的研究投入，控制能源使用成本。尽管目前我国城市发展对煤炭等高碳排放能源的使用占比逐渐下降，但是以煤炭为主的能源结构还将持续很长一段时间，因此企业应探索发展清洁煤技术，提高传统能源的利用效率，实现传统能源的高效、清洁利用。同时引进安全稳定的储能技术，提高清洁能源的比重，全面践行低碳生产，减少高碳能源的使用，增加对天然气、太阳能等清洁能源的使用，促使传统的高污染能源向清洁能源转变，从产品生产和能源使用两方面出发，促使企业全面参与到低碳、经济、政策的协同发展中。

8.3.3 以民众为参与者和监督者，推进低碳、经济、政策协同发展

低碳、经济、政策协同发展是一次重要的社会变革，离不开公众的力量和公共舆论的支持，要发挥好广大民众的作用，以民众为参与者和监督者，推进低碳、经济、政策协同发展。

低碳、经济、政策协同发展的重要任务之一就是使城市居民成为参与者和监督者，使其自觉参与到低碳经济的发展中。首先，居民要转变观念，积极践行政府的低碳经济政策，主动学习低碳经济的相关知识，增加对低碳、经济、政策协同发展的了解，不断提高自身的低碳环保意识，从日常生活做起，将低碳发展的理念落实到衣食住行中，并且以自己的言行影响到周围的人，带动身边的人加入到发展低碳经济的队伍中。其次，低碳消费是居民参与低碳、经济、政策协同发展的重要途径，是发展低碳经济的重要保障。广大居民要树立低碳消费理念，形成以低碳消费为荣的价值观，不断改善当前的消费结构，遵守政府制定的低碳消费政策，形成文明、健康、科学的低碳消费方式，践行低碳消费行为，在消费时自觉减少对高耗能产品的消费，增加对低碳产品的选择，以推进低碳消费模式的形成，从消费端助力低碳、经济、政策的协同发展。

对于政府制定的各项有关低碳经济发展的监督政策与措施，居民要积极响应和落实，充分发挥好各自的作用。利用社会舆论，在配合政府开展低碳经济工作的同时，履行好监督义务，发现不符合低碳经济、政策、协同发展的行为要及时向有关部门进行汇报，此外，在政府制定低碳经济发展政策时，积极提出意见和建议，为低碳、经济、政策的协同发展贡献出自己的力量。

8.3.4 建立低碳、经济、政策协同发展的合作与竞争机制

低碳、经济、政策的协同发展能够为各城市的经济主体带来生产成本降低、生产效率提高等切切实实的好处，各经济主体会基于自身利益最大化的

原则积极参与到低碳、经济、政策的协同发展中，因此应建立并逐渐完善低碳、经济、政策协同发展的合作与竞争机制，促使各经济主体在低碳、经济、政策协同发展的良性竞争中实现自身利益最大化。

低碳、经济、政策的协同发展具有强大的正外部性，并且为政府、企业、民众等各经济主体所共享，各经济主体之间存在的共同利益就是共享低碳、经济、政策协同发展的成果。各经济主体在低碳、经济、政策方面都存在一定的互补性，通过建立适当的合作机制，可以化解各经济主体在低碳、经济、政策协同发展过程中可能存在的冲突，协调好各方的利益与矛盾。各经济主体应该在政府低碳经济政策的号召下，积极进行合作交流，进行低碳经济发展的信息与技术共享，发挥各自的比较优势，使得各经济主体能够在短时间内掌握有关低碳经济发展的信息与技术，从而更好地促进低碳、经济、政策的协同发展。

低碳、经济、政策的协同发展可以为政府、企业和民众的自身发展赢得契机，建立低碳、经济、政策协同发展的竞争机制，为政策实施效果较好的地区提供经济激励和政策扶持，落实好责任制度，使各经济主体更有动力践行低碳经济政策，提高各经济主体的竞争力，打破原有的经济平衡，在良性竞争中逐渐促进新的经济平衡点的产生，从高碳化的生产生活方式转向低碳化的生产生活方式，打造低碳政府、低碳企业和低碳消费者，从而更好地发展低碳经济。

低碳、经济、政策的协同发展是一项系统性工程，更是一项巨大的社会变革，需要调动全社会的力量，保证政府、企业和民众广泛充分参与，构建全社会共同参与的联动机制，推动各城市低碳、经济、政策的协同发展。

参考文献

[1] 王靖靖. 促进低碳经济发展的公共政策研究 [D]. 济南：山东财经大学，2016.
[2] 张科. 促进我国低碳经济发展的公共财政政策研究 [D]. 成都：电子科技大学，2015.
[3] 程强，赵琴琴，辜穗. 协同视域下跨区域低碳经济的协同发展研究 [J]. 经济问题探

索，2016（08）.

[4] 余晓钟，辜穗.跨区域低碳经济发展管理协同机制研究[J].科技进步与对策，2013，30（21）.

[5] 马林，黄夔.政企低碳管理的内外驱动因素协同演进机制研究[J].企业经济，2015.

[6] 侯芳芳.低碳经济发展视角下的公共政策改革探讨[J].科技经济市场，2016（02）.

[7] 张莉，杨德平，张虹.我国低碳经济政策系统构建研究[J].生态经济,2016,32(07).

[8] 胡勇军.我国低碳经济发展的财税政策研究[J].改革与战略，2015，31（11）.

[9] 丁丁，王云鹏.论发展低碳经济的税收优惠制度[J].北京交通大学学报（社会科学版），2020，19（04）.

[10] 丁欣，周吉光，乔洁.节能减排目标下低碳经济发展的政策机制创新[J].科技管理研究，2014，34（21）.

[11] 刘娟.促进低碳经济发展的公共政策研究——评《我国扶持低碳经济发展的公共政策整合问题研究》[J].当代财经，2020（06）.

[12] 周朗生，卢石英.中国低碳经济非均衡发展研究——基于概念内涵、理论演进和路径选择的分析[J].经济问题探索，2011（02）.

第三部分

专题报告
欧洲城市碳达峰碳中和研究

第 9 章

欧洲城市低碳产业的发展战略研究

9.1 欧洲城市低碳产业的发展现状

进入 20 世纪以来,全球气候变暖、能源消耗过度、自然环境恶化等问题日趋严重,对人类社会的可持续发展构成了严重威胁。如今已有的各种经济模式已经无法适应世界各国未来的发展需求,为了应对这些严峻的挑战,一种新的经济模式应运而生。2003 年,英国政府基于气候变化和本土能源供应量下降等挑战,发布了一份政策文件,名为《我们能源的未来:创建低碳经济》。在该文件中,"低碳经济"这一概念第一次被正式提出,并逐渐成为社会焦点。在人类的历史发展过程中,先后发生了四次革命:以机械工业革命、电气工业革命为开端,人类解放了双手;信息技术革命扩展人的大脑;生物技术革命带来了对生命自身的改造。如今低碳经济作为一种新兴经济模式,被视为继四次革命之后的能够改变人类社会发展方向的第五次革命,是世界经济的一个重要转折点。低碳经济集中体现为经济性、技术性、环保性、高效性、和谐性,以改善能源的使用效率,推动低碳产品的发展为主要渠道,达到放缓气候变暖进程的目的,最终使得人类社会能够可持续发展。

低碳产业是低碳经济的一种重要承载方式,也是国民经济组成中不可或缺的一部分。低碳产业不仅可以做到节能、减排，更重要的是能够促进经济增益，解决经济发展与环境保护之间的矛盾，使二者相向而行，让人与自然和谐共生。作为全球范围内炙手可热的新兴产业，低碳产业发展已经写入欧洲各国的发展战略规划中。

9.1.1 欧洲城市低碳产业的分类

产业类型决定城市经济类型。在工业化和城市化加速发展过程中，产业的二氧化碳排放量占重大比重。要想建设新型绿色城市，不断降低产业碳排放强度，发展低碳产业是必由之路。当前，欧洲城市的低碳产业发展水平位居世界前列。欧洲国家以高效能、高效率、高效益为发展方向，在各方面采取了多项强有力的举措来确保低碳产业发展，以促使经济模式转型。这一做法公开宣告之后，得到了世界各国的认可，以美国为首的发达国家和以中国为首的发展中国家都做出了不同程度的响应，转瞬间低碳产业变成新一轮世界各国争夺国际话语权的关键。

英国是全球最早开展低碳产业研究的国家，其政府白皮书将低碳产业划分为三大类。欧盟也紧随其后对低碳产业进行了更加细致的划分（如表9–1所示）。

表9-1　　　　　　　　欧洲主要国家/地区低碳产业分类

国家/地区	低碳产业分类
英国	低碳替代能源：核能，其他替代能源 汽车替代燃料：车用替代燃料、新能源汽车、电池 建筑节能环保技术：节能管理、建筑节能
欧盟（除英国）	太阳能行业、风能行业、核能行业、生物能行业、智能电网行业、新技术以及新设备行业等

9.1.2 欧洲城市低碳产业的发展历程

欧洲城市低碳产业的发展历程如图 9–1 所示。

1997年12月，《京都议定书》在第3次缔约方大会上通过，规定欧盟作为一个整体需要对6种温室气体的排放量削减8%。1998年，欧盟成员国达成了"责任分担协议"，使得各国可以把重点放在自己的减排计划上。2000年，由于《京都议定书》一直未落到实处，为切实完成目标，"第一个欧洲气候变化计划"顺势而生。欧盟成员国和非政府组织等根据成本效益原则，重点针对能源、运输和工业部门采取一系列减排措施。2001年，欧盟签署了《环境2010：我们的未来，我们的选择》，意识到妥善应对长期减排目标的需要。此时，世界减排格局发生变化，两大世界强国接连退出《京都议定书》。在此不利形势下，欧盟主动承担起全球气候治理的责任，抓住时机，采取多种外交手段促使别国参与支持《京都议定书》，打破谈判僵局。同时，欧盟保证与发展中国家立场无限接近，展现出诚恳的合作态度，从而推动了《波恩政治协议》以及《马拉喀什协议》的成功签署。

2003年，英国发布《我们未来的能源——创建低碳经济》白皮书，首次表明"低碳经济"的概念，把低碳经济视为一种消耗较少资源，产生较少环境污染，但获得更多经济产出的社会发展模式。它不仅能够提高人们的生活水平和生活质量，同时也为产业开发、应用以及出口更多先进技术创造了机会。

2005年1月，欧盟开始实施温室气体排放交易体系。该交易体系涉及多个高耗能产业，例如造纸业、供热业、炼油业和金属冶炼加工业等。10月，在布鲁塞尔，第二个欧洲气候变化计划被启动，该计划扩充了碳排放交易体系，延伸范围至航空业。

2006年3月，欧盟委员会正式出台《欧盟能源政策绿皮书》，主张增强对内部能源市场的开放力度，修订先行能源储备的法律法规，依靠能源领先技术进行市场开发，加强国与国之间的合作，以实现可持续性、有竞争力的发展目标。

2007年1月，欧盟委员会同意对《燃料质量指令》进行修正，计划实行更严格的环境保护标准，尤其针对生产和运输过程中使用的燃料，包括在市场上售卖的所有柴油的硫含量必须低于 10ppm，减少二氧化碳排放 5 亿吨等。3 月，欧盟通过了一项能源与气候一体化的决议，该决议保证到 2020 年，不管其他国家行动如何，欧盟都将在 1990 年基础上降低温室气体总排放量至少 20%；降低一次性能源损耗量 20%；提高可再生能源比例，使其在总能源消耗量的比例增加至 20%。同时，提高生物燃料的消耗比重，使其不低于总消耗的 10%，并在 2050 年前按 1990 年的碳排放量削减 60% 至 80%。欧盟制定这一计划是以限制温室气体的排放量为主要目的，希望凭借此举可以获得欧盟在全球气候变化行动中的主导权。

2008 年 1 月，欧盟委员会发起一项立法提议，该提议涉及气候变化扩展政策，计划扩大温室气体排放贸易机制，积极发展可再生能源，并在碳捕获与埋存等技术领域制定新规则。2 月，欧盟能源技术战略计划获得通过，该计划可归结成增加对能源工业产业的财政以及人力投资，大力提升能源研究力度，提高创新能力；构建欧盟能源科研联盟，以深化大学和科研机构的交流合作；对欧盟陈旧的能源基础设施进行改造，并重新建立欧盟能源技术信息系统；组建欧盟战略能源技术工作组，为更多的"低碳能源"技术推广做准备，推动成员国的政策实施。12 月，成员国联合启动了"欧洲经济复苏计划"，通过注资来助力低碳产业发展，主要涉及碳捕获和储存项目，欧洲电网和可再生能源融合项目，以及开发海上风能项目等，期望可以刺激国内外企业和消费者的需求，以减轻金融危机对各国的影响。

2009 年 3 月，欧盟委员会把推动"绿色经济"发展放在首位，计划在 2013 年之前出资不少于 1050 亿欧元为其提供支持。在这之中，欧盟将投入 540 亿欧元以推动环保法规的实施，投入 280 亿欧元对水质进行改进同时提高处理废弃物的技术。同时，加大在建筑材料、环保汽车及智能交通系统等三个领域的科技研发力度。

2010 年，欧盟委员会对外发布了"欧洲 2020 战略"，该战略的提出主要是为了应对欧洲资源危机，巩固欧洲社会市场经济。该文件指明了欧洲经济未来的发展方向，并针对就业、研发与创新、气候变化与能源等方面提出加大人力和资金投入,力求将低碳产业发展成未来的经济支柱。该战略提出"20/20/20"气候能源目标,具体是指到2020年要达成温室气体排放至少比1990年减少20%、可再生能源使用比例达到20%、能源利用率提高20%的目标。对此,欧盟将采取相应措施以达成目的。例如,凭借自身的低碳技术优势,确保高效利用资源;充分拓展碳捕捉与封存等新兴技术的未来发展空间,节省资金并带动经济发展;增强对气候变化的适应和应对能力;使用创新技术,高效地利用能源,减少碳排放和降低成本,减少经济对能源的依赖,降低欧洲对国外原材料和商品的依赖。2019年,欧盟统计局发布了"欧洲2020战略"进展报告。报告表明欧盟各个国家已经实现了欧盟温室气体减排目标,在最终能源消费中可再生能源的份额所占比重增加,在不同行业中也都呈上升趋势,与2004年的10.4%相比,在最终供暖和制冷能源消耗方面的占比有较为明显的提升。

2019年12月,欧盟委员会为应对气候和环境挑战发布了一项新的增长战略,名为"欧洲绿色新政",致力于在2050年前把欧盟建设成一个更加公平和繁荣的现代化经济体。该政策提出,欧盟可发挥其在气候与环境、消费者保护和劳动者权利方面全球领先的优势,使其经济和社会向更加可持续的方向转型。同时,欧洲经济是凭借进出口贸易蓬勃发展起来的,为提升竞争力,欧洲需要加强与主要贸易伙伴的合作关系。

2020年7月,为了实现经济复苏、推动绿色转型,欧盟制定了一项总规模高达1.8万亿欧元的计划,这是欧盟到目前为止推行的最大经济刺激计划。与过去七年财政预算相比,此次预算金额提高了1100多亿欧元。欧委会表示,如果各国可以成功实现绿色转型,代表着欧洲能源安全将获得充分的保障。一旦欧盟成功推行能源供应模式转型项目,那么自2021年起以后的10年里,化石能源进口成本预计会减少将近1000亿欧元。2020年12月,欧盟举办领导人峰会,会议上成员国一致同意实施一揽子经济复苏计划。

第 9 章　欧洲城市低碳产业的发展战略研究

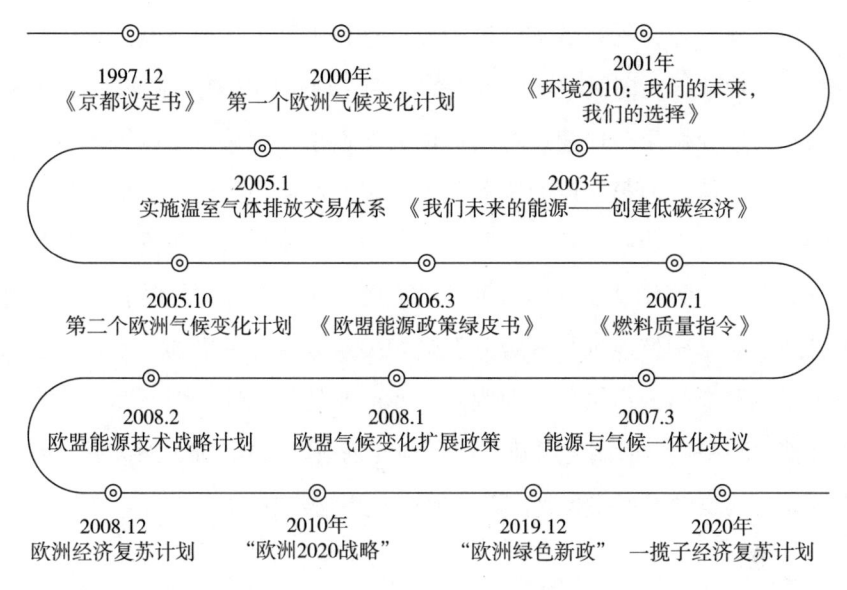

1997.12	《京都议定书》
2000年	第一个欧洲气候变化计划
2001年	《环境2010：我们的未来，我们的选择》
2005.1	实施温室气体排放交易体系
2003年	《我们未来的能源——创建低碳经济》
2005.10	第二个欧洲气候变化计划
2006.3	《欧盟能源政策绿皮书》
2007.1	《燃料质量指令》
2008.2	欧盟能源技术战略计划
2008.1	欧盟气候变化扩展政策
2007.3	能源与气候一体化决议
2008.12	欧洲经济复苏计划
2010年	"欧洲2020战略"
2019.12	"欧洲绿色新政"
2020年	一揽子经济复苏计划

图 9-1　欧洲城市低碳产业发展历程

9.1.3　欧洲城市低碳产业的发展现状

20 世纪以来，欧洲各国经济发展都在一定程度上受到了打击，陷入困境。在国际金融危机的影响下，欧洲金融业遭遇重创，再加上欧洲国家的主权债务危机冲击，使得欧洲资本短缺压力骤升。因而欧洲国家尝试改革，提出各种产业振兴计划。其中，以发展新能源及鼓励创新技术为特征的低碳产业在面对经济增长放缓、失业率上升、财政赤字恶化等一系列挑战时起到了不可忽视的效果。

（1）产业发展向第三产业转型升级

城市产业结构是城市内产业部门的组合方式和地区生产要素的宏观聚集状态，可以划分为第一产业、第二产业、第三产业。虽然这几类产业的发展在一定程度上都会导致碳排放量的增加，但影响程度却各不相同，一般来说都是逐级递减的，也就是说，第三产业的发展相较而言有利于促进城市低碳化。因而调整产业结构在低碳城市的发展进程中至关重要。欧洲各国均在逐步调整各产业部门在国民经济中所占的比例。以英国为例（见图9-2），第一产业农林渔牧业和第二产业工业增加值的增速十分缓慢，在国民经济中所占比例呈下降趋势，而第三产业服务业增加值的增速相对较快，在国民经济中所占的比例超过了70%，呈上升趋势。其中，增速减缓或比重下降的部门通常为高碳部门，而增速加快或比重上升的部门通常为低碳部门。与此同时，德国各地区对基础产业进行升级并促进相关服务业发展更加多元化，例如一个位于巴伐利亚州的小镇想要摆脱对农业产业的依赖性，因而在结合政府引导的基础上利用竞争机制，组建"巴伐利亚创新联盟"，加大对高新技术产业的投资，将其建设为支柱产业，以实现地方产业转型。

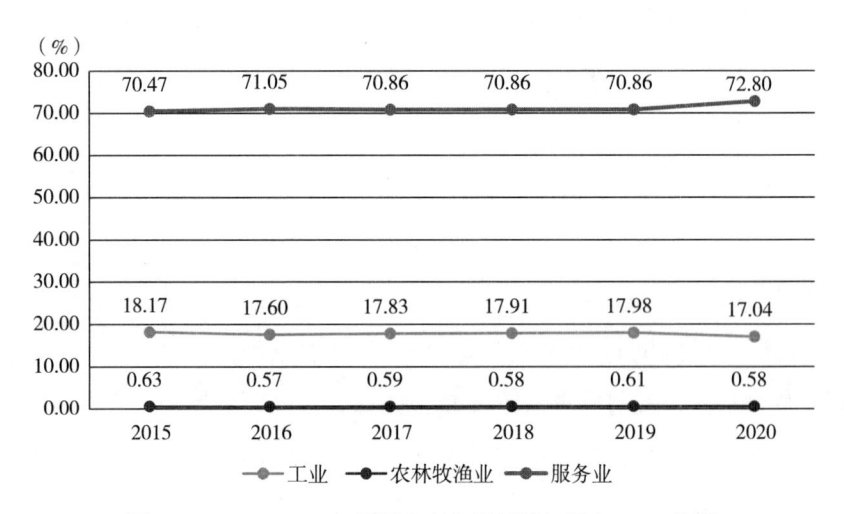

图9-2 2015—2020年英国各产业部门增加值占GDP比重

（2）低碳领域就业机会较多

在全球的低碳型产业中，欧盟低碳产业的比例约为30%，位于世界前列。低碳产业的蓬勃发展对欧盟经济发展和就业起着重要作用，有利于提升城市吸纳就业的能力。从历史上看，伦敦等欧洲城市曾陷入制造业萎缩的困境，大量工厂关闭，工人失业，社会变得不稳定。而为了摆脱困境，伦敦等城市及时调整产业发展政策，将经济重心转移至低碳产业，形成人口的二次聚集。现阶段，欧盟低碳产业增加值在 GDP 中所占比重为 2.1%，从业人口为 350 万人。从 2000 年起，欧盟低碳产业的就业岗位数量每年平均增加 7%，在过去 10 年内新增了 40 万个可再生能源开发方面的就业机会。就英国来说，从事低碳产业的人数占总劳动力人口的 3%，而在这些产业中，有一半是新兴的低碳产业。因而，低碳产业的发展对于创造就业机会具有十分突出的推动作用。

产业的转型和升级并不是一朝一夕之功，当传统产业与新兴产业更替时没有足够的人才与岗位匹配就会导致岗位过剩。因而，完善就业政策至关重要。在此方面德国鲁尔区已取得了一些成功的经验：一方面建立有针对性的再就业培训机制，设立风险资本基金会和技术服务组织，以激励居民自主创业。另一方面，为实现就业目标，向民众推行失业保险制度，既能保证失业者最基本的生存，又能对城镇居民的就业产生积极影响。

（3）碳税制度成熟

欧洲有着世界上最为成熟的碳排放征税制度。碳税在降低碳排放、减少能源消耗、改变能源消费结构等方面具有重要意义。

由于资源禀赋不足，德国自 1999 年 4 月起，针对实际情况，逐步推行了以水、电、天然气为主要对象的生态税制，目的是为了鼓励企业对清洁能源的开发和利用。德国政府将征收到的 90% 生态税费通过退休金等方式补贴民众，降低社会保险费，从而减少德国薪资附加成本，促进国内就业，提升劳动者的平均收入，提高人们的生活品质。凭借这一项税收措施，德国支出削减了近 75 亿欧元，带来了可观的经济利益。另外，为了减少低碳产品的出口成本，提高产业竞争力，德国对那些出口低碳产品的企业减免投资税收；对用于农业的燃油制定免税政策，对应用节能工具的产业减免 45% 税收，对从事节能减排的企业减免 40% 税收。这些政策的出台不仅可以促进能源节约、优化能源结构，促进德国低碳产业的发展，而且还可以全面提高德国企业的国际竞争力。

英国于 2000 年提出气候变化税并于 2001 年 4 月开始执行。气候变化税也称燃料征收税费，主要针对农业、工业和服务业等部门。英国政府遵循税收中立原则，从保护企业竞争力的角度出发，同能源密集类企业签署了一份用能协议，该协议规定，当企业达到一定能效或减排标准时即可减税80%。英国政府计划采取三种方法向符合条件的公司返还税款，以提高企业的节能效益。一是调整征收气候变化税的企业为员工缴纳的保险金额度；二是加大对企业的投资补贴，促使其在节能和减排技术方面加大投资；三是设立碳基金，就产业的能源效率问题向民众提供免费咨询服务，并向中小企业提供无息担保。英国政府高度重视可再生能源的使用，要求各电力供应商遵守可再生能源配额政策，丰富企业生产的电力来源，设置其中一部分来自可再生能源，且配额随着时间增加。

（4）国际间合作紧密

气候变化是全球性的，单靠一个国家无法完成碳减排的目标，需要世界各国协同合作。因此，欧洲国家不断在国际社会推广低碳经济发展理念，呼吁全球共同行动，发展低碳产业。欧盟在能源、气候等领域与众多国家开展了广泛的合作，包括与美国签订了一项为生化燃料制定通用标准的协议；与中国在二氧化碳的收集和存储等方面进行了合作。欧盟与伙伴国的双边关系越发紧密，依靠外交和金融工具等手段，把低碳联盟和其他伙伴关系结合起来。英国政府与八大工业大国合作，致力于高科技研发以控制气候变化，并协助其他国家用较低成本、较短时间实现碳减排目标。当然，英国在这一进程中也最大程度地满足了自身经济利益。德国作为欧洲大国，想要凭借其在气候保护技术和可再生能源技术领域的优势，开拓海外能源环保市场，因而德国政府积极在全球范围内开展有关气候变化和减排技术方面的交流与合作并取得了一些成效。

（5）民众低碳意识较强

低碳产业的发展是一个涉及多个行业的大工程，最终实现是一个长期过程，除了政府、企业的参与外，还引发了普通民众与投资者的关注。欧洲各国政府通过联合各种社会资源和民间力量，培养公众追求人与自然和谐共生的价值观念，将低碳环保理念渗透到人们生活的方方面面。随着全球气候变暖问题日益严峻，民众普遍树立起了全面节能和全面减排观念，整个社会的环保意识在逐步增强。尽管页岩气革命正在席卷全球，但是欧洲人民却更加重视页岩气开采技术产生的潜在危害，新闻媒体也对此大肆报道，这也是欧洲等地对页岩气进行开采的一大阻碍。

传统高碳产业面临的资本市场和投资者压力与日俱增。过去几年许许多多的投资者持续减持大型能源公司的股票。很明显，企业行为对气候变化的影响已成为投资者考虑投资可行性的关键因素，这一方面促进企业更多关注环境，另一方面也加快高碳企业转型进程。以石油企业为例，为摆脱困境，181家欧洲大中型石油企业制定净零碳排放目标，该数量高居全球第一。

9.2　欧洲城市低碳产业发展面临的问题

9.2.1　低碳技术研发力度不强

研发与创新是欧洲国家发展低碳产业的关键环节。将新事物或者新技术引入市场不仅能够促进就业，提高劳动生产率，而且能够促使各部门更有效地利用资源。其中，节能技术、可再生能源技术、清洁能源技术和碳捕集与储存技术的进一步开发和应用对于促进低碳产业发展至关重要。20世纪80年代以来，欧洲各国对低碳技术研发的预算都大幅度下降，对低碳技术的研发能力及科研基础设施的支出增长变得缓慢。2013年欧盟研发经费支出占GDP比重超过2%，之后一直围绕该数值上下波动。欧盟28国在2017年的研发支出在 GDP 中占了 2.06%，相较于 2008 年同比增长 0.23%。对比美国、日本等发达经济体，欧盟已经远远落后。2000 年，在全球研发支出中，欧盟仅占 25%，在 2015 年这一数据更是降到了 20%。据统计，在研发强度方面，欧盟只有 7 个成员国超过 2017 年中国的研发强度，同时仅有 4 个国家超出美国报告的 2.79% 水平。从 2008 年开始，欧洲各国经济发展一直处于较为低迷的状态，财政开支短缺，而低碳技术的研发需要以大量资金为支撑，这在一定程度上限制了欧洲低碳产业的国际竞争力。

欧洲各国研发强度存在着明显差异。过去十年，绝大多数欧洲国家的研发强度都呈上升趋势，在这中间，增长率最高的是希腊等东欧和南欧国家。然而芬兰和瑞典的研发强度在上升趋势的大环境中却出现明显下降，2017 年芬兰 GDP 总数中研发支出的比例低于 3%，瑞典也是如此（参见图 9-3）。

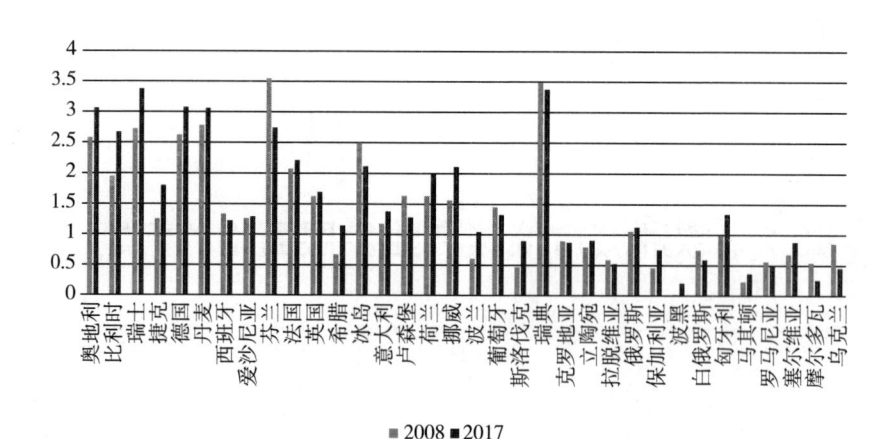

图 9-3　2008 年与 2017 年欧洲各国研发支出占 GDP 的比例

数据来源：Eurostat。

各部门研发强度差异较大。研发活动主要由工商企业、政府、高等教育机构和私人非营利部门进行。而从 2004 年到 2017 年，在其他部门研发强度不变或略有下降的情况下，仅工商企业部门的增长幅度呈上升趋势。这一增长进一步加强了企业部门作为最大研发投资者的地位，2017 年，它在研发方面的支出占欧盟总额的三分之二（参见图 9-4、图 9-5）。

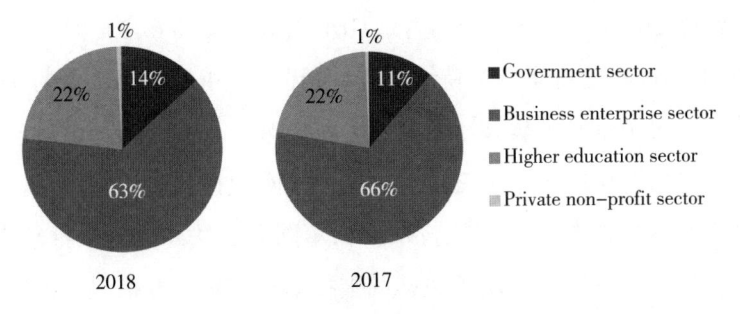

图 9-4　2008 年和 2017 年欧盟四个部门研发支出比例

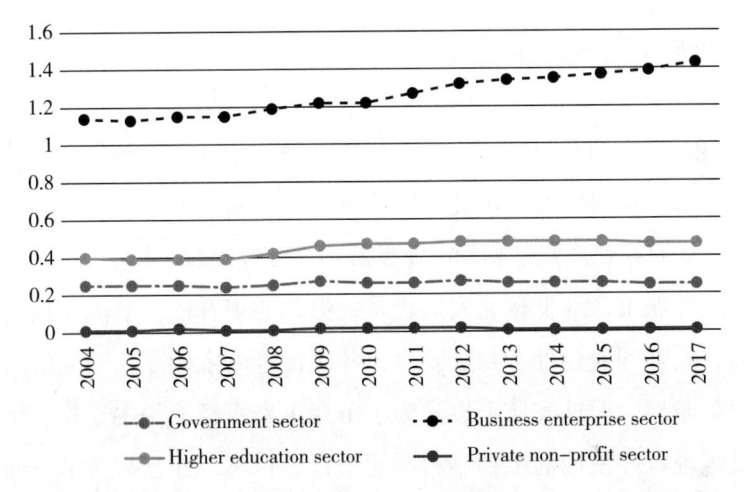

图 9-5　2004—2017 年欧盟四个部门研发支出占 GDP 比例

数据来源：Eurostat。

9.2.2　低碳技术资源分布不均

产业想要转型升级，推动产学研是关键。在欧洲，低碳技术研发强度最高的地区主要集中在少数几个国家，形成一些研发集群。这些研发集群通常围绕学术机构或高新技术产业发展地区，因为这类地区拥有资源共享的良好环境，往往可以吸引新的初创企业和高素质人员。这就导致欧洲技术产出的地理位置相对较为集中。欧盟的三个地区研发强度尤为高。德国布劳恩斯威格地区在 2015 年的研发投入大约是总 GDP 的 10.4%，比利时布拉班特沃伦和德国斯图加特在研发中的投入分别为总 GDP 的 6.43% 和 6.17%。

欧盟于 2008 年通过了"可持续发展计划",以指导低碳技术的研究和创新。该计划应对了欧洲低碳技术研究资金不断减少和资源被分散的问题,被视为欧盟政策组合中的一个关键要素。但由于欧盟机构和成员国对于优先发展何种低碳技术以及如何发展该技术存在不同的看法,计划执行较为困难。该计划没有将稀缺资源优先用于关键低碳技术,而是大幅扩展了范围,并且它未能协调和集中资源,资助具有价值的大型项目。

9.2.3　低碳产业标准泛化

在低碳产业的成长过程中,产业标准的随意变动可能使得已经发展起来的产业被淘汰。如果没有标准化的产业基准,容易引起不合理的企业投资或建设行为,从而导致产能过剩和产业发展不平衡等问题。

虽然欧洲城市产业低碳化发展较早,但总的来看还未形成公认的产业标准。当前,低碳产业尚处于初级阶段,各国优势尚未确立,围绕低碳产业标准设定竞争激烈,而这实质上也是为了争夺未来新经济的主导权。例如欧盟规定成员国进口和使用的生物燃料不能来自于森林,并且与传统汽油相比至少减少 35% 的碳排放量。然而棕榈油的温室气体排放依据欧盟的测算只比汽油少 19%,且与欧盟设定的不能来自森林相悖,这导致欧洲各国将限制棕榈油生产的生物柴油的使用。同时,雀巢、卡夫、联合利华等欧美的跨国公司都宣布不再继续使用棕榈油,这使得部分国家的棕榈油产业发展受到严重阻碍。因而,低碳产业标准的制定在减弱竞争对手的综合竞争力方面以及增强自身产业生存能力方面都有极大的作用力。

9.2.4　低碳能源储备不足

欧洲能源危机情况严峻,正陷入能源通胀。欧洲当前能源储备下降到有史以来最低水平。数据显示,欧洲区域性天然气库存仅为满负荷水平的74.7%,天然气短缺情况加剧。天然气作为一种过渡燃料,推动传统能源转型为太阳能等清洁、低碳的一次能源品种。在欧洲城市大力推进低碳产业转型之际,天然气的使用范围越来越广,欧洲各地区对天然气的能源需求的增长正在加速。

能源危机引发一系列连锁反应,其中电价上涨带来的负面影响最为显著。高耗能产业的成本压力随着能源价格上涨不断增大,利润空间被挤压,多家大型厂商宣布减产或者破产。对此,欧洲没有展示出应有的灵活调节的能力。欧洲计划在加大清洁能源使用力度的同时减少使用化石燃料,来削减对污染能源的依赖性,以期在短时间内实现能源改革。但由于清洁能源有很明显的脆弱性,价格波动较大,且欧洲对外部能源存在高度依赖,使得达成此目标面临着较多困难。

9.2.5 能源效率政策实施缓慢

为降低碳排放强度,确保能源安全,用更少的能耗提供同样的产品和服务是最具成本效益的途径。目前欧洲要实现国际能源署所描绘的高效世界情景,并获得潜在收益,需要进一步提高执行能效政策的速度。而欧洲各国的现有政策表现出放缓提高能源效率的倾向,导致近期能源效率的增长不如人意。欧洲的战略目标设定到2030年能源效率至少为32.5%,而目前距离达成此目标还有很长一段路要走。连续4年内,欧盟的能源消耗保持下降趋势,从2014年之后开始转变,PEC每年增长0.6%~1.7%。运输产业的政策力度的增加相较于其他产业总体表现较为明显,尤其是在制定商业和乘用车标准方面更加严格。但是,其他类型的效率政策的执行力度增长较小,进展微不足道。因而,欧洲各国需要调整能源结构,强化实施能源效率政策转型,提高能源使用效率。

9.3 欧洲城市低碳产业发展的未来趋势

9.3.1 能源产业结构调整加快

欧盟在"绿色新政"中提出要在2050年率先达成碳中和目标，并要求欧委会在2020年9月给出2030年温室气体减排比1990年下降50%~55%的可行方案。由此可见，欧盟把温室气体净零排放上升到极高的战略地位。而能源部门向来是温室气体排放的重灾区。虽然欧洲能源部门的碳排放量从2017年的28%到2019年降至12%，呈现明显减排趋势，但能源部门仍是欧洲国家当前温室气体排放的主要来源。为实现《巴黎协定》设定的2030年温度控制目标，应该将太阳能与风能的部署速度提高2~3倍，在生产活动中逐步减少煤炭使用，同时尽可能地减少对天然气增加投资，促使天然气需求量减到2019年的一半。

以石油行业为例，油气企业是推动能源转型的关键，充当着国家实现碳中和目标中举足轻重的一环。相比煤炭和纯新能源企业，含碳但相对低碳的特征使得油气企业产生变化的可能性更大，这一切使得油气企业转型势在必行。欧洲五大石油公司提出2050年碳中和目标和碳减排目标（表9-2）。如Equinor保证在2030年全方位实现碳中和，而净零排放目标最迟在2050年完成。另外欧洲油气公司的减排措施不仅涉及直接排放、间接排放，还包括了整个产品价值链上的所有碳排放。欧洲石油公司目前的发展方向是以超越石油为目标的低碳转型路径，如BP公司计划逐步减少油气产量，同时未来10年每年都对低碳产业投资50亿美元，双管齐下，确保碳中和的目标能够达成。

随着全球化、信息化、市场化程度的不断提高，产业结构调整已成为当前城市经济发展的重点。欧洲发达国家城市主要发展特点是分布式，强调因地制宜，根据各自的资源优势，结合需求积极开发各类可再生能源，其特点为分散、小规模发展。以丹麦首都哥本哈根为例，该市利用风能优势，积极推动海上风力发电项目的建设，每年减排 66 万吨，已是全球最大的海上风电场。

表9-2　　　　欧洲五大国际石油公司碳中和或碳减排目标或承诺

公司	短期目标	2050 年排放目标
BP	-	净零排放；销售产品碳强度下降 50%
Eni	2035 年碳总量下降 30%	碳总量下降 80%
Equinor	2030 年实现碳中和运营	净零排放
Shell	2035 年排放强度下降 30%	排放强度下降 65%
Total	-	欧洲境内净零排放；全球碳排放下降 60%

数据来源：各公司网站、年报。

9.3.2　新兴低碳产业发展速度加快

欧洲各国为抢占未来经济发展的制高点，在大力发展清洁燃煤发电、煤气液化燃料等产业方面达成共识，积极推动化石燃料低碳化。另外，由于过去几年世界各国遭遇新冠疫情冲击，使得煤炭的地位在一次能源中发生颠倒，需求量每况愈下，煤电经济在市场上的竞争力正逐步减弱。根据数据统计，2020 年全球煤炭产量与之前相比缩减了 6.5%。西班牙、葡萄牙、荷兰等国的燃煤发电量均减少了 50% 以上。各国陆续推出煤电退出时间表。2020 年，德国的《逐步淘汰煤电法案》和《矿区结构调整法案》获得通过，计划逐步取消煤炭的使用，直至彻底淘汰，并最迟在 2038 年前完成此目标；瑞典和奥地利关停了全部燃煤电厂；英国政府也保证到 2024 年所有产业都不再使用煤电。同时，削减化石燃料补贴及资金支持的举措在多国实行，联合公报 2021 年年初公布的文件中显示，欧盟计划采取更加严厉的政策以应对能源外交，对于投资项目，除非符合气候中立原则，否则禁止对所有以化石燃料为基础的能源设施项目增加投资。在此背景下，清洁煤技术受到越来越多的关注。清洁煤技术可以划分为两种类型：第一类是煤炭液化复合发电和超临界微粉碳火力发电；第二类是与二氧化碳的捕获和储存相关的技术。研究表明，如果火力发电站拥有二氧化碳回收储藏系统，则可以减少80%~90%的二氧化碳排放量。欧盟计划使二氧化碳捕获比例到2030年发展为20.1%。因而，碳捕获与储存产业在政府的大力推动下预计会得到蓬勃发展。

除此之外，以氢能产业为代表的新型低碳产业发展势头较猛。多个国家和地区加快对氢能的部署动作，氢能已然成为低碳产业发展的重要保障。《欧盟氢能源战略》中提出，到2030年要把生产能力提升至400亿瓦，到2050年把氢能比例提升至12%~14%。法国已经明确要拨出20亿欧元用来推动氢能项目未来两年的发展，而德国则提出到2030年至少对氢能产业投入90亿欧元。荷兰政府发布了一项氢能战略，500兆瓦可再生能源制氢项目计划将于2025年前完成。此外，包括葡萄牙和西班牙在内的国家也出台了关于氢能发展的路线图。葡萄牙想要依靠天然气管网注入氢气，从而达到大规模使用氢能的目的。西班牙为建设充足的基础设施，通过了一项氢能源计划，以推动清洁氢生产。

9.3.3　农业低碳化进程加快

欧洲国家的农业生产水平远高于世界其他国家，已取得相对领先的市场地位。欧盟于1992年第一次在《欧盟共同农业政策》中提出了相应的低碳农业策略，其中，政府允诺将会对农户因退耕还林产生的损失进行一定的补偿。欧洲国家通过几十年的摸索，在发展低碳农业方面已经有了不小的成绩，积累了丰富的实践经验。

欧洲发达国家早早意识到农业低碳化在未来国际竞争中的关键性。英国积极推广有机农业，尽量避免使用化肥农药，减少农业生产和加工过程中的能源消耗；在农产品消费方面，对销售的农产品贴上绿色标签，以表明它们在生产和运输过程中产生的碳排放量。法国政府为发展生态农业采取了一些措施，包括设立生态基金、提供免税待遇、加强技术扶持等。作为能源开发和环境保护的先驱，德国自20世纪90年代开始就一直投入大量人力和资金来生产可替代矿物资源的工业原料作物。2009年，德国颁布了《二氧化碳捕捉和封存法案》，补充和完善了农业的相关法律和规章，将范围延伸至农作物种植领域。

农业低碳化是欧洲国家产业发展计划中的重要组成部分。农业虽然会释放温室气体，但同时也是一个庞大的二氧化碳吸收系统。统计数据表明，在整个欧洲，农业温室气体排放量占到了12%，而来自土地使用、土地利用变化与林业的碳汇在一定程度上使欧盟减少了7%的碳排放。为加快农业低碳化进程，欧洲政府计划农业碳排放在2030年要比2015年减少至少25%，且与1990年相比至少减少39%。另外推崇土地使用多元化，希望可以减少17%的土地需求，降低12%~13%的树木采伐率，从而产生更多空余的土地。政府打算将这些土地还林、还草，使得土地退化速度放缓。

9.3.4 工业低碳化进程加快

工业是欧盟的重要产业，同时也是主要的温室气体来源，它排放的温室气体量在欧盟总量中占到了14%。在工业生产活动中，固体燃料和石油的使用比重将有所降低，而电力、可再生能源等的比重将有所提升。其中，电力的增长趋势尤为显著。电力用量的增加表明工业部门碳排放量呈下降趋势。

2020年至2030年是工业"零排放"实现的重要时期，欧洲国家明白需要尽早对低碳技术进行投资与研发，将重点放在技术创新上，包括碳捕获与碳储存等。例如欧洲地区是近年来世界轮胎技术变革的发源地，也是世界上主要的轮胎制造基地，拥有雄厚的技术力量和高度集中的生产力。近几年，欧洲轮胎产业在经济危机的冲击下，市场占有率逐年下降，产能也逐渐转向了发展中国家。随着发展中国家轮胎产业制造技术的不断进步以及生产力水平的不断提高，它们所占据的市场份额也变得越来越大。因而，欧洲公司投入大量研发经费，建立研究组织来维持和发展欧洲轮胎产业的优势。据欧洲橡胶轮胎生产商协会统计，欧盟主要轮胎企业每年在研发方面的投入约占其年营业额的3.5%。在低碳技术领域，米其林公司的C3M技术、大陆公司的MMP技术等，不仅可以大幅降低基建投资、原料投入等方面的成本，还可以提高企业的生产效率和效益,形成一种能耗低、污染低、效率高、精度高的轮胎生产新模式。

9.3.5 设立碳边境调节机制

欧盟在处理全球气候变化问题上发挥了带头作用。在 2019 年,欧盟制定了一项宏伟的碳中和计划。中国、日本等紧随其后也宣布了各自的碳中和时间表。直到 2020 年末,发布碳中和时间表的国家已增至 137 个。在气候问题上,欧盟的领导作用是显而易见的。由于欧盟大幅减少了碳排放配额总量,且用于免费配额分配的基准值逐渐收紧,碳配额价格不断上涨,因而欧洲公司生产的产品价格对外不具备竞争力,使得欧洲公司开始对自身的市场竞争力产生了忧虑。

为解决上述问题,维护企业在国际市场上的竞争优势,欧盟引入 CBAM 机制。该机制主要目的是对进口的高碳产品征收税费,让它们从欧盟买入碳配额证书,以此来抵消碳排放费用。欧盟通过该机制可以使得境内外支付的碳排放价格基本保持相同,减少碳排放成本的不对称性。同时,这一机制还可以防止欧盟境外国家和地区进行碳转移,推动贸易合作伙伴认识到碳减排的重要性,刺激他们采取更加严厉的举措来实现碳中和目标。

目前,CBAM 有关框架还在进行修订,初期将用于电力等五个领域。到 2023 年,该体系将会扩充至更多领域。到 2026 年,CBAM 将正式投入使用,所有欧盟国家的进口商每年都必须要申报上一年进口商品中包含的碳排放量,欧盟将会依据申报情况来调整进口商所对应的 CBAM 证书的购买数量。

9.3.6 产业园区低碳化程度加深

产业园区是城市进行区域发展、产业调整的重要途径。产业园区具备资源聚集力,不仅可以减少技术进步的费用,而且可以通过共享来克服外在的负效应，促进相关产业发展，从而形成一个产业集群。发展绿色经济是时代浪潮下的必然要求，绿色、低碳也是产业园区发展的着力点。

　　欧洲城市低碳产业园区的建设起步较早，建设重点主要是选择主导产业以促进城市与低碳产业发展融合，而这在帮助建立生态文明社会，实现城市低碳转型方面具有极大的现实意义。卡伦堡工业园是最具代表性的低碳产业园区。它将各个工厂联结在一起，以火电厂、炼油厂、制药厂和石膏制板厂为核心，采取贸易方式将对方生产过程中产生的废弃物或副产品利用起来，完成工业横生和代谢生态链关系的搭建，实现了良好的生态循环，促进了经济和环保的协调发展。由于能源转型，欧洲各国都在限制用电量，规划逐步关闭煤炭发电厂，所有供能向清洁能源转变。未来，欧洲城市致力于建立零碳能源科技园区，灵活运用风能、太阳能以及热电三联供，包括用退役的汽车电池建成储能电站以及可以双向充放电的电动汽车等等一些技术，帮助产业园区实现零碳的转变。

参考文献

[1] 张宁宁，王建良，刘明明，等.碳中和目标下欧美国际石油公司低碳转型差异性原因探讨及启示[J].中国矿业，2021，30（09）.

[2] 陈晓径.欧盟"气候中和"2050愿景下的低碳发展路径及其启示[J].科技中国，2021（01）.

[3] 康艳兵，熊小平，赵盟.欧盟绿色新政要点及对我国的启示[J].中国发展观察，2020（Z5）.

[4] 珊克瑞·斯里尼瓦桑，周希舟，张东杰.欧洲氢能发展现状前景及对中国的启示[J].国际石油经济，2019，27（04）.

[5] 范照伟.全球天然气发展格局及我国天然气发展方向分析[J].中国矿业，2018，27（04）.

[6] 杨筠桦.欧洲低碳农业发展政策的实践经验及对中国的启示[J].世界农业，2018（02）.

[7] 宋嘉卓，易竞豪，韩祁祺，等.转变城市发展方式之低碳城市建设——基于德国经验借鉴[J].工程经济，2020，30（02）.

[8] 田智宇，符冠云.发达国家（地区）城市绿色低碳发展经验及启示[J].中国经贸导刊，2014（23）.

[9] 李龙.国外低碳产业发展经验借鉴[J].商场现代化，2015（18）.

[10] 王兆君，刘帅.基于低碳经济的国外轮胎产业进展与启示[J].橡胶工业，2015，62（04）.

[11] 索尼·卡普尔，申森.绿色新政：欧洲走出危机的长期性、可持续计划[J].南京林业大学学报（人文社会科学版），2014，14（03）.

[12] 杨圣勤，李彬.德国发展低碳经济对我国的启示[J].对外经贸，2014（06）.

[13] 陈俊荣.欧盟发展低碳经济的内部影响分析[J].低碳世界，2013（16）.

[14] 陈俊荣.欧盟2020战略与欧盟的低碳经济发展[J].国际问题研究，2011（03）.

[15] 姜卓青.欧盟发展低碳经济对中国的启示[D].大连：东北财经大学，2010.

[16] Bley S J，Hametner M，Dimitrova A，et al. Smarter, greener, more inclusive? Indicators to support the Europe 2020 strategy – 2019 edition. 2019.

[17] Diosey Ramón Lugo-Morin. Global Future：Low-Carbon Economy or High-Carbon Economy?[J]. World，2021，2（2）.

[18] Wiadek A，Gorczkowska J，Godzisz K . Conditions Driving Low-Carbon Innovation in a Medium-Sized European Country That Is Catching Up‐Case Study of Poland[J]. Energies，2021，14（7）.

[19] Brown M . Developing and using green skills for the transition to a low carbon economy[J]. Australian Journal of Adult Learning，2015，55（2）.

[20] Patz J A，Stull V J，Limaye V S . A Low-Carbon Future Could Improve Global Health and Achieve Economic Benefits[J]. JAMA The Journal of the American Medical Association，2020，323（13）.

[21] Veral E S . The Recent Measures and The Strategies of The EU Member States Towards Circular Economy Transition. 2019.

[22] 张敏.解读"欧盟2030年气候与能源政策框架"[J].中国社会科学院研究生院学

报，2015（06）.

[23] 赵刚. 欧盟大力推进低碳产业发展的做法与启示 [J]. 中国科技财富，2009（21）.

[24] 王雪婷. 后巴黎时代全球低碳经济的发展趋势 [J]. 湖北经济学院学报（人文社会科学版），2016，13（09）.

[25] 李绍萍，郝建芳，王甲山. 国外低碳经济税收政策经验及对中国的启示 [J]. 生态经济，2015，31（08）.

第 10 章
欧洲城市绿色建筑的碳减排效应研究

10.1 欧洲城市绿色建筑碳减排的政策分析

10.1.1 欧洲城市绿色建筑碳减排的政策演进

由于欧洲的很多国家处于较为领先的发展阶段，因此也较早注意到控制碳排放的重要性，所以这些国家在 20 世纪 80 年代左右就已经达到了碳排放的峰值，然后碳排放量逐渐回落，从而达到较为合理的排放量，这种碳排放量触顶回落的现象被称为碳达峰。2007 年和 2010 年，美国和日本也实现了碳达峰。从 20 世纪开始，为了应对全球变暖，减少碳的排放量，人类就已经开始制定国际性的碳排放政策。欧洲的很多国家将这些政策纳入法律，并且相继确定了本国达到碳中和目标的时间表。下面将对这些碳排放政策进行回顾。

《联合国气候变化框架公约》。早在 19 世纪末，瑞典科学家斯万就曾发出过警告，过量的二氧化碳排放会导致全球变暖，然而在当时并没有引起大众的注意。直到 20 世纪 70 年代，随着科学家们对地球大气系统的研究逐渐深入，这个事情才引起人们广泛的关注。1990 年，第二次世界气候大会发起建立条约的呼吁，在同年 12 月，联合国批准了气候变化公约的谈判。1992 年 6 月，联合国气候变化框架合约在巴西里约热内卢由 150 个国家共同签署。《联合国气候变化框架公约》旨在控制大气中的温室气体的浓度,使其稳定在使生态系统能够自然地适应气候变化并且使经济发展能够可持续地进行这一水平。但是美中不足的是该公约没有对个别缔约方规定具体需要承担的义务,也缺少法律上的约束力。为了公约能够具有实际意义,1997 年 12 月,在日本京都通过了该公约的延展公约——《京都议定书》,全称为《联合国气候变化框架公约的京都议定书》。到 2009 年 2 月,共有 183 个国家通过了该条约(超过全球排放量的 61%),值得注意的是美国虽然在议定书上签字但并未核准,之后首先退出了《京都议定书》。

《京都议定书》确定联合国气候变化框架公约内的发达国家到 2010 年碳排放量比 1990 年降低 5%(包括二氧化碳等 6 种温室气体)。具体来说,2008—2012 年发达国家必须完成的减碳目标是:与 1990 年相比,欧盟削减 8%、美国削减 7%、日本削减 6%、加拿大削减 6%、东欧各国削减 5%~8%,新西兰、俄罗斯和乌克兰可将排放量稳定在 1990 年水平上。

欧盟碳市场贸易机制是 EU-ETS。欧盟碳交易机制是根据《欧盟 2003 年 87 号指令》的条款建立的,在世界范围内 EU-ETS 是减少碳排放的重要政策,在减少温室气体的努力中,EU-ETS 可以说是最优的、效用最大的市场手段。EU-ETS 成立于 2005 年 1 月 1 日,其目的是将环境成本化,借助市场的力量将环境转化为一种有偿使用的生产要素,通过建立排放配额(EUA)交易市场,有效地配置环境资源,鼓励节能减排技术发展,实现在气候环境得到保障下的企业经营成本最小化。

在 EU-ETS 刚开始运营的时候,交易方式主要是柜台模式,由欧洲的各大银行作为做市商;后来随着进一步的发展,应运而生一批大型碳排放交易中心,目前比较活跃的碳交易市场主要有法国巴黎的 BlueNext 交易所、德国莱比锡欧洲能源交易所、挪威的北欧电力交易所等。虽然活跃的大型交易所很多,但是柜台交易仍然占据了将近四成的碳排放权。EU-ETS 在经历这么多年的发展后,无论是覆盖方式,还是配额分配方式和交易规则等相关制度都发生了很大的变化,主要经历了三个阶段。

第一阶段:2005—2007 年,这个阶段主要是为《京都议定书》的制定积累经验,巩固基础。这个阶段范围为初始阶段,各个领域覆盖的范围都不是很广，有关温室气体的减排许可交易只涉及了 CO_2，CO_2 的排放涉及的相关行业有石化、造纸、陶瓷、玻璃、水泥、钢铁、能源，以及部分其他高耗能的行业，并且对纳入这个体系的企业进行了门槛的设置。这些被覆盖的行业的总排放占欧盟总排放的五成。在 2005 年一年内，EU-ETS 就实现了 3.6 亿吨 CO_2 当量的现货交易，期权期货的交易规模十分可观。

第二阶段：2008—2012 年，在这一阶段，排放的温室气体不仅仅是 CO_2，还增加了其他温室气体如 SO_2、氟氯烷等，涉及产业也增加了交通等。至 2012 年第二阶段截止时，欧盟排放总量相较 1980 年减少 19%，而经济总量增幅达 45%，单位 GDP 能耗降低近 50%。

第三阶段：2013—2020 年，这一阶段设定的减排目标是 2020 年相对于 2005 年总量减少 21%，所涉及的行业产业也进一步扩大。比较值得注意的是，航空业被纳入了 EU-ETS 的体系。

在经过三个阶段的发展之后，EU-ETS 的覆盖范围不断扩大，机制不断完善，配额分配过程中拍卖的比例逐渐提高，分配方式也发生了改变，说明 ETS 管理体制趋于成熟。

欧洲碳税政策。相对于世界其他地区，欧洲征收碳税有很丰富的经验，从北欧四国至欧洲其他大部分地区，都推行了不同的碳税政策。欧洲的碳税政策主要分为两种。一种是把碳税作为一个独立的税种进行征税，以芬兰、丹麦、瑞典、挪威和荷兰为代表。另一种则是将碳税与能源税或者环境税进行结合，主要代表国家是德国、意大利、英国。

英国《气候变化法案》。《气候变化法案》在 2008 年出台，规定到 21 世纪中期温室气体排放量与 1990 年相比降低 80%，并且为了独立管理英国气候政策和减排目标设立了气候变化委员会。英国通过设定目标、议会审查和报告的常规流程，长期保持在气候行动中承担碳减排责任和提高碳管理，促进英国经济向低碳转型。

德国《气候保护法案》。2019 年 11 月 15 日，德国联邦会议通过了《气候保护法案》，这是德国第一次以法律的形式确定中长期的减排目标，确定了德国 2030 年碳排放总量比 1990 年减少 55%。《气候保护法案》覆盖了德国碳排放的主要行业，如建筑、交通、工业、能源、农业及废弃物领域。除此之外，从 2021 年开始，德国启动国家排放交易系统，简称 NEHS，是实现 2030 年碳排放目标的重要措施之一。NEHS 是对欧盟排放交易系统的补充，因其只涵盖了工业、能源行业和航空运输业。

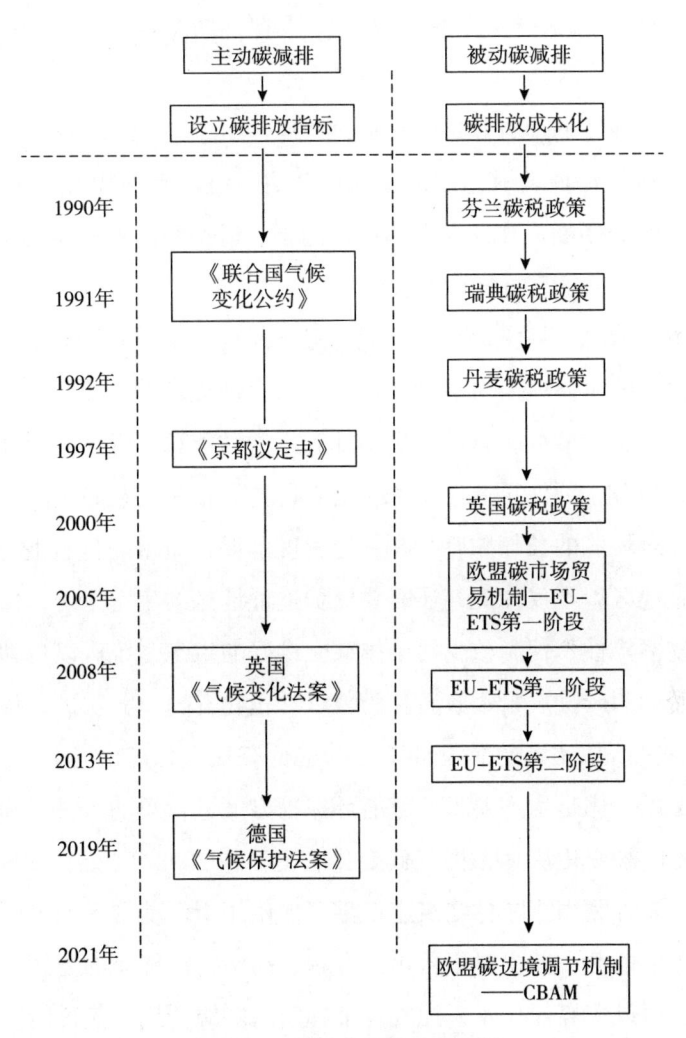

```
主动碳减排                    被动碳减排
   │                           │
设立碳排放指标              碳排放成本化
```

年份	主动碳减排	被动碳减排
1990年		芬兰碳税政策
1991年	《联合国气候变化公约》	瑞典碳税政策
1992年		丹麦碳税政策
1997年	《京都议定书》	
2000年		英国碳税政策
2005年		欧盟碳市场贸易机制——EU-ETS第一阶段
2008年	英国《气候变化法案》	EU-ETS第二阶段
2013年		EU-ETS第二阶段
2019年	德国《气候保护法案》	
2021年		欧盟碳边境调节机制——CBAM

图 10-1　欧洲碳减排政策演进

欧洲最新的碳边境调节机制（CBAM）。2021 年 3 月 10 日，欧盟碳边境调节机制（CBAM）的决议在欧洲议会以 444 票赞成、70 票反对、181 票弃权顺利通过。该机制将会对一些与欧盟贸易的不遵守碳排放相关规定的国家的进口商品征收碳关税。CBAM 机制将会影响那些与欧盟有贸易往来的国家，特别是那些高排放和高耗能的行业。在碳中和的大背景下，高耗能产业的绿色转型会加快速度。

10.1.2 欧洲城市绿色建筑碳减排的核心理念

绿色建筑独特的地方就在于形成过程中尽量节约资源，减少浪费，并且拥有环保的居住环境。绿色建筑在其寿命期限内，能够最大化地节约资源，减少污染，保护环境，并且为人们提供健康、适用和高效的使用空间，与自然和谐共生。绿色建筑的核心理念如下。

减轻污染情况与环境保护。环境与建筑是存在于同一个系统的，因此在建设绿色建筑的时候就要考虑到尽可能地增大环境效益。建筑在设计的时候要兼顾体现人文与减少碳排放，更多地利用清洁能源，保证绿植面积，减少环境污染。首先，要注重选址。对绿色工业建筑来说，选择一个合理的位置，可以让工厂对环境的破坏减轻，在一定程度上保护城市的自然生态，避免破坏生态敏感地区；不仅如此，还需要保护选址地区的生态系统，保持生态完整性和生物多样性，控制减少污染排放。良好的生态系统可以自动调节生态环境，将超标的碳排放量吸收转化为氧气和植物养分。其次，是优化建筑的布局结构。应该从建筑的总设计图开始进行布局，总揽全局，对厂房布置、室内环境考虑、满足生产要求、节能环保等方面进行总的考虑。确保设计方案既能节能环保，又能满足生产需求。

可再生能源利用。绿色建筑应该更多地使用清洁能源，如风能、太阳能一类的可再生能源，减少对不可再生能源、高碳排放能源的使用。还要增加科技水平，通过多媒体技术，配置各个部门的能源使用，使得能源利用更加合理，减少浪费。

以荷兰的 The Edge 大厦为例，它是荷兰第一个按照 BREEAM 绿色建筑标准建造的办公楼，这座办公楼地上总面积 4 万平方米，从繁忙的 A10 高速公路上看过去，15 层楼高的玻璃中庭，犹如一个巨大的橱窗，展示着建筑内部充满活力的景象。其中庭部分的科学设计充分利用了自然光，让环境变得明亮、活泼、功能性强，而且节能效果十分显著。在大厦的南侧和大厦的屋顶，为了更充分地利用太阳光，布置了欧洲最大的太阳能光电板阵列。这种设计可以最大限度地吸收太阳能，减少碳排放。

城市能源节约与高效率利用。这种降低碳排放的方式主要体现在城市空间结构与交通能耗方面。不同于美国的蔓延式增长，欧洲城市的形态更多是紧凑的，主要体现在居住环境建设和住宅建设上。这种紧凑、集约化土地利用的城市形态可以减少资源浪费，而且还有助于实现土地功能的混用。在交通方面降低碳排放的措施主要是大力推行公共交通，尽量减少私家车的使用。为了能够吸引人们乘坐公共交通，政府提高公共交通的便利度和舒适度；其次，通过制定交通法规，确定公共交通的优先通行权，大力发展快速公共交通和非机动交通。建立便捷有效的公共交通系统、无汽车住宅区、非机动车交通系统及其他"控制机动车使用"措施，通过各种措施的互补，从而使城市绿色交通方便快捷，降低人们出行对高耗能机动车的依赖。再者，紧凑的城市布局减少了交通行程，由于住宅与工作区距离的缩短，提高了非机动车的使用率。交通发展注重环境保护，使用低碳排放的环保燃料，较少因交通产生的环境污染，降低对生态环境的负面影响。

10.2 欧洲城市绿色建筑碳减排实现路径

10.2.1 城市绿色建筑碳减排实施方案

欧洲国家众多，不同国家的低碳策略各有不同，但主要都是围绕节约能源、使用清洁能源、减少污染保护环境等方面降低碳排放。如丹麦主要以节能战略为先导，注重通过立法保证能源节约和提高能源的利用效率。为了达到节能低碳目标，先后颁布了《供电法案》《供热法案》《可再生能源利用法案》《住房节约法案》《能源节约法》等一系列法案。丹麦能源署的主要职能是解决能源安全问题，后来管理重点逐渐涵盖国内能源生产、供应和分销以及节能，近年来在 CO_2 减排和绿色能源方面也发挥更大的作用。而法国更重视对清洁能源的使用，如风能。起初，根据欧洲风能协会的统计数据，欧盟国家风能发电方面，德国与西班牙位于前列，而法国的风能发电相对落后。进入 21 世纪，随着政府政策出台，明确了国家对发展风能的扶持措施。2006 年，法国政府批准建立风能开发区。英国的绿色低碳城市建设是以低碳社区为基础的城市节能。低碳社区主要从全球气候变化的影响和碳减排的国家能源政策目标考虑，充分发挥政府在节能方面的作用。低碳社区一般遵守十个原则：零碳、零废弃物、可持续交通、本地食品、文化遗产保护、水低耗、可持续性和当地材料、动物和植物保护、公平贸易及快乐健康的生活方式。

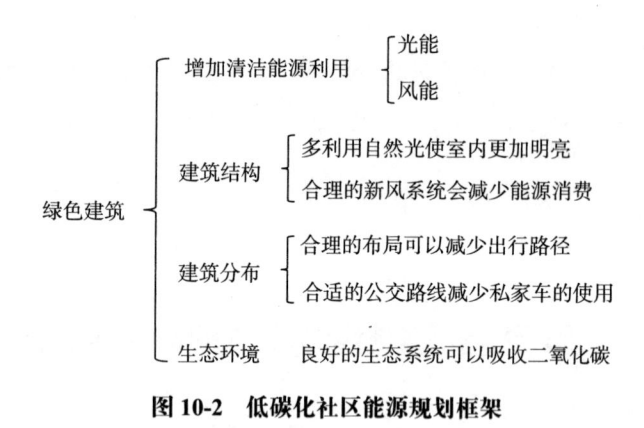

图 10-2 低碳化社区能源规划框架

10.2.2 欧洲城市绿色建筑碳减排的实现路径

欧洲绿色城市的实现路径主要有城市规划、交通规划以及对绿色能源的使用这三个方向。

首先是城市建筑规划方向。以汉堡港口新城为例，汉堡位于易北河的入海口，临近北海，是德国最重要的港口和经济中心之一。20世纪90年代，由于易北河水深不足以满足其港口需要，停泊不了大型船只，该港口的地位下降，大量工厂倒闭，导致该港区逐渐没落。1997年，汉堡港口新城重新规划，一举成为世界瞩目的绿色低碳城市。汉堡港口新城的规划与开发主要围绕着城市的可持续性展开，即绿色、低碳的城市建设标准。

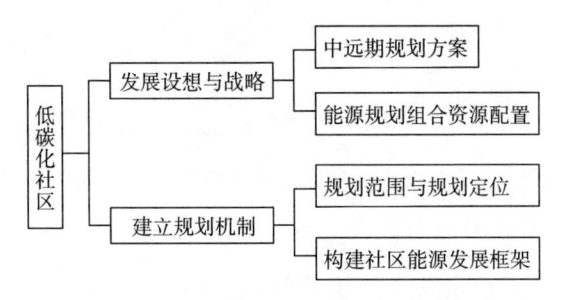

图 10-3 汉堡港口新城的可持续发展框架

港口新城的整体低碳设计主要体现在居住生活功能、总体土地使用、办公功能及文化休闲功能等方面。港口新城采用复合的城市结构，这种结构增大了土地利用率，增加居住效果，减少了目的地之间的距离，节约了交通和时间成本，成为低碳生活典范。在能源系统上，汉堡港口新城采用创新可持续的地热能与太阳能。建筑供热不仅来自远程系统，而且也有当地的热泵与地热能源的运用。为了降低碳排放，在2003年便设立175g/kWh的基线标准，新的能源系统比传统的燃气供热降低27%的碳排放。同样为降低碳排放做贡献的还有其景观系统，港口新城拥有26个城市开放公园、绿地休闲步道和10.5km的滨水岸线。大量的绿植不仅美化城市，而且为港口新城带来可观的自然"碳汇"，有效降低了城市热岛效应。最后，港口新城对五类建筑颁布表彰其低碳环保的"生态奖"。该项政策推进了建筑向低碳环保方向建设的进程，并且这套认证标准也在运行过程中不断改进和更新（参见表10-1）。

表10-1　　　　　　　　　　　绿色建筑五类标准

类别	核心内容	详细内容
第一类	建筑运行的低能耗	能耗标准远低于法定标准，居住建筑需达到被动式房屋标准
第二类	建筑内部公共财产管理的可持续	例如：使用先进的洁具以降低水的消耗，底层开设咖啡厅，屋顶花园的建设
第三类	环境友好型建筑材料的应用	例如：禁止使用卤素、挥发性溶剂或生物杀伤剂的材料，建设木材需经过认证
第四类	健康与舒适的环境标准	舒适的室温，非过敏性装置及配件，混响和隔音，自动空调空间的眩光保护和空气流通
第五类	无障碍系统与机动性	针对残疾人的设计考虑，可持续的建筑设备，低维护与耐用材料的使用

其次是交通规划。欧洲交通规划主要从提高能源利用效率、减少无效交通需求和客运模式转型三个方面进行管理规划，从而达到节能减排的目的，同时也会增加经济效益（参见表10-2）。

表10-2　　　　　　　　　　欧洲交通规划主要措施

	主要方案	方案效果
规划措施	加强综合交通规划	降低了交通刚性出行需求，提高了土地使用率
	建立完善公交系统	实现交通供需平衡，降低了对私家车的依赖
管理措施	设立交通低排放区（布拉格）	交通拥挤状况减轻大约85%，能源使用量降约12.2万亿J，NOx排放量每年降低约43.5t，公众开始大量使用低排放、低能耗的清洁型车辆
	停车管理规定（维也纳）	城市道路停车位空间降低38%，非法停车显著减少，多数公众逐渐理解
	倡导生态驾驶	2010年底，交通碳排放降低2.4%，汽车内置设备和驾驶模式变换减排500t，提高轮胎气压，碳减排300t
经济措施	征收交通拥挤费（伦敦）	限制区域二氧化碳排放量约降低16.4%，2008年交通拥挤状况比2002年减轻26%。并且获得可观的经济效益
	征收交通税	获得的收益用来发放交通补贴和使交税员工免费乘坐公共交通，对城市交通建筑贡献巨大
信息措施	加强信息引导，鼓励绿色出行	选择私人小汽车出行的比例从6%降至4%，采用可持续性交通模式出行的比例从8%提高到50%；每个家庭每年节省的开车出行量为425~1700km
技术措施	科技创新，鼓励使用新能源车辆	如果使用混合动力车辆，可以至少碳减排20%，明显降低车内噪音

最后是提高清洁能源、可再生能源的使用率。欧洲不同的国家由于地域不同，因此可利用的资源也有所不同。例如靠近海边与季风地带的可以充分利用风能，阳光充足的地区可以充分利用太阳能。欧洲国家为了加大清洁能源的使用力度，政府会制定政策，为新能源发展制定明确的发展目标，如英国要求到2020年可再生能源占能源产出的比重达到20%。这些国家相应实施的财税政策都以这些目标为依据而制定的。

另外，各国也都制定了明确的财税政策支持新能源产业，包括补贴、税收优惠、低息贷款等。各国的财税支持政策涉及新能源各个领域，但都能结合各国的实际状况和中长期发展规划选择某些重点领域加大扶持力度。

各国为了新能源的推广使用，对于基础建设也是不遗余力。在电源结构上，以丹麦为例，其风电装机容量比例、发电量比重以及各项人均指标均遥遥领先，但丹麦风电主要采用靠近负荷中心的分散式发展模式，全国风电总装机容量不到500万千瓦，不仅可以在整个北欧市场消纳，而且还可以在德国市场消纳部分风电，风电送出及消纳矛盾不突出。在电网建设方面，欧盟比较重视跨国互联电网的整体规划，表明大电网的统一规划是需要的，可再生能源的大规模发展和消纳必须依赖跨国电网输送和更大范围电源结构的互补加以解决。

10.3 欧洲城市绿色建筑碳减排的成效分析

10.3.1 欧洲城市绿色建筑碳减排的直接效应分析

首先，总体来看，欧盟温室气体排放总量呈下降趋势（参见图10-5）。来自EEA的数据显示，2018年，欧盟温室气体排放总量比1990年下降24.2%。受经济衰退的影响，2009年，欧盟27国温室气体排放比2008年大幅下降7.1%，欧盟15国则下降6.9%。相比1990年，欧盟27国和15国分别下降17.4%和12.7%。2010年经济恢复使得欧盟排放总量出现反弹，终止了此前连续5年同比下降的势头。

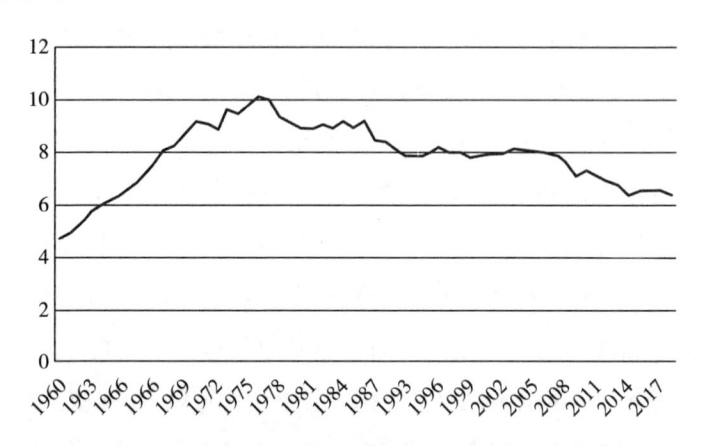

图10-5 欧洲联盟二氧化碳总排放量（人均公吨数）

尽管欧盟温室气体排放总体呈下降态势，但欧盟内部各成员之间的减排效果却存在较大差别。1990—2018年，排放量下降幅度较大的主要是经历了经济和政治体制剧变的中东欧和原独联体各国国家。由EEA公布的数据可知，西班牙、意大利等欧盟工业国温室气体减排的表现并不突出，在1990—2007年呈上升趋势，但值得高兴的是，2008—2018年，这些碳排放量上升的工业国碳排放降低程度明显；英国、德国等大力发展绿色城市和清洁能源的国家，碳排放量则一直处于平稳下降趋势（见图10-6）。

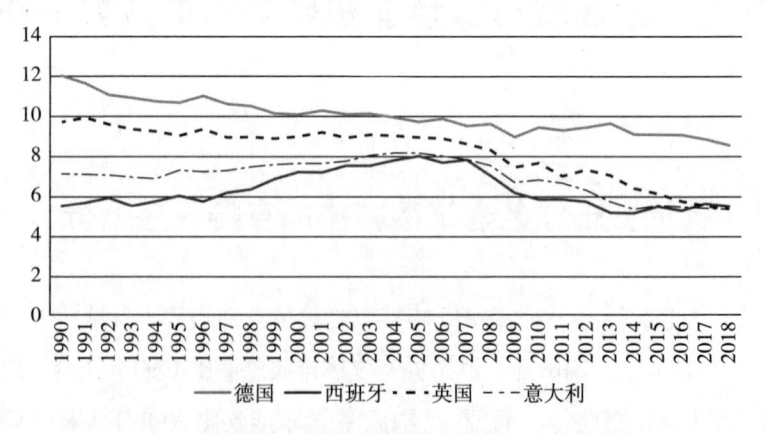

图10-6 欧洲部分国家二氧化碳排放量（人均公吨数）

其次，结构减排效果明显。从主要排放源的构成来看，能源一直是欧盟温室气体排放的最大来源。2010年，欧盟（15国）能源部门排放的温室气体为CO_2，占排放总量的80.0%，其次为农业和工业生产过程，分别占比9.8%和7.0%。比较各排放源的减排效果可以看出，工业生产过程和废弃物部门排放下降的幅度较大。1990—2010年，这两个部门排放降幅分别达到24.2%和40.5%，其排放量占排放总量的比重分别下降了1.3和1.4个百分点。这两个部门的减排效果既得益于清洁生产和循环经济等技术减排手段的实施，同时也在相当程度上是产业转移的结果。首先，如图10-7所示，欧洲国家对清洁能源的使用效率大大增高。1990—2015年，欧洲联盟可再生能源发电量占比从1%达到了17%。比较突出的几个国家如葡萄牙、西班牙和德国，2015年可再生能源发电占比分别达到了31%、26%和25%。其次，在产业升级的过程中，也实现了温室气体排放的转移。欧盟部分国家将碳排放较大的工厂设立在亚洲和非洲等地的部分不发达国家，因此将部分排放的二氧化碳转移了，同时对产业进行升级，利用科技增加对能源的利用效率，从而从这两方面获得碳减排成果。

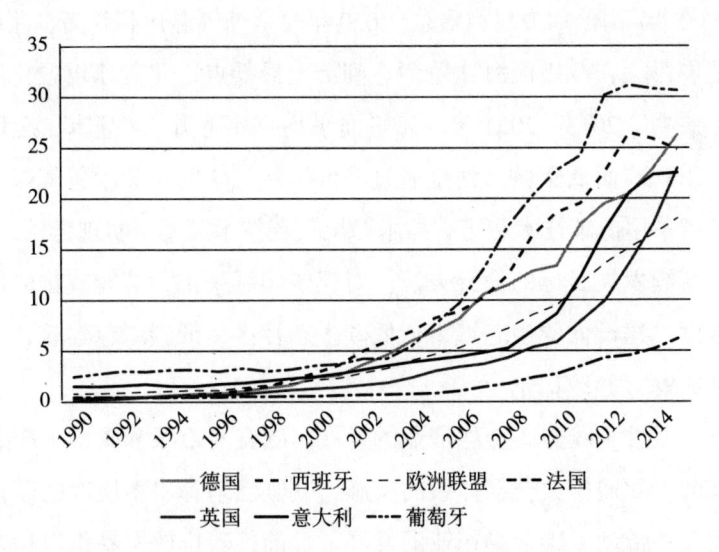

图10-7 欧洲部分国家可再生能源发电量占总能源发电量比例（不包括水力发电）

10.3.2　欧洲城市绿色建筑碳减排的溢出效应分析

第一，绿色城市营造了更加舒适的生活环境。绿色城市与绿色建筑的含义不仅仅是城市与建筑本身，也包括建筑内部以及建筑外部环境生态功能系统及建构社区安全、健康的稳定生态服务与维护功能系统。就室外环境而言，绿色低碳建筑通过科学的整体设计，集成自然通风、绿色配置、中水回用、低能耗围护结构、新能源利用、自然采光、绿色建材和智能控制等高新技术，具有废物排放减量无害、资源利用高效循环、选址规划合理、建筑环境健康舒适、节能措施综合有效、建筑功能灵活适宜等六大特点。就室内环境而言，这些环境本质上决定着人们的舒适度。而通过绿色建筑，可以充分利用一切资源，因地制宜，从规划、设计、环境配置的建筑手法入手，通过各种绿色技术手段合理地提高建筑室内的舒适性，同时保障人的健康生活，给居民提供良好的生活环境质量。

第二，低碳的绿色城市改善了恶化的气候条件。2021年世界气象组织发布了《2021年全球气候状况》报告，报告显示，2021年全球平均气温比1850—1900年高出约1.09摄氏度，2020年时全球气温达到新高。北极地区海冰融化范围巨大，北极区海冰范围达到历史最低点，北美冰川融化速度比世纪初翻了一番。2013—2021年，海平面平均每年上升4.4毫米。全球的气候情况不容乐观。而低碳城市便是通过降低温室气体的排放改善气候条件。低碳设计是指采用低碳技术和零碳技术乃至负碳技术策略，实现低碳、零污染、高效率可持续发展目标的设计方法。对建筑领域来讲，节能减排的任务意义重大而艰巨，建设低碳生态城市、低碳生态社区、低碳绿色建筑，已经成为全球应对挑战的主要策略。

第三，促进了欧盟碳金融产业的发展。碳交易市场和碳金融产业是朝阳产业，借助于欧盟排放交易体系的实施，欧盟已培育出多层次的碳排放交易市场体系，并带动了碳金融产业的发展。目前，碳排放交易仍以柜台交易为主，2008年，柜台交易占交易总量的三分之二。欧洲交易所于2005年6月推出了与欧盟排放权挂钩的期权交易，使二氧化碳如同大豆、石油等商品一样可以自由流通，从而增加了碳排放市场的流动性，促进了碳交易金融衍生品的发展。

10.4　欧洲城市绿色建筑碳减排的现实意义

10.4.1　对欧洲的现实意义

第一，欧洲通过建设绿色城市降低碳排放，成功地控制了各种温室气体的排放量。2018年与1990年相比，欧洲温室气体的排放量减少了约32%，与其他各个地区的温室气体排放量不断上升相比，无疑是非常成功的，很大程度地减少了温室气体对全球气候的影响。通过人为操控温室气体的产生，成功减小了人类活动对大气的破坏，全球变暖进程减缓。可以说欧洲绿色城市碳减排对气候意义重大。

第二，绿色低碳城市美化了生态环境，提高了生活水平，提供了一个舒适的家园。20世纪的工业发展规模扩张飞速，由于对环境的关注不够，导致生态环境遭到了极大的破坏。而绿色低碳城市往往与绿色生态相关，通过一系列低碳措施，可以改善生态环境，增强生态圈的稳定性，使得绿色城市与生态环境形成了一个良好的平衡。如瑞典、丹麦和法国为代表的欧洲低碳小镇，都是很好的例子。

第三，减少了地球上不可再生能源的开采，减少对矿藏的破坏，促进了各国加快对可再生能源和绿色能源的研究和使用。地球的含碳资源是有限的，建设绿色城市可以增加对可再生清洁能源的利用，从而大幅度减少对煤炭、石油、天然气等不可再生能源无止境的开采。

第四，促进世界经济向绿色经济和持续可发展的经济形势方面转变。欧洲绿色城市以身作则，发展绿色、低碳、经济的城市，给世界做出了一个榜样，让世界人民认识到发展绿色经济的重要性与紧迫性。

10.4.2　对中国的借鉴意义

第一，坚持以碳达峰和碳中和为目标引领，尽快健全和完善有中国特色的气候治理体系。我们要发挥中国特色社会主义制度的优越性，坚定不移贯彻创新、协调、绿色、开放、共享的新发展理念，建立跨部门的长效领导机制，以有效控制二氧化碳排放为核心，统筹推进碳达峰、碳中和与经济社会发展，突出绿色执政的理念，引领国际气候治理新秩序，推动构建人类命运共同体。

第二，加快气候立法，构筑实现碳减排和碳中和的法律基础。法律是政策的基础，加快碳减排立法是实现碳中和的基石。例如丹麦和瑞典便是通过制定法律，给碳排放制定标准，从而达到碳减排的目的。为了更好地达到碳减排的目的，我国需要尽快立法，从而统一地方和中央的制度政策和应对气候的工作安排，为实现碳达峰以及碳中和目标提供制度保障。

第三，抓住关键领域，加紧出台重点行业碳达峰专项方案。控制碳排放的关键点与难点在于工业、交通、建筑和电力等行业，都具有不同的绿色转型方向和难度，与此同时各部门低碳发展又需要紧密联系，因此需要一个系统科学的计划去平衡各部门的差异。瑞典为实现工业部门的低碳转型，制定了工业跃升计划，并在技术、资金资助方面设立较全面的政策工具包，为各类企业提供升级空间。我们可以根据产业的不同，进行不同的计划，例如分时期在增加可再生能源利用率、提高能源效率和技术突破等不同方向谋划多个专项计划，集中力量，攻坚克难。

第四，科学研判形势，秉承因地制宜原则编制碳达峰行动方案，鼓励有条件地区率先达峰。低碳转型需要尊重客观事实，北欧不同地区运用了不同的碳减排政策就证明了存在差别的绿色城市转型之路是十分明智的科学抉择。

据此，我国也应该尊重地区差异，统筹谋划全国碳减排行动，要调查清楚不同地区的实际情况，明确各地碳减排责任和潜力。同时也需要建立科学合理的碳排放评测机制，以便能够测量各个地区的碳排放指标，识别碳达峰区域，为没有达成碳减排目标的区域提供参考。

第五，创新资金机制，充分发挥气候投融资作用。从欧盟的各种碳交易政策可以看出，通过对碳排放商品化可以促进城市绿色低碳转型，资本的参与是加速碳减排的重要环节。因此，我国需要加大对碳减排的资金支持，设立长期的投资计划。为了早日到达碳排放的顶峰，需要制定适合各个区域的政策激励机制，为绿色低碳转型投融资营造健康的政策环境。通过设立长期合理的投融资制度，调动资金的积极性，降低政策导向的不确定性，积极促进社会资本参加低碳转型。

参考文献

[1] 车洁舲.汉堡港口新城低碳策略的实施及其空间影响研究[C].第九届国际绿色建筑与建筑节能大会论文集，2013.

[2] 张锐.欧盟碳市场的运营绩效与基本经验[J].对外经贸实务，2021（8）.

[3] 陈曦.欧洲城市的低碳策略[J].建筑创作，2010（3）.

[4] 李振宇，张好智，陈徐梅，等.欧洲城市交通节能减排的主要途径与经验启示[J].公路与汽运，2011（3）.

[5] 王晓迪，张媛，张晓静.欧洲发达国家清洁能源发展前沿动态分析及启示[J].天津科技，2018，45（11）.

[6] 刘长松.欧洲绿色城市主义：理论、实践与启示[J].国外社会科学，2017（1）.

[7] 刘宣麟.欧洲碳交易市场发展对我国的经验借鉴[J].长春金融高等专科学校学报，2021（3）.

[8] 张锐.欧洲碳市场的精彩构图与成果提炼[J].上海企业，2021（6）.

[9] 张锐.欧洲碳市场有哪些经验可供借鉴[N].中国财经报，2021-05-18.

[10] 杨儒浦，冯相昭，赵梦雪，等.欧洲碳中和实现路径探讨及其对中国的启示[J].环

境与可持续发展，2021，46（03）.

[11] 廖含文，戴俭. 向欧洲生态城市学习 [J]. 北京规划建设，2013（05）.

[12] Energy and Climate Intelligence Unit. Net zero emissions race [EB/OL]. [2021-01-17]. https：//eciu.net /netzerotracker /map.

[13] European Commission. Establishing the Framework for Achieving Climate Neutrality and Amending Regulation（EU）2018/1999（Europe Climate Law）[EB/OL]. March 4，2020.

第 11 章

欧洲城市交通运输行业的低碳转型路径研究

交通运输行业是应对全球气候变暖和能源危机、建设绿色智慧城市、促进可持续发展的重要领域，而在交通运输行业中，城市交通运输行业毋庸置疑地占据着绝对的比重。欧洲整体的电动化渗透率从 2019 年的 3.3% 提升到了 2020 年的 10.2%，一跃成为全球电驱动汽车增速最快的地区；2021 年 1 月 29 日，"清华大学·大同第二届能源转型国际论坛暨碳中和愿景下能源转型路径研讨会"正式启动，在第九场报告会上，参会嘉宾围绕着"交通能源转型与行遍欧洲"主题展开深入探讨；2021 年 9 月 15 日至 9 月 17 日于海南国际会展中心举办的第三届世界新能源汽车大会上，来自中、英、德等多个国家及地区的政府、企业与相关机构一致认为，交通运输行业碳排放低碳转型的进程将会在未来几年全面提速，接踵而至的将会是一场深刻而长远的经济和社会体系的变革。由此可见，交通运输行业的低碳转型将是未来的大势所趋。本章基于欧洲交通运输行业低碳转型的电气化、智能化和简约化三条路径，结合欧洲当下的发展现状和政策背景，探究欧洲交通运输业的低碳转型。

11.1 实现欧洲城市交通运输行业碳排放电气化

城市交通运输行业的电气化，其核心是大力发展以电驱动汽车为主要代表的绿色交通工具，也包括地铁、轻轨等城市轨道交通，形成城市交通系统与人居环境的可持续发展的良性互动。毋庸置疑，交通运输行业碳排放的电气化将会是欧洲实现绿色智慧城市的必由之路。

11.1.1　电气化发展背景

根据国际能源署 IEA 统计，2020 年全球碳排放来源构成中能源发热与供电和交通运输分别占据了 43% 和 26%，位列所有来源的前两名（见图 11-1）。毫无疑问，交通运输业是全球二氧化碳排放的主要行业之一。

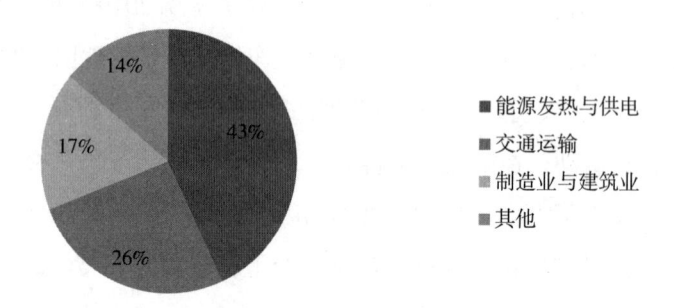

图 11-1　2020 年全球碳排放来源构成

数据来源：国际能源署。

在欧洲，以德国为例，目前德国约有五分之一的碳排放来自于交通运输行业。自 1990 年以来，德国在其他领域已经完成了很多阶段性的碳排放减排目标，但交通运输行业碳排放反而有所上升，其中主要来自于城市公路交通。交通运输行业，尤其是城市公路，对自然环境和人类健康产生了许多负面的影响。交通运输行业是氮氧化物、PM2.5、噪音污染等有害物的主要来源之一。其次，各种公路、铁路分割了动植物的活动范围和生存空间，不利于生态系统的正常运转。所以交通运输行业的低碳转型有着重大的意义，它将会缓解以上和其他诸多问题，改善人类和自然界动植物的生存环境。

鉴于此，2021 年 6 月 28 日，一项颇具规划性的法律文件——《欧洲气候法案》在成员国的投票表决下于欧洲议会和欧盟正式通过，为 2050 年实现碳中和目标明确了方向和道路。此外，欧盟各成员国代表还达成了碳排放节能减排的中期目标，具体来说就是争取在 21 世纪 30 年代实现温室气体排放量比 20 世纪 90 年代的排放量减少 55%，甚至更高，以应对巴黎协定低碳减排目标的迫切性。这一法案的正式通过象征着欧洲走可持续发展道路的决心和标志。

除制定宏观法规法案外，欧洲各国政府在产业层面也进行了大刀阔斧的变革。2020 年 5 月 27 日，法国的一项汽车产业援助计划在总统埃马纽埃尔·马克龙的支持下公布，计划中包含了高达 80 亿欧元的资助；同年 6 月 3 日，一项经济复苏计划在德国政府的支持下正式通过，其价值高达 1300 亿欧元，计划中德国政府将划拨 500 亿欧元的专款给电驱动汽车产业，以推动电力汽车产业链更好更快地发展，如建设更多的充电桩等基础设施。同年 7 月份，一项"新车报废计划"于英国正式颁布，根据这项计划，所有在计划期内将原有燃油车更换为新能源汽车的燃油汽车车主，都可以获得高达 6000 英镑的政府补贴。

11.1.2 电气化的主要优势和挑战

（1）主要优势

电动汽车最大的优点是高效、环保，并能从根本上减少交通运输行业对气候与环境的影响，使用电力驱动汽车几乎不会产生污染物。相比于传统汽车，电力驱动的机动车在能量密度方面也具有明显优势（见图 11-2）。

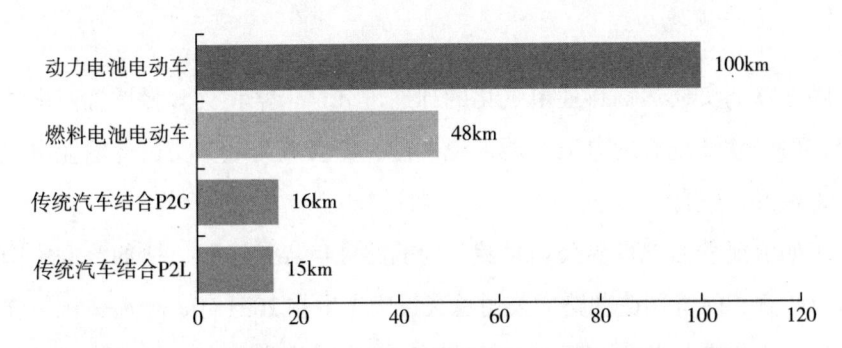

图 11-2　一次能源投入下不同驱动技术的汽车续航里程（15kwh）

除此之外，电驱动汽车的成本也比传统汽车低很多。以 20 吨半挂车一百公里耗油约40升计算，现柴油价格约为6.6元/升，仅油钱就高达264元；20吨的电动汽车一百公里耗电约为140度，以现价电费约0.6元/度计算，仅需84元即可，两者相差约180元，因此电驱动汽车的行驶成本仅为传统燃油汽车的1/3，甚至可能不到1/3，这将会成为普通民众更换电驱动汽车的主要动力。放眼整个欧洲，长此以往，经济效益和社会效益都会是一个天文数字。

因此，在存在着巨大的市场潜力下，无论是出于社会责任感还是追求经济效益，欧洲车企商们的电气化转型之路都在加速前进。例如，戴姆勒宣布公司将进一步强化其电动化战略，上调2030年纯电动汽车渗透率目标至100%，2025年三大全新的纯电动平台将覆盖所有车型；Stellantis计划300亿欧元全方位布局电气化战略，建设三款电动力总成、四大纯电技术平台，绑定蜂巢能源锁定160GWh订单；雷诺与Verkor、远景动力合作布局动力电池，电池技术路线并驾齐驱，2030年标准化电芯成本将下探至80美元/千瓦时；针对不同市场推出CMF-EV和CMF-BEV两种平台，计划在21世纪20年代中期实现电动汽车销量占汽车总销量35%的目标，于21世纪30年代完成电动汽车销量占比90%的目标；大众宣布将打造电动汽车全产业链闭环供应链，为此集团将规划建设共计6座产能240GWh的电池生产基地，同时加快标准化电芯的研发进程，以获取降低成本、增加效益的优势。

显然，欧洲对于交通运输行业的电气化已经明确了深入发展的决心，并采取了多条线路并驾齐驱的发展方式。

（2）主要挑战

随着欧洲交通运输行业电气化的加速进展，未来将会大量增加对电池的需求，而以欧洲现有的电池产能来说，这一点会成为欧洲交通运输业电气化的一大短板。

正如前捷豹路虎世界公司总裁、捷豹路虎世界董事长、捷豹路虎中国大陆区行政官、前奇瑞捷豹路虎公司总裁潘庆先生在2021年海南海口国际新能源汽车行业会议上指出："假设全部的工厂都按捷豹路虎的步伐，在2026年做出选择转型纯电动，我们预计欧盟目前动力电池的生产能力还不到市场总销售量的百分之十。"所以，从目前来看，对于电驱动车辆的动力电池制造和供给的各个环节，欧盟还是面临着明显的技术短板和缺陷。

按照 T&E 的预估，截至 2023 年底，整个欧盟市场对电力汽车动力电池的需求将高达 406GWh，而电力汽车动力电池的供给量预估最高不超过 335GWh，供需存在着明显的不平衡。按照进一步的预计，截止到 2025 年年底，供不应求的缺口将会持续放大，预计将达到 40% 以上。这个供给缺口在短期内必然要依赖于进口。相关数据表明，截至 2030 年，整个欧盟的年均动力电池需求量将接近 1100GWh。目前，整个欧盟计划建设和扩张的动力电池产业基地约为 40 个，这其中有近 20 家生产基地是源自于中、日、韩动力电池巨头的投资。

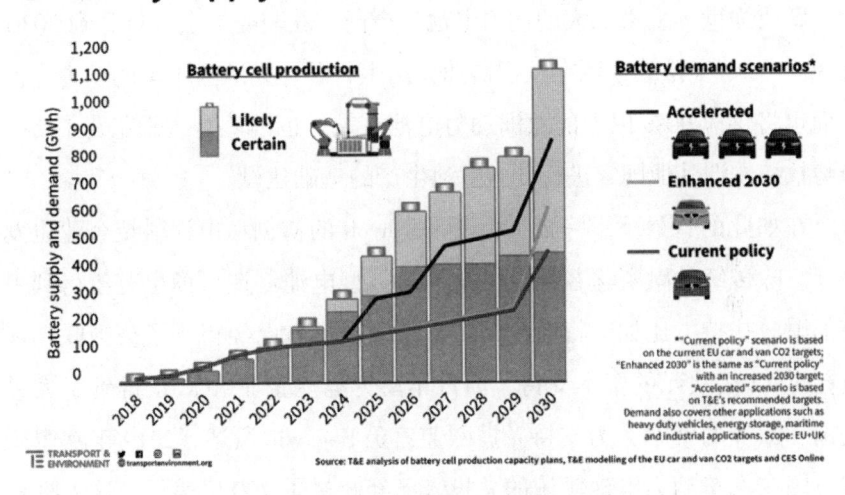

图 11-3 2018—2030 年欧盟电力供给与需求

可以看出，欧洲的电驱动汽车行业长期依赖电池进口，而且依赖程度甚为严重，欧洲庞大的传统汽车产业在电动汽车领域也没有很好地发力。因此，欧洲在电动汽车动力电池的技术、生产以及市场等方面明显落后于中、美和日本。

11.1.3　电气化的主要举措

（1）欧盟发力

由于欧盟的环境保护政策越来越严厉，高燃油汽车在欧洲会逐渐失去市场。欧洲的车企商们，也都不得不加速布局电动汽车的技术、设计与产品制造，以结束动力电池供应几乎全依赖外国进口的困局，加大动力电池产业链投资与研发也系当务之急。基于这样的背景，欧盟正在做出大量的努力，同时也提供大量的支持，希冀尽快完善电动车辆动力电池产业链、强化相关配套能力。毫无疑问，一场全欧洲范围的电动汽车动力电池"新基建"大幕将启。

按照欧盟委员会副主任马罗埃菲奥维奇的计划，截止到2025年，整个欧洲交通运输体系都将全面采用其本土制造的动力电池，并且欧盟也将借此机会一跃成为世界上第二大的动力电池生产商。欧盟委员会还打算到2030年实现3000万台零排放车辆在欧盟高速公路上行驶，而欧盟本国的动力电池制造厂商也将供应90%以上的欧洲动力电池需求。也因此，欧盟花费了240亿美金将扶持欧洲其他国家进行动力电池生产的基础建设。

在如此的背景下，一批类似于Northvolt的初创型电池科技企业也发展起来了。除传统的融资途径以外，这些科技型电池制造厂商也有望得到来自政府的财政扶持。比如，特斯拉的柏林超级工厂就已经得到了德国联邦和州政府超过12亿欧元的资本支持，而汽车动力电池企业ACC也得到了大量来自法国和欧洲的资本大力支持。据欧盟官员Sefcovic所述，2019年欧盟所有的成员国在汽车动力电池领域的总投入已经超过了700亿美元，这大抵是中国同时期在国内投入的三倍之多。而这海纳百川的投入也基本覆盖了欧洲整个汽车动力电池产业链，涉及从原料、电池组装到最终回收的整个领域全过程。

（2）巨头崛起，致力本土品牌动力电池投资研发

欧洲的整车商们作为电气化的主要角色之一，同时也作为动力电池的大客户，逐渐不再满足于依赖他国品牌的动力电池。亲自投资研发动力电池，

摆脱受制于人的局面，已经成为传统车企巨头们的共识。

①提前规划，加强合作。

2021年上半年，沃尔沃公布了一个长期行动计划，计划中指出从2030年开始，沃尔沃将不再出售燃油汽车，只出售搭载自产动力电池的电动汽车。同年6月，沃尔沃汽车和Northvolt公司合作，并宣布将为欧洲建立一个生产动力电池的巨型工厂，其产能预计高达50GWh。Northvolt是一个新型的动能燃料电池企业，由二名美国特斯拉前高管联合创建，而这个动能燃料电池初创企业的新建厂房计划将于2026年年底前全面投入建设。在最近一轮的融资中，针对该企业的总投资规模已经达到了27亿美金之多，而市场估计更是超过了117亿美金。当前，Northvolt已和沃尔沃达成协议，预计将从2024年年初开始，每年再向Northvolt在瑞典的工厂中购买15GWh的动力电池。而除了沃尔沃之外，Northvolt还和法国大众、宝马、斯堪尼亚等国际汽车行业巨头签署了价值270亿元人民币的贸易合同。

另外，近期在欧洲，雷诺与电池公司Verkor达成了商业合作伙伴关系；巨型电池工厂英伏特公司Britishvolt获得了英国政府大量的资金支持；标致雪铁龙集团PSA与道达尔延续合作，联合投资研发；ACC得到法国政府和欧盟的大力支持。

②加大技术领域的投资力度，提升技术层面的突破速度。

2021年3月15日，大众汽车集团的首届"电池日"活动正式举办。在这次活动期间，大众集团宣布将于2023年推出棱柱电池Unified Cell，统一搭载标准电芯，最高可使动力电池的成本减少50%。按照计划，截止到2030年，棱柱电池Unified Cell将覆盖集团80%的车型，并逐步在集团所有电气化新能源车型上实装。此外，大众集团还计划降低动力电池的生产成本，其目标是到2023年，使动力电池的生产成本压缩到100美元/千瓦时以下，这将使得十年内的电池成本下降86%。同时，在欧洲大众汽车集团计划建设6家动力电池大型工厂，预计总产能将高达240GW。

大众集团之所以拥有如此决断的勇气和明确的方向，一方面是因为Northvolt的快速发展，另一更重要的方面则是因为大众集团所投资的固态电池制造商 QuantumScape 近年来在动力电池技术领域的接连突破。

2020 年，作为开发下一代固态锂金属电池的领导者 QuantumScape 在固态电池技术领域实现了重大突破，实现了在 15 分钟内将动力电池从 0% 的电量充至 80% 电量的奇迹，并且该型号动力电池的能量密度比目前的商用锂电池高了两倍有余。经过可靠的重复性实验，在高达 800 个充电周期后该型号动力电池仍然可以留存 80% 的初始容量。

毫无疑问，为了全面实现欧洲交通运输业碳排放的电气化，加快欧洲交通运输行业的低碳减排，切实实现 2050 年的碳中和目标，欧洲本土的整车商们正加大国产动力电池的投资和研发力度，一大批欧洲本土动力电池企业也正借着这一庞大的潜在市场逐步崛起。但是，人们在对欧洲电动汽车销量进行场景模拟之后，惊讶地发现了一个问题：在不同的碳排放减排目标下、在欧洲各方势力大力投入动力电池产业链的前提下，欧洲的电驱动汽车供求市场截止到 2030 年依旧会出现少量的动力电池短缺，因此近十年左右欧洲交通行业的电气化攻坚战依然会是动力电池领域，抓紧时间布局产能、提升动力电池的技术与质量都将是决定欧洲交通运输业电气化进程的速度和品质的关键因素。

11.1.4　电气化发展展望

要彻底实现欧洲城市交通运输行业碳排放电气化，全方位降低交通运输领域的碳排放，动力电池也必须"绿化"。

世界新能源汽车大会理事长万钢在 2021 年新能源大会中表示，为了促进电驱动汽车整个生命周期、整个产业链乃至整个行业链的低碳经济发展，其动能燃料电池、驱动电极、零配件以及其他材料在生产加工和回收再使用过程中的碳排放量同样应该引起重视。

按照 T&E 的统计，在整个电驱动汽车的生产制造过程中，仅生产动力电池的环节就产生了高达 61~106 kg CO_2/千瓦时的碳排放量，最高甚至超过了电驱动汽车整个生命周期中碳排放总量的 60% 以上，这是非常"不低碳"的。所以，各大动力电池生产商在规划生产的同时，也必须注重动力电池制造过程中的"绿色"化问题。

为此，欧盟委员会在近期更新了动力电池规范，以进一步完善欧洲动力电池生产"绿色"化的上层建筑。在新的动力电池规范下，欧盟将对欧洲动力电池产业链的发展进行更加全方位的监督，譬如规范碳排放量、原料的市场供求、可再利用原料的合理使用比例等具体的环保准则。同时还明确规定，从2024年7月1号开始，只有规范了碳足迹声明的动力电池才可以投入市场。很显然，该条例的制定和执行目的，是为了保证将来在市场上投入和生产的动力电池，在"整个生命周期"都是"绿色"的，换句话说，就是不但动力电池在生产制造过程中的碳排放量必须要达标，而且制造动力电池所采用的生物燃料、工厂建设中所采用的建筑材料，以及制造动力电池过程中所采用的矿产资源的开发等，都必须是碳排放达标的。

实现动力电池生产环节乃至整个生命周期的绿色低碳，就要对碳足迹建立精准明确的追溯机制。这种追溯机制可以说是最重要和最关键的，它能够使企业在对产品进行碳足迹认证后，充分、精确地识别出产品的高成本、高耗能环节，从而对症下药，有针对性地进行低碳、节能管理，以实现降低成本和动力电池生产全方位全产业链"绿化"的目标。

总的来说，欧洲交通运输行业的碳排放电气化前途是光明的，方向是正确的，路径是可行的，但在电气化的进程中，应该着重解决动力电池产能短缺和生产中碳排放过多的问题，从而提高碳排放电气化进程的速度与质量。

11.2　加快欧洲城市交通运输行业碳排放智能化

交通运输碳排放智能化通常是指将互联网、大数据技术及人工智能等新兴信息技术深度融入交通运输领域，并集成应用于整个交通运输系统的一种大范围、全方位、实时、准确且高效的综合交通体系。

11.2.1　智能化发展背景

　　交通运输行业涉及社会和经济的方方面面，从日常通勤到走亲访友，从个人旅行到为全国乃至全球的商业和工业提供供应链，交通运输行业的发达与否，可以直接决定经济和社会生活的便利与效率，其重要性不言而喻。据统计，交通运输行业在欧洲已成为第二大支柱领域，其对整个欧洲的GDP贡献率高达5%，直接创造的就业数超过了1000万人。

　　发达的交通系统毫无疑问可以给人们带来许多便利，但目前发达的交通系统往往是依托于巨大化。庞大的交通系统固然可以解决很多问题，但其效率是低下的，代价也是昂贵的，例如巨大的交通系统自然也会伴随着巨量的碳排放。如何解决交通系统巨大化、冗杂化的问题呢？智能化便是一条高效可靠的路径。

　　借助大数据分析技术、人工智能、区块链技术以及新型信息与通信技术等，将能够促进交通行业的数字化与智能化，进而在根源上提升交通体系的质量、安全与可持续性。欧盟现已达成共识，将加快完善上层建筑，为新技术、新应用的发展尽可能地提供有利条件，加快欧洲交通运输领域的智能化。

11.2.2　智能化发展的目标和挑战

　　（1）智能化发展的目标

　　2021年，欧盟颁布了一项计划，其核心内容是到2030年至少要减少55%的碳排放量，并且到2050年要实现欧洲的碳中和，具体目标如图11-4所示。为此欧盟将会加快交通运输行业的变革，积极采取各种强有力的政策和技术来减少对化石燃料的依赖，并且通过智慧的、科学的、安全的、可实现也可负担的交通系统来逐步实现欧洲交通运输行业的智能化、可持续化目标。如果目标顺利实现，欧盟将在2050年实现跨欧洲多式联运网络的智能交通系统（见图11-5）。

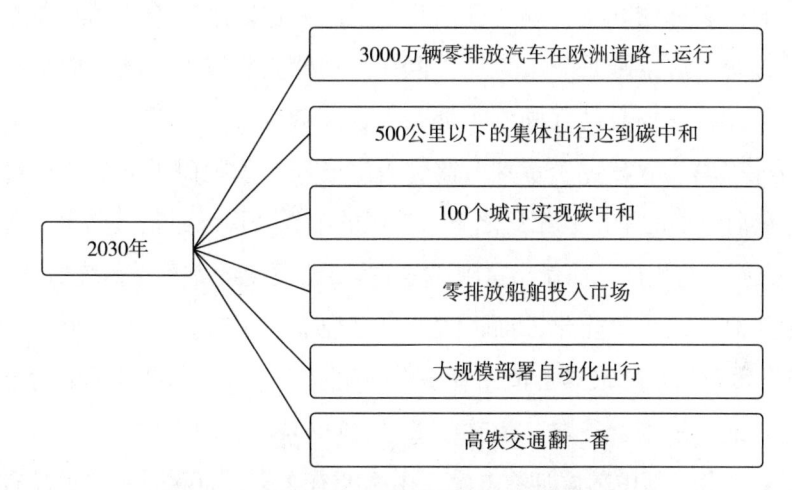

2030年
- 3000万辆零排放汽车在欧洲道路上运行
- 500公里以下的集体出行达到碳中和
- 100个城市实现碳中和
- 零排放船舶投入市场
- 大规模部署自动化出行
- 高铁交通翻一番

图11-4 欧盟委员会2030年智能交通战略目标

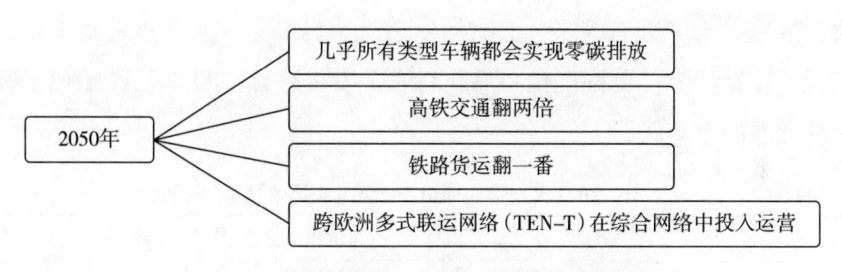

2050年
- 几乎所有类型车辆都会实现零碳排放
- 高铁交通翻两倍
- 铁路货运翻一番
- 跨欧洲多式联运网络（TEN-T）在综合网络中投入运营

图11-5 欧盟委员会2050年智能交通战略目标

（2）智能化发展的挑战

尽管欧洲近两年在交通行业智能化道路上愈加发力，但仍然有一个很现实的问题需要去正视。相较于起步早、近年来不断公布智能化新项目、新进展消息的中国和美国，欧洲交通运输行业的智能化确实起步较迟。

例如在5G技术方面，尽管早在2016年欧盟就已经出台了《5G行动计划》，在2018年北欧五国联署签订了5G发展签约书，企图让欧洲在5G长跑中拥有强大的竞争力，但是事实上，欧洲从4G时代开始就存在着基站设备数量不足、频谱资源较为短缺、监管过于严格等问题，使得欧洲在5G的研发和布局上明显比中国和美国慢了一拍。

在智能驾驶领域，近些年自动驾驶汽车的研究与实验热潮风靡全球，几乎所有的国家都在开发自动驾驶项目。欧洲自古以来有着严谨和注重公民安全的传统，这本来是一桩美谈，但在自动驾驶领域方面欧洲似乎有些因循守旧了。在一场自动驾驶汽车展会上，大众汽车集团首席数字官Johann Jungwirth曾说，欧洲过于苛刻的监管规定已经严重阻碍了电池驱动自动驾驶概念车向市场的推广。相比之下，美国的苹果公司已经正式确定了将这类车型投入研发与生产，而做出这项决定的苹果公司甚至都不是传统的车企。

在其他科技与智能化方面，欧洲也已经输在了起跑线上。2021年凯度BrandZ™发布的全球最具价值品牌榜十强显示，全球十大最具价值的企业分别是亚马逊、苹果、谷歌、微软、腾讯、Facebook、阿里巴巴、Visa、麦当劳、万事达卡，其中美国拥有8家，中国拥有2家，而欧洲一家也没有（见表11-1）。另有数据显示，截至2021年，全球前十强"独角兽"企业中，中国拥有4家，美国拥有5家，而欧洲依然一家也没有。或许正是基于以上这些状况，霍特格斯（德国电信首席执行官）发表感言："欧洲已经输掉了所谓数字化比赛的上半场。"

表11-1　　2021年凯度BrandZ™全球最具价值品牌10强

2021年排名	品牌	2021年品牌价值/亿美元	品牌价值同比变化
1	亚马逊	6838.52	64%
2	苹果	6119.97	74%
3	谷歌	4579.98	42%
4	微软	4102.71	26%
5	腾讯	2409.31	60%
6	Facebook	2267.44	54%
7	阿里巴巴	1969.12	29%
8	Visa	1912.85	2%
9	麦当劳	1549.21	20%
10	万事达卡	1128.76	4%

因此，欧洲在交通运输领域的智能化方面，需要针对中、美的具体实践和相关规划进行有效参考。

11.2.3 智能化发展的主要举措

2020年12月，一项名为《可持续与智能交通战略》的重大决议在欧盟委员会正式通过，计划在未来的四年内实现绿色化和智能化转型。该战略包含了10项旗舰目标以及82项举措计划。这些目标和计划将在未来四年内，为欧洲交通运输行业实现绿色化和数字化转型及应对未来种种危机提供基础性指导。

这10个旗舰目标是针对三个发展方向设立的。

（1）可持续出行——零碳排放、可持续发展

旗舰目标1：推广零碳排放汽车，推动可再生能源和低碳燃料及相关基础设施的使用（例如截止到2030年将在欧洲各地安装共计300万个公共充电站和1000个氢气加气站）。

旗舰目标2：建立零排碳放机场和港口（例如出台可再生能源代替化石能源的新倡议，推动立法、建立碳排放控制区）。

旗舰目标3：使城际和城市内的交通更加可持续和高效优化（例如提升高铁服务质量，创造运输的有利条件）。

旗舰目标4：绿色水运（即在有条件的地区将运输模式由陆运转变为依托铁路和水运）。

旗舰目标5：碳排放定价，激励用户行为（例如制定激励措施推动交通工具向零碳排放过渡）。

（2）智慧出行——无缝、安全、高效

旗舰目标6：实现CCAM平台的有效利用（例如可用来解决交通规则和自动驾驶之间的协调问题）。

旗舰目标7：利用创新、数据和人工智能，实现智慧出行（例如通过开发新技术和新服务来加速实现）。

（3）弹性出行——包容、互联、互通

旗舰目标8：持续强化单一市场（例如大规模投资、在欧盟供资计划内协调投资并确定优先次序）。

旗舰目标9：让出行更加公平和公正（例如利用基金对欠发达成员国和地区提供支持）。

旗舰目标10：加强运输安全和保障（例如将影响安全的事故进行评级，分级调查）。

针对欧洲交通智能化的具体走向与目标，欧盟委员会在《可持续与智能交通战略》报告中明确表示，在未来欧盟将会依托于数字信息技术构建一种互联共享的线上电子商务与售票系统，从而达到运输的无纸化。因此，欧盟计划建设一条横跨欧洲地区的多式联运网络系统，以便利铁路运输、航空运输、公路交通以及海上运输之间的互联与互通，并实现全面管理。根据战略规划，欧盟自2021年起就开始施行更为灵活的电子售票制度，以争取2030年顺利建立一站式电子售票体系，同时简化跨境售票业务。对此，欧洲旅行社联合会和许多旅游公司、代理商都相信，在多式联运网络的强力推动下，广大公民、消费者以及爱好旅行人士的出游方式将会迎来更多更自由的选择与便利，同时也有助于全面性地降低整个交通运输行业的碳排放量。

在发展城市交通运输业方面，该战略认为欧洲要加速部署智慧交通，并加速完善包括汽车导航系统、智慧泊车系统和行车辅助信息系统等智慧交通系统。战略还特别重视5G网络技术和智慧无人机的作用，坚信这两项新科技将衍生出全新的交通解决方案，最终将对交通运输领域的数字化和智能化发展产生巨大的促进作用。关于5G网络技术，根据欧盟相关规划，截止到2025年，欧洲所有主要的陆上交通运输线路都将实现5G网络的全面覆盖，同时欧洲将会继续推动5G网络的部署与完善，最终成就欧洲整个交通运输系统5G网络的全面覆盖。针对智慧无人机技术，欧洲计划将与物流系统相结合，改善目前的城市交通物流运输和配送体系。智慧无人机在物流领域的广泛普及，将会大幅度减少事故产生的次数，减轻城市交通拥堵的压力，提高出行的便利。

近些年，都灵市政府和菲亚特—克莱斯勒发动机有限公司、上海通用都灵发动机研究中心、中国大众汽车集团驻意大利总技术和施工委员会、当地高校、通信公司和保险公司等针对三级自动驾驶车辆测试签订了谅解备忘录，并顺利开展了自动驾驶车辆的试验。荷兰的一个餐馆成功试航了外卖式餐饮无人驾驶机，给远在沙滩上的旅客们带去了可口的比萨饼。德国的一个草根企业试图开发一款重型多负载式智能无人机，辅助城市空中交通体系的变革和创新，该无人机可以载重200千克并连续飞行4万米，特别适合运输医用物品、工业零部件等。保加利亚的一个智能无人机公司目前正在与比利时、意大利等国的总共五座机场协商，重点是共同建立一座巨型的智能货运无人机机场，他们将会协同欧盟的三十多个机场共同建设世界上首个智能货运无人机系统。该系统建成后，货物的运送时效、运输成本以及碳排放量，预计将会比常规飞机运输减少大约80%。

对于清洁能源等可再生能源，《可持续与智能交通战略》也十分强调其重要性。战略明确表明，将加快建设充电基础设施，进而打造城市充电网络系统，同时提高低碳环保能源与可再生能源替代传统能源的比例和速率，进一步提高环保能源与可再生能源的应用规模。欧盟规划在未来建成300万个公共充电站，使电动汽车的产业链与供应链逐渐本土化。

11.2.4 智能化发展展望

（1）利用车路协同技术促进生态驾驶，推进机动车节能技术的研究与更新

集中攻克其中关键技术，打造高效的评估标准与应用模式，大力发展5G等新基建技术，加强对智能云控系统的研发与投入；健全相关法律法规，对

各类数据的所属权和使用权做好明确的分类和规定；着眼于整个交通系统而非单个机动车，促成节能减排单车最优向群体协同最优转型，从而在降低整个交通运输系统碳排放的道路上更进一步。

（2）大力发展智慧交通出行系统，全面实现互联网预约出行

利用云计算和大数据技术将出发地与目的地大致一致甚至相同的乘客统筹在同一交通工具中，从而实现"点对点"运送。这一系统的建成，将会解决城市轨道交通"站站停"所带来的平均车速较低的问题，也能够获取公共交通所带来的低人均碳排放的优势。

（3）加强智慧物流的建设，探索地下物流发展

智慧物流的建设，就是物流各个环节的精细化和动态化，同时对物流整体过程进行可视化操作与管理，从而达成提升物流运作效率的目的。地下物流则是一种全新的概念上的物流系统。地下物流系统的建设，主要是在城市下方铺建大量的地下管道、地下隧道，利用高新运输技术对物品进行运输、分拣以及配送。全面建设智慧物流和地下物流，能够有效地解决城市交通拥堵，加强城市交通出行安全并实现节能减排，是城市交通运输行业智能化的必由之路。

新冠肺炎疫情的爆发对交通运输行业的冲击是巨大的，同时也极大地改变了很多人的出行习惯。面对这一现实情况，欧盟委员会特别强调，要确保交通运输系统在整体上具有抵御未来危机的能力与弹性，因此欧盟必须将现有渐进式的变革模式转变为根本性的变革，交通运输要更具可持续性。可以通过使用适当的激励机制促进交通运输行业的智能化和绿色化，推动战略转型升级，由新冠肺炎疫情所造成的危机应该被用于加快交通运输和出行系统的改革，减少交通对环境的负面影响，同时改善公民的健康和安全，最终化危机为机会。欧盟所追求的可持续的交通运输体系必须是智慧且灵活的，能够适应不断变化的交通运输方式和运输需求，并且能够充分利用高新技术和前沿科技来为所有欧洲公民服务。毫无疑问，若"可持续与智能交通战略"

的目标如期实现，必定能够推动欧洲交通运输系统绿色化和智能化的双重转型，从而实现整个交通运输系统的变革。

11.3 倡导欧洲城市交通运输行业碳排放简约化

倡导欧洲城市交通运输行业碳排放简约化，其实就是倡导简约适当、绿色低碳的出行方式。

简约化与上文所述的两点有所不同。电气化和智能化的主体和作为者都是政府和大型企业，绝大多数公民只是享受其带来的变化和好处，而交通运输行业碳排放简约化的主体和作为者则不仅仅是政府，公民也扮演着至关重要的一方。政府的职责在于向社会和公众提供必要的基础设施、进行必要的宣传、采取必要的措施及设立必要的法律法规，公民则是城市交通运输行业碳排放简约化的践行者和主体。

11.3.1 倡导公民出力，践行碳排放简约化

简约适当、绿色低碳的出行方式就是选择那些对环境负面效应最小的出行方式，既能够节约能源、保护环境，又可以有益健康、兼顾效率。

对于公民来说，多乘坐公交车、城市轨道交通等公共交通工具，多使用骑行、步行、合作乘车等出行方式，培养绿色低碳、简约健康的出行方式和消费理念，都是十分可取的。

针对公共交通未通线或不方便并且有日常出行需求的消费者，可尽量购买小型化、轻型化、电动化的汽车，切实响应未来车辆小型化的政策导向，从而减少大排量和奢侈性车辆上路的规模和数量，营造简约绿色的用车文化。

事实上，欧洲很多国家和地区的公民的环保意识和低碳理念还是相对较高的，例如瑞士议会中半数以上的议员都乘公共交通上下班；德国慕尼黑作为传统汽车城市，最近也逐渐被称为"步行者的天堂"；比利时布鲁塞尔人每年都会积极参与"无车日"骑行活动。

11.3.2　加强政府助力，普及碳排放简约化

毫无疑问，作为全球的一分子，欧洲的公民对低碳减排的热情丝毫不亚于其他国家或地区，不少欧洲公民甚至可做到有车而不开车或少开车，这是难能可贵的。但由于欧洲幅员辽阔，包含了众多国家，也存在着不少发展和理念都较为落后的国家和地区，因此，简约适当、绿色低碳的出行，政府也应当充分发挥其应有的作用。

（1）鼓励新能源动力汽车的研发使用

虽然欧洲目前多个国家已经规划未来将全面禁止燃油车上路，但新能源汽车的数量和产量依旧有所欠缺，充电桩和充电基站等基础设施也尚未完善，这就使得某些国家或地区的公民缺少了一项低碳而高效的出行的重要选项。因此对于这些国家或地区，需要重点解决技术瓶颈和基础设施不完善等相关问题。此外，目前新能源汽车的价格相对偏高，对于响应低碳出行的公民，政府也需要视情况给予一定的财政补贴，并督促企业针对较为昂贵的技术及硬件，尽快研发更低价、更普惠的替代品。

（2）加大低碳理念的宣传，鼓励居民低碳出行

欧洲很多国家或地区力推公共交通出行，居民乘坐公交或地铁上下班非常便利，而且遇到重要节假日很多城市公共交通出行免费。但对于共享单车，欧洲的发展似乎有些落后，欧洲政府应加大对自行车骑行的相关基础设施的投资，完善自行车专用道网络，至少做到自行车专用道的路面宽度可供两人并肩骑行。十字路口等道路交叉口，应当给予自行车优先通行权，使骑自行

车更加安全舒适,在全社会营造一种低碳出行最优先的理念。另外,西欧很多城市都有大量的自行车停放点可供人们自由租赁与归还,租赁的费用也非常便宜,这一点欧洲的其他地区应当多加借鉴。最后,对于公共交通的管理,也应当凸显人文关怀,方便民众乘车。例如,在非特殊时期,乘坐轨道交通和公交汽车购票无需证件,上车实行全自动安检、检票,中途非必要不查票,无需对号入座,下车全自动开闸、不检票。

(3)采用"消极"手段适当对私家车的出行设置障碍

如减少街道两旁的停车位,限制商城、办公楼等区域的停车面积等。这一点欧洲的某些国家或地区其实已经实施了。例如位于布鲁塞尔的欧盟大楼不开设停车广场;位于哥本哈根的欧洲环境署办公楼放置200个自行车停车位,仅设1个汽车停车位专供一名残疾工作人员使用;苏黎世持续增加城市红绿灯的数量,并给予城市有轨电车的列车长自主改变红绿灯的权限。

(4)改变公民出行习惯

欧洲某些国家和地区的公民环保意识是比较高的,如瑞士议会90%以上的议员都乘轨道交通上下班;作为传统汽车城市的德国慕尼黑也涌现出大量的步行者。这些地区的公民已经习惯了利用公共交通工具日常通勤,欧盟应当以此为鉴,逐步在全欧洲推崇这种环保意识和出行理念,改变公民的出行习惯。

(5)举办"欧洲交通周"等活动

欧洲交通周活动是指欧洲的40多个国家、2000多个城市的公民们共同参加官方举办的诸如可持续出行挑战、远程办公、无车日、创新竞赛等一系列活动,举办"欧洲交通周"活动,可以"重塑"城市空间,在潜移默化中逐渐形成简约适当、绿色低碳理念的城市生活。根据欧盟的财政支出款项,欧盟每年会划拨30万欧元以支持"欧洲交通周"活动,资助"欧洲交通周"相关活动或赛事的奖励。欧洲一些国家为提高公民骑自行车出行比例,每年都会举行一次"无车日"自行车骑行活动。从2000年起,每年9月的某个周日,比利时都会在布鲁塞尔、布鲁日和根特等城市开展"无车日"活动。欧洲"无车日"活动属于"欧洲交通周"的系列活动之一,在欧洲大约2000个城市的居民每年都会踊跃地参加这项知名的活动。举行"欧洲交通周"活动,可以在全欧洲提倡一种简约适当、绿色低碳理念,既能节约资源、降低污染、增强环保意识,又能使参加的民众享受运动、提高身体素质、缓解工作压力。

毫无疑问,电气化和智能化是交通运输行业低碳转型的两大必由之路,简约化则是低碳转型第三大实现路径。相比于电气化和智能化,公民在简约化路径中占据了更多的重要性。交通运输行业低碳化离不开广大民众的参与,也离不开政府的推动。因此,政府和民众应当积极作为、积极参与,加快交通运输行业碳排放简约化在全欧洲范围的普及。

参考文献

[1] 江媛,李喆,卢春房,等.碳达峰目标下交通运输发展路径思考[N].中国交通报,2021-7-12.

[2] 国际能源网.从欧洲交通能源转型中看绿色低碳出行[EB/OL].2021年2月3日,https://www.in-en.com/article/html/energy-2300953.shtml.

[3] 何继江.德国交通能源转型研究报告:电气化公路是交通减排的关键[EB/OL].2018年1月25日,北极星电力网,https://shupeidian.bjx.com.cn/news/20180125/876751.shtml.

[4] 第一电动网.欧洲汽车借加速碳中和弯道超车,电气化之争迈入供应链pk[EB/OL].2021年9月18日,https://www.d1ev.com/kol/156787.

[5] 吴俊,蔡云鹏."碳达峰、碳中和"目标下交通运输转型发展对策思考[J].交通节能与环保,2021(10).

[6] 武魏楠.远景、宁德时代、松下、特斯拉等巨头纷纷入局,欧洲成为动力电池争霸的新战场[J].能源,2021(8).

[7] 方莹馨. 欧盟积极打造可持续与智能交通体系（国际视点）[N]. 人民日报, 2020-12-23.

[8] 中国智能交通协会. 欧盟发布《可持续与智能交通战略》: 未来四年实现绿色和数字化转型[EB/OL]. 2021年, 亚洲国际交通技术与工程设施展览会, http://cd.itsasia.com.cn/news/?12_497.html.

[9] 郑焕松. 比利时布鲁塞尔: 疫情下的无车日. 新华网, 2020-9-20.

[10] 林卫光. 英国: 用共享单车重塑城市面貌[N]. 光明日报, 2017-6-26.

[11] 易碳家. 欧盟发布最新《可持续及智能交通战略》: 在未来30年减少碳排放, 到2050年将欧盟交通领域的温室气体排放减少90%[N]. 科技日报, 2020-12-28.

[12] 翁东辉. 看欧盟如何实现绿色交通[J]. 汽车与安全, 2021（6）.

[13] 宋若函. 欧盟报告称, 新冠疫情极大提升了电动自行车普及度[J]. 中国自行车, 2021（3）.

[14] 孙尚楼. 欧洲的绿色出行[J]. 地理教学, 2017（2）.

[15] Anthony D May, 蒋中铭. 欧洲绿色交通发展经验[J]. 城市交通, 2009（11）.

[16] Michael Glotz-Richter, Hendrik Koch. Electrification of Public Transport in Cities (Horizon 2020 ELIPTIC Project)[J]. Transportation Research Procedia, 2016, 14(C): 2614-2619.

[17] Man-Feng Liu and Yu-Feng Liu. Research on constructing urban green traffic system: the case of Shenzhen City[J]. Int. J. of Services Operations and Informatics, 2016, 8(2): 150-164.

[18] Chuanwen Luo, Deying Li, Xingjian Ding et al. Delivery Route Optimization with automated vehicle in smart urban environment[J]. Theoretical Computer Science, 2020, 836（prepublish）.

[19] Wadud Zia and Chintakayala Phani Kumar. To own or not to own – That is the question: The value of owning a (fully automated) vehicle[J]. Transportation Research Part C, 2021, 123.

[20] Ardalan Vahidi and Antonio Sciarretta. Energy saving potentials of connected and automated vehicles[J]. Transportation Research Part C, 2018, 95: 822-843.

第 12 章

欧洲城市低碳经济与城镇空间协同发展研究

低碳经济的一般定义是指通过技术和制度的创新、新能源和新产业的发展，减少传统高碳排放的能源消耗形态，减少二氧化碳等温室气体的排放量，实现经济发展和环保共赢的局面。低碳经济最早是由英国政府提出，2003年英国政府发布能源白皮书提出要发展低碳经济。在低碳经济提出前，英国等欧洲国家就已经意识到低碳经济发展的重要性，并一直致力于寻找城市低碳经济和城镇空间协同发展的模式。欧洲是一块能源储备并不充足的陆地，在工业革命后，欧洲能源供应开始出现不足，生态环境逐步恶化，这迫使欧洲国家通过改进城镇空间的发展形态并发展低碳经济来减少传统能源的使用，以此改善城市的生活环境。欧洲发达国家通过优化城镇空间的规划和建设，发展城市低碳产业和低碳经济，形成了城市低碳经济和城镇空间协同发展的局面。欧洲发达国家的实践经验可以为我国探索城市低碳经济与城镇空间协同发展之路提供启发。

12.1 欧洲城市低碳经济与城镇空间的发展关系演变

欧洲城镇化的进程反映了欧洲城镇空间的变化，根据科技的进步、时代的发展与人口的流动，欧洲的城镇化进程大致可以分为三个阶段：城镇化阶段、逆城镇化阶段和再城镇化阶段。在各个阶段中，欧洲城镇空间和城市低碳经济有着不同的样态，欧洲城市低碳经济与城镇空间发展的关系也在逐步演变。

12.1.1 城镇化阶段

欧洲城镇化进程的第一阶段大约是 1850—1950 年。在这一阶段，欧洲各国的城镇空间规划主要目的是促进城市工业化的发展，这一时期欧洲城市的产业结构以制造业、采矿业等传统工业产业为主，并以此带动城乡发展。

18 世纪发源于英国的第一次工业革命极大地改变了英国的城市形态，英国的城市形态从原本的政治和军事堡垒转变为以工业生产和贸易服务为主的经济中心。在第一次工业革命的推动下，英国的城镇化进程得到快速提升，到 1851 年英国的城镇化率就已经突破 50%，远远领先其他国家。此后，随着第二次工业革命在欧洲如火如荼地展开，重化工业随着科技的进步逐步取代纺织等轻工业成为欧洲的主导产业，英国、德国、法国等主要欧洲资本主义国家的城镇化进程都开始加速，到 1950 年，欧洲主要发达国家的城镇化率达到了较高水平（见图 12-1）。

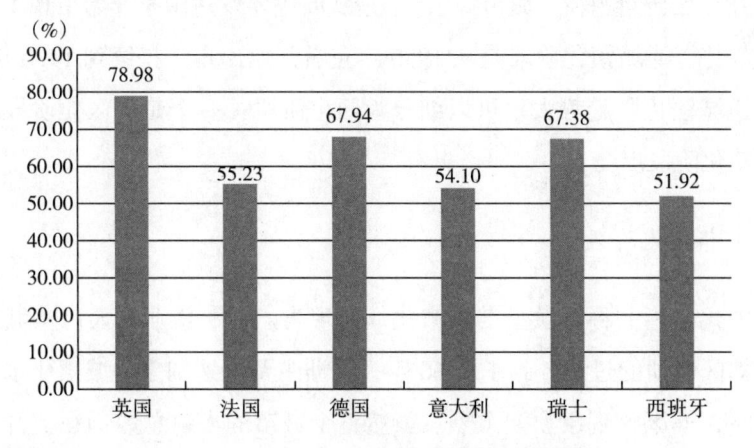

图 12-1　1950 年欧洲主要发达国家城镇化率

数据来源：联合国。

这一时期，工业的快速发展吸引众多人口流入到城镇，快速推进的城镇化进程也对城镇空间的设计提出了更高的要求。欧洲城市的管理者开始从美学的角度来改造和重构城镇空间，整合技术和经济领域的成果，以解决在快速城镇化进程中出现的问题，比较典型的两个改造领域就是城市交通系统和城市公共休闲设施。通过对城镇空间的重构，一方面降低了城市的总体碳排放，另一方面也改善了涌入城市的工人的生活条件。

这一时期欧洲的低碳经济产业并未成形，整个城市经济依然以高碳的工业产业为主，城镇化和城镇空间的发展都是为城市的工业化服务。同时，这一时期的城镇化速度较快，人口大量涌入城镇，原本的城镇空间规划不足以容纳如此大规模的人口涌入，这对低碳产业的发展形成了一定的抑制作用。但是欧洲多数国家也意识到这一问题的严重性，并尝试通过改变城镇空间的规划和建设来解决城镇化过程中引发的各种"城市病"问题，并开始逐步发展低碳经济。

12.1.2 逆城镇化阶段

快速推进的城镇化进程给欧洲城市带来了诸如环境污染、人口拥挤、犯罪率上升等社会问题和"城市病"，于是欧洲主要发达国家开始出现了"逆城镇化"趋势。逆城镇化阶段是从1950年左右开始出现，持续到1990年左右。这种"逆城镇化"趋势大致可以细分为两个阶段：一个是郊区化阶段，一个是逆城镇化阶段。

（1）郊区化阶段

郊区化是指一种分散型的城市化，表现为产业、就业、人口从城市中心向城市郊区流动的过程。到了1960年，欧洲主要发达国家的城镇化水平已经超过60%，郊区化现象愈演愈烈。虽然整个城市的人口总数仍在上升，但是城市郊区的人口增速显著超过城市中心，人们的工作地点可能仍在市中心，但是居住地已经开始向郊区转移。这种郊区化的原因主要有两个。一方面随着第二次工业革命进入尾声，欧洲城市的产业结构不协调，制造业占比过高，高耗能产业过多，带来了环境污染等诸多城市问题，人们为了追求更好的生活环境开始逃离城市。另一方面，欧洲发达国家的交通系统建设逐步完善，大城市的辐射范围可以通过便捷的交通系统拓展到城市郊区和周围小城镇。因此，大城市中心的产业、就业、人口逐步向外扩散，出现了居住郊区化、工业郊区化、商业郊区化和办公郊区化的四次郊区化浪潮。

四次郊区化浪潮将部分城市中心的居住、工业、商业、办公转移至郊区，给居民提供了更多的选择，越来越多的居民不再局限在市中心购置房产，开始在新兴的郊区买房。在瑞典，郊区化深刻影响着城市住房市场，导致城市住房价格不断下降，空置率逐步提升。同时，由于年长的居民经历过快速发展的城镇化阶段，享受过城镇化带来的福利，他们更希望留在城市。年轻人则深刻体会到快速城镇化带来的"城市病"问题，因此往往想要逃离城市，向郊区迁移，追求高质量生活。这种迁移深刻改变了欧洲城市的空间样态、人员结构、社会生活，推动了欧洲城镇空间的重构，倒逼欧洲城市通过优化城镇空间的规划和建设来吸引人口回流城市，促使了欧洲城市经济开始向低碳化转型，通过发展低碳经济来解决"城市病"问题。

（2）逆城镇化阶段

大约从20世纪70年代开始，"逆城镇化"现象开始出现在西北欧地区。逆城镇化之所以会出现主要有两个原因。一方面，由于工业化进程的快速推进，欧洲发达国家的城镇结构越来越不适宜人口的聚集，同时乡村房屋的建造成本和居住成本相比于城市中心更低，人口开始流出城市中心，流向乡村。另一方面，城市中心的产业限制加强，城市中心积累多年的工业优势逐步消失，大量人口面临工作机会减少甚至失业的困境，很多城市中心的人口和产业都开始外流。

工业革命以来，欧洲发达国家的城市经济快速发展，带动了乡村地区的基础设施建设和公共服务设施建设。能够开展大批量运输的铁路开始建设至农村地区，汽车的大量使用也促进了城乡交通网的建设，这进一步刺激了沿线乡村地区的商业活动和工业发展。这使得部分原本在城市才能获取的公共服务及就业岗位在农村也能获取，越来越多的城市人口和产业永久性地流入农村，农村的生活方式也逐步向城市看齐，这促使农村的基础设施和服务愈发完善。20世纪80年代的西北欧，农村的基础设施建设已经达到较高水平，英国农村的基本公共设施覆盖率已经超过70%，意大利农村的基本公共设施覆盖率甚至超过80%，居民可以在15分钟的车程内到达农村绝大部分的包括银行、医院、车站等基本公共设施点。随着欧洲逆城镇化的趋势不断加强，欧洲乡村地区的发展驶入了快车道，乡村地区的建设和发展又为承接城市中心的高碳产业做好了准备，进而促进了欧洲城市的产业结构的转型和低碳经济的发展。

12.1.3 再城镇化阶段

20世纪80年代后期，虽然逆城镇化仍在持续，但是欧洲多数发达国家整体的城镇化水平已经较为成熟。一方面，欧洲发达国家均已完成了工业化进程，欧洲农村的生活和工作条件都得到了显著的改善；另一方面，随着逆城镇化的推进，欧洲很多城市中心开始出现了衰落现象，这迫使欧洲政府设法通过改进欧洲工业化时期形成的城镇空间布局来吸引居民回到城市。欧洲发达国家的城镇建设政策关注点开始从扩展城市边界转向发力中心城区的改造。伴随着政府对于中心城区的改造，城市服务业等低碳产业得到重视和进一步发展，城市公共交通系统愈加完善，城市环境治理水平不断提升，许多城市郊区和农村的人口开始重新回归城市。于是从20世纪90年代起，欧洲很多城市开始出现"再城镇化"现象，城镇空间的发展进入再城镇化阶段并一直持续至今。

同时，为了防止城市人口再次流出，欧洲发达国家加强了对城镇空间规划理论的研究，田园城市理论在这一阶段得到了越来越多的认同，许多低碳的、可持续的、以人为本的城镇规划理念也得到重视。欧洲发达国家对于城市的功能有了新的认识，城市和乡镇的产业分工使得城市专注于服务业和高科技等低碳产业的发展，而乡镇一方面发展低碳产业，打造绿色低碳乡村，另一方面也承接部分城市转移的产业。这种市场化的分工使得城市低碳产业和低碳经济蓬勃发展，为人们提供了更好的就业机会和更宜居的生活环境，人们回到城市的意愿也逐步增强，欧洲主要城市的城镇化率再次提升，远超世界平均水平（见图12-2）。

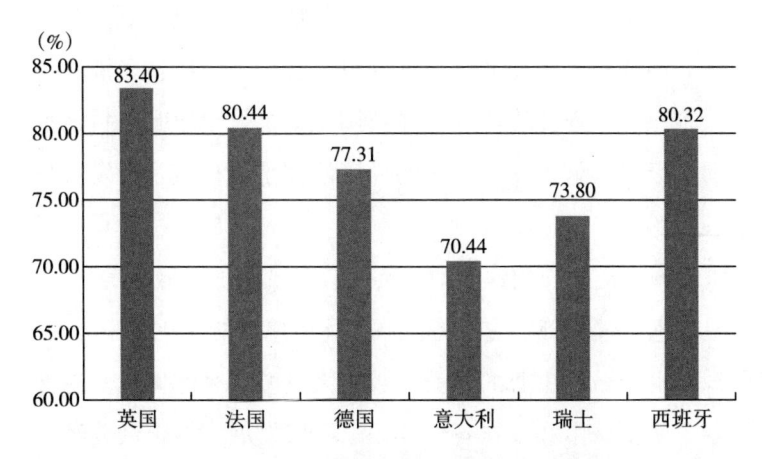

图 12-2　2018年欧洲主要发达国家城镇化率

（%）英国 83.40　法国 80.44　德国 77.31　意大利 70.44　瑞士 73.80　西班牙 80.32

数据来源：联合国。

由于吸取了城镇化阶段和逆城镇化阶段的经验，欧洲城市再城镇化阶段的发展整体呈现良好态势，再城镇化阶段的城镇和城乡规划主要是以环境为导向，大力发展城市低碳经济，同时以生态旅游产业、健康养生产业等休闲元素带动城乡发展，城市低碳经济和城镇空间的发展较为协调。欧洲再城镇化阶段的发展经验十分值得我国学习，在此着重介绍几个欧洲发达国家再城镇化阶段中低碳经济与城镇空间协同发展的样态。

（1）英国

在英国，政府一方面大力发展低碳经济和低碳技术，另一方面也注重优化城镇空间的开发与建设，通过城镇空间的优化助力低碳经济的发展。为了优化城镇空间的布局和发展，英国政府大力推广"多核化"的发展模式，通过在中心城市周围布局和发展多个现代化生态城镇来缓解城市中心生态压力大、资源紧缺等问题，使得英国的城镇化率进一步提升。目前，英国建设了4个生态城镇典范，并规划了47个杰出自然景观地区。注重自然要素和倡导开发与保护并存是目前英国建设这些生态城镇最基本的理念，这一理念主要体现在三个方面：第一，追求"嵌入式开发"，即严格限制开发项目的建设面积，不能对周围自然环境、土地功能、现有建筑尤其是历史古建筑造成损害；第二，大力发展服务业等低碳产业，保护当地富有特色的服务产业是英国政府在城乡规划中的一个重要原则，这样可以实现当地特色经济和特色文化的协调发展；第三，加强环境治理，在英国无论是城镇还是乡村，都十分重视垃圾分类和垃圾回收处理，多样化的环境治理手段在城乡开发过程中保护了当地的生态环境。

在英国的城乡空间规划建设中，英国政府既保护了城乡美丽的自然资源，也注重发展特色低碳经济。这些特色城镇凭借悠久的文化和宁静的生活气息，向人们展现有别于城市中心的感受，吸引大量游客来此体验。这种优秀的城乡空间规划，使得城市和乡村各司其职，不仅发展了城市低碳经济，也保护了乡村自然资源。

（2）德国

自20世纪90年代以来，德国深入开展了"乡村更新规划"的活动，通过颁布和实施一系列城乡规划法律、法规和方案，在改善基础设施、发展农业就业、优化生态环境、保护社会文化上取得了巨大成就。德国的城乡规划体系也趋于有序化、科学化、合理化，城乡基础设施的一体化逐步形成，乡镇在经济、生态、文旅、休闲上的多重价值日益显现。德国目前形成了独特的"去核化"城镇空间发展模式，将城市功能从一个中心分配到多个中心，形成多中心化的局面，进一步提升了德国的城镇化率。与英国政府注重自然要素不同，注重生态要素成为德国城乡规划的基本理念。德国在城镇空间的规划中十分注重绿色生态，德国的《建设法典》明确规定，任何建设项目都必须保证该区域绿地总量的平衡。目前，德国城镇建设中绿地（包括森林和花园）的面积基本都超过当地总面积的三分之一以上。注重生态要素的城镇空间规划使得德国即使城市中心依然享有良好的生态环境。这吸引大量人口流入城市中心，为城市低碳经济的发展储备了大量的技术和人才。此外，德国城镇在空间规划上也十分重视节能，在城镇土地开发和资源利用上严格加强节能管理，在建筑设计、水资源利用、废物资源化上采用严格节能标准，减少碳排放。

（3）法国

与英国政府注重自然要素、德国政府注重生态要素不同，法国政府近年来在城镇空间规划中的基本理念是注重产业要素。自1970年法国推行《乡村整治规划》以来，法国政府基于各个乡村的地域差异，鼓励各个乡村根据当地文化发展符合当地特色的农业、手工业、服务业等低碳产业。与此同时，政府鼓励成立乡村规划公司和乡村改造基金，通过产业基金的形式打造特色产业小镇。经过多年发展，法国在特色产业小镇建设上取得巨大成就，建造了诸如"香水王国"格拉斯、"香槟之都"兰斯、"葡萄酒圣地"勃艮第、"世界酒庄"波尔多、"薰衣草之乡"普罗旺斯等闻名世界的城镇。法国政府注重产业要素的城镇空间发展模式极大地促进了法国旅游业等低碳产业的发展，实现了城镇空间和低碳经济的协同发展。

12.2 欧洲城市低碳经济与城镇空间的协同发展机制

欧洲城市低碳经济与城镇空间的协同发展机制大体上可以总结为四个：技术进步、产业转型、节能减排、生态保护。通过这四个机制，欧洲城镇空间的规划与建设促进了城市低碳经济的发展，城市低碳经济的不断发展又给城镇空间的规划与建设提供了支持。

12.2.1 技术进步

欧洲先进的科技成为欧洲在低碳经济发展上取得独特成就的重要物质基础。19世纪开始，欧洲经过资产阶级革命，积极发展资本主义经济，并陆续开展了两次工业革命，为欧洲多数国家在20世纪成为垄断资本主义国家打下了坚实基础。欧洲在二战后多年以来奉行的中立政策，为当地经济发展创建和平稳定的环境。20世纪70年代开始，欧洲实施了新的产业调整战略，加大科研投入力度，积极发展现代高新技术产业，这些都为欧洲城市清洁能源的开发和资源的循环利用创建了技术条件。技术创新和技术进步促进了新能源和新产业的发展。欧洲目前的主要产业均是能源耗费较低的高科技产业和服务业，这些产业同样也是低碳的、利润率较高的产业。在欧洲的城镇空间建设中，这些高新技术起到了至关重要的作用，利用这些高新技术可以将欧洲城镇打造成低碳环保的生态城镇。目前，多数欧洲国家都根据其自身的特殊国情发展出适宜的低碳技术和低碳产业。

比如英国已经找到一条适宜的城市低碳经济发展之路，低碳产业发展态势良好。自1990—2020年，英国经济增长了127%，与此同时碳排放量减少了47%（见图12-3）。到2019年，英国全国有143万人在低碳产业工作，低碳经济为人们提供了更好的就业机会。与此同时，在过去30年中，充足的政府投资也使得英国成为世界上低碳技术最先进的国家之一。根据英国议会2008年通过的《气候变化法案》，英国政府将致力于发展低碳经济，目标到2050年减排80%。

又比如丹麦基于其独特的地理位置发展出富有特色的风电产业，为丹麦的低碳经济发展做出了卓越贡献。丹麦多年来的城镇空间建设都在考虑如何高效地开发利用风电。2007—2017年，丹麦的风电装机量迅速增长至547.6万千瓦（见图12-4），丹麦多年来的风力发电建设成果显著，目前，丹麦在风电技术上处于绝对领先地位。

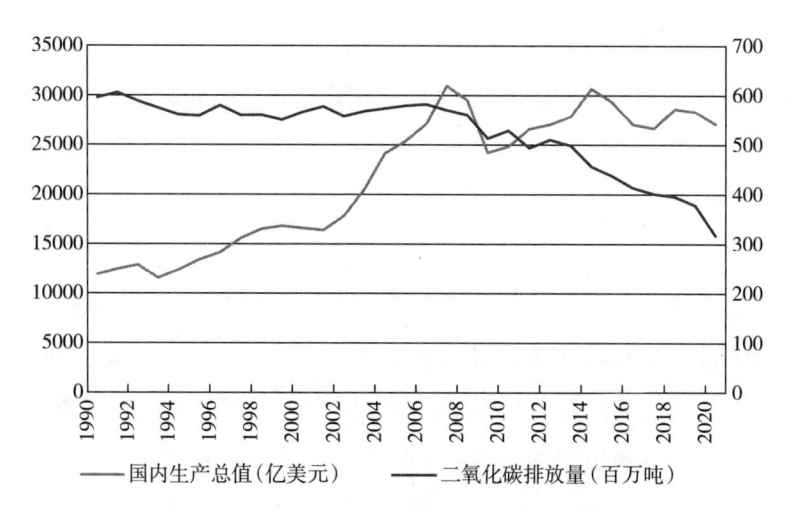

图 12-3　1990—2020 年英国 GDP 与碳排量对比图

数据来源：wind，国际货币基金组织。

	2007	2008	2009	2010	2011	2012	2013	2014	2015	2016	2017
风电装机容量（万千瓦）	312.5	316.3	346.5	374.9	395.6	416.2	480.7	488.1	506.4	523.0	547.6

图 12-4　2007—2017 年丹麦风电装机容量

数据来源：全球风能协会。

目前，丹麦拥有先进的绿色能源技术，成为世界低碳经济发展的典范。截至 2019 年，丹麦全国的用电中有 50% 来自风力发电。此外，丹麦政府承诺到 2050 年将停止石化能源的使用，全部使用可再生能源。除了为国内提供大量的风电外，凭借先进的风电技术，丹麦也赚取了大量外汇收入。

12.2.2 产业转型

产业结构的转型升级是发展城市低碳经济的关键所在。在第二次工业革命结束时，欧洲城市传统的产业结构中第二产业占比较大，能源耗费较高，不利于城市低碳经济的发展。因此，欧洲国家和城市开始以可持续发展理论为依据，在城镇空间规划建设中逐步降低高耗能产业的占比，将部分高耗能产业转移至发展中国家，通过城市产业结构的升级，为城市低碳经济的发展打下了坚实基础。同时，欧洲国家在城镇空间规划中优先考虑发展以第三产业为主的低碳经济，降低能源耗费较高的第二产业在经济中的占比。自 1970 年以来，欧洲主要发达国家如英国、法国、德国的第二产业占 GDP 的比重逐步降低，第三产业占 GDP 的比重持续上升（见图 12-5 至图 12-7），欧洲城市通过产业转型升级促进了城市低碳经济的蓬勃发展。

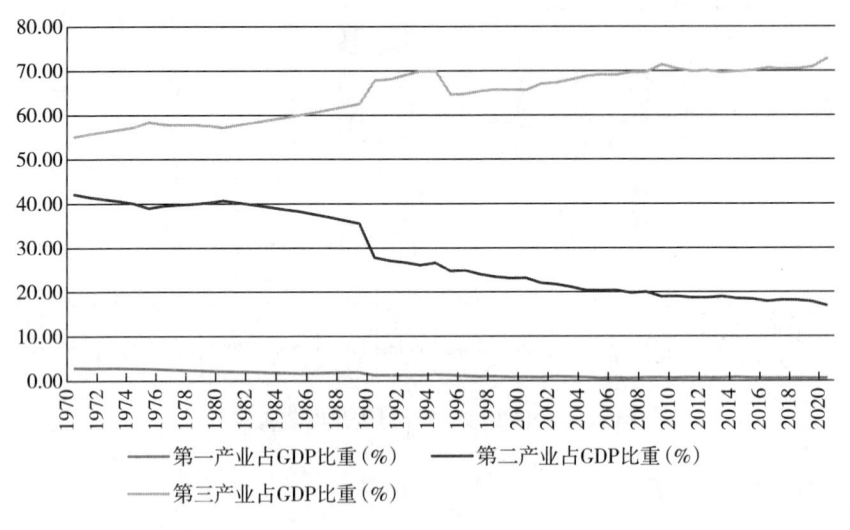

图 12-5 1970—2020 年英国三大产业占 GDP 比重

数据来源：世界银行。

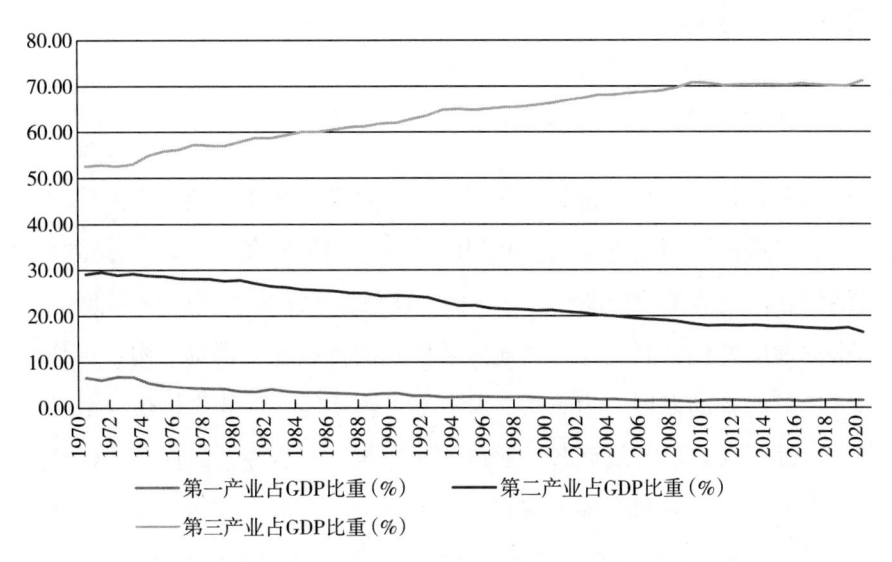

图 12-6　1970—2020 年法国三大产业占 GDP 比重

数据来源：世界银行。

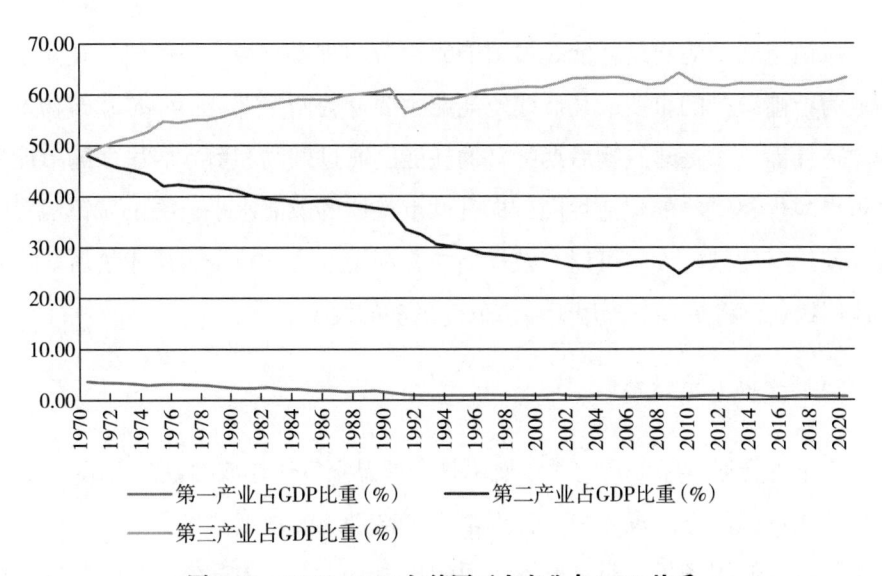

图 12-7　1970—2020 年德国三大产业占 GDP 比重

数据来源：世界银行。

12.2.3 节能减排

（1）优化能源结构

能源消费是二氧化碳排放的主要来源，是低碳城镇空间建设关注的核心领域。为促进能源消费低碳化，欧洲城镇在空间规划和建设时十分重视能源供应结构和供应体系的合理性。一是科学评估城镇未来发展过程的能源需求；二是根据地区特色，制定符合当地发展模式的低碳能源消费结构；三是政府大力推广新能源的发展，为光伏、风电等可再生能源的建设提供补贴；四是引导、鼓励群众采购节能设备、建造节能建筑，减少能源的耗费。通过这些措施，欧洲低碳产业和低碳经济都获得了长足的发展，欧洲城镇逐步建成了环保、低碳的能源供应体系和能源消费结构，城镇碳排量显著下降。

（2）降低建筑耗能

城镇空间中的建筑耗能是城镇能源耗费的重要领域，因此建筑耗能也逐渐成为节能减排的重要战场。建筑耗能主要分为两个部分：一是建筑物本身的建造耗能，二是建筑物后期运营的耗能。通过鼓励和引导居民采购节能建材可以减少建筑物的建造耗能，提升城市整体的节能水平；鼓励城镇居民购置和使用节能家电设施可以有效提高能源利用效率，减少城镇建筑后期运营的能源耗费，将更多资源用于城市低碳经济的发展。

（3）降低交通耗能

汽车等交通运输工具的大量使用是全球温室气体排放的重要来源，因此，欧洲低碳城镇的空间规划中，特别重视道路系统的规划，尽量减少小汽车等交通工具的使用场景。通过城镇空间的规划，一方面提升公共交通的应用场景和应用范围，例如瑞典魏林比将综合交通中心设置在社区中心附近，居民可以通过公共交通系统实现便捷出行，城市公交分担了超过50%的客流量；另一方面减少停车位限制小汽车的发展，尽管该计划一开始会遭到民众的反对，但随着公共交通系统的完善，居民会逐步接受这一方案，并享受这一方案带来的低碳生活。欧洲城市通过对城镇交通系统的优化和建设，不仅减轻了城镇的碳排放，还使城市居民出行更加便利，加速了城镇间的人口流动，为城市低碳经济发展注入新的活力。

此外，欧洲城市大力发展环保型交通工具。目前德国新能源车保有量已经突破100万辆，德国还制定了更加宏伟的目标，计划到2030年时，新能源车保有量达到1400万辆。德国为此专门推出了5亿欧元的建设方案，在德国国内建设3万个充电站点，方便新能源车的使用。在丹麦首都哥本哈根，大约有20%的人会选择自行车出行方式，在丹麦这个总人口540万的北欧国家，自行车保有量超过了420万辆，自行车人均保有量排在世界前列。交通工具和交通系统的低碳化降低了欧洲城市交通的碳排放，也促进了低碳经济的发展。

欧洲发达国家通过科学合理的城镇空间建设和产业规划，优化了能源供应和消费结构，降低了产业耗能、建筑耗能和交通耗能。1990—2018年，欧洲主要发达国家人均碳排放量水平显著下降（见图12-8）。

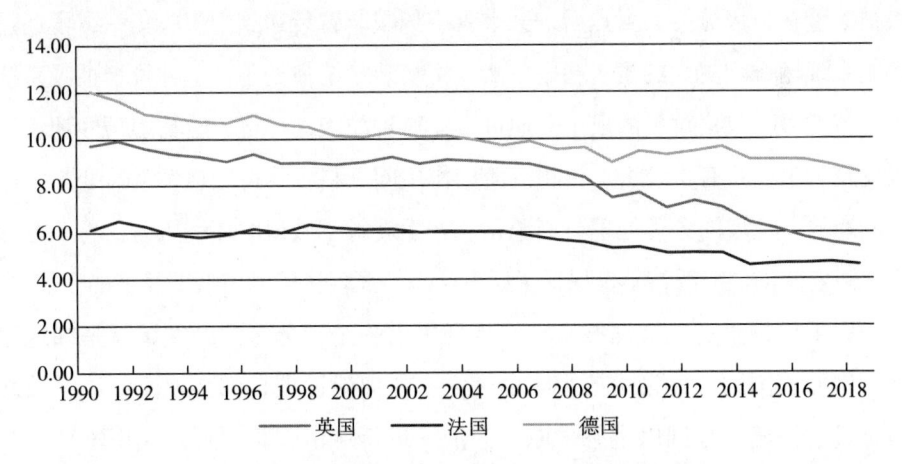

图12-8 1990—2018年欧洲主要发达国家人均碳排放量水平（吨/人）

数据来源：世界银行。

12.2.4　生态保护

欧洲城镇的空间建设十分重视生态宜居，通过构建良好的生态系统不仅提高了生物的多样性，也为居民营造了更好的生活环境。同时，城镇空间的良好生态极大地缓解了城市中心发展过程中的环境压力，建设生态、宜居的城镇空间实现了生态保护与经济发展共赢的局面，促进了城市低碳经济的发展。

为了保护生态，欧洲城镇空间规划中十分重视的一个领域就是垃圾的分类与资源化。比如在瑞典哈马碧的城镇空间规划中，垃圾处理模式就很好地保护了城市生态。哈马碧采取的是就近楼层、就近街区和就近地区的三级垃圾处理系统。在第一级垃圾处理系统中，就近楼层将可燃烧垃圾、厨余垃圾、废纸等垃圾分类丢置在不同类别的垃圾箱；在第二级垃圾处理系统中，就近街区回收一些不宜直接丢置在垃圾箱中的废物，如电子产品废物、纺织物等；在第三级垃圾处理系统中，对于危险品废物，如颜料、油漆、电池等，经过分拣后交由专门的环保中心回收处理。同时，哈马碧还建成了一套可以用来处理各类废物的垃圾抽吸系统，通过地下管网将每个小区的垃圾分类丢置点与中央收集站连接，当垃圾被丢置在垃圾分类丢置点后，会被真空抽吸装置传送到中央收集站，再通过控制系统输送到更大的集装箱中，然后将集装箱统一处理，这种垃圾抽吸系统可以节省人工收集垃圾的成本。通过建立这种垃圾循环链，哈马碧巧妙地将垃圾变废为宝，将有机垃圾、生物沉渣用作田间肥料，将可燃烧垃圾转变为发电厂的燃料。垃圾的分类处理与资源化一方面缓解了城镇的环境压力，另一方面为城镇发展提供能源，不仅保护了城市生态，还促进了城市低碳经济的发展。

为了保护生态，欧洲城镇空间规划中另一个十分重视的领域就是绿地建设。比如德国的《建设法典》明确规定，任何建设项目都必须保证该区域绿地总量的平衡，德国以生态学原理为依据进行城市园林规划，模拟再现天然园林景观，使以人工环境为主的城市与自然环境融为一体。正是由于欧洲的城镇空间发展和规划十分重视自然绿地建设，所以欧洲城市中心的生态环境十分适宜居住，这吸引大量优秀人才聚集城市中心，为城市的低碳经济发展储备了大量的技术和人才资源。

12.3 欧洲城市低碳经济与城镇空间协同发展对我国的启示

在城市低碳经济和城镇空间协同发展上，欧洲国家和城市凭借系统化的城镇空间规划和建设思路走在了世界的前列，值得其他国家和地区学习。长期以来，我国通过粗放式的发展模式取得了巨大的经济成果，但是也积累了一定的问题。目前，我国正处于经济转型升级、积极规划碳中和之路的发展阶段，我国应研究并分析欧洲发达国家的城镇空间建设模式和实践经验。在此提出几点建议，希望我国能探索出一条具有中国特色的城市低碳经济与城镇空间协同发展之路。

12.3.1 打造中国特色城镇化低碳发展新模式

欧洲国家在城镇空间规划和建设方面得出的宝贵经验值得我国学习，我国也可以基于此类经验展开尝试。但是，应意识到我国的特殊国情和我国经济发展所处的特殊阶段，我们不能完全复刻欧洲城市的成功案例，而是应当系统、科学地评估哪些经验是值得借鉴的，哪些经验是需要根据自身情况进行调整的，哪些经验又是不适宜学习的。

为了系统地探究生态城镇的发展模式和空间规划，我国已于2015年启动了相关试点工作，选择8个具有一定基础的城市新区，与欧盟合作探索生态城镇以人为本、产城融合的低碳发展模式。建议应当以这8个试点城市新区为基础，吸收消化欧洲建设低碳城镇的先进理念、先进技术、先进运营模式等，由政府统筹多方力量，自主创新，打造富有我国特色的低碳城镇发展模式。在城镇空间建设过程中，不断调整，总结经验，适时向全国推广。同时，建议应在国家层面出台总体政策，地方政府根据当地情况，出台具体细节的配套政策，扫除低碳城镇空间建设的障碍，为低碳城镇的试点建设创造有利条件。

12.3.2　全面提高城镇空间规划水平

近年来，随着低碳发展的概念在全国逐步推广、普及，地方政府为了响应国家号召，建设了各种以低碳为主题的新型城镇。但是这些新型城镇在规划时没有注重从全局出发，往往只是注重某一个具有低碳主题的"点"，比如在城镇中大量推行电动车或者大量安装风电、光伏等新型发电设施即对外宣称是低碳城镇。这种城镇空间建设方案十分片面，没有从全局出发，并不是真正意义上的低碳生态城镇空间规划。而欧洲城市在建设生态城镇时往往先从全局出发，系统规划，注重城镇空间规划的全局性、科学性、合理性和延续性，统筹考虑产业结构、能源结构、居民生活等方面在节能减排中的作用，在降低碳排放的同时也保持了城镇经济的活力。

因此，在建设低碳生态城镇时必须兼顾经济发展、改善民生、保护环境等各个方面，统筹协调发展。建议政府应当做好总体规划，一是要编制低碳城镇创建指导意见，明确创建步骤、相关理论、国际经验、技术支撑等，指导管理者用系统思维统筹低碳城镇建设；二是将低碳理念、要求和具体指标纳入城市总体规划和详细规划，从源头上践行低碳发展；三是探索构建总体规划和详细规划评价体系并引入规划设计竞争机制，全面提高规划的质量。

此外，在政府提高规划质量的前提下，一定要注意规划的延续性，不能随意变动。欧洲多数城市的规划在 19 世纪就已经做出，后来仅在原有规划基础上，根据时代的发展和技术的进步做出适当调整，没有推翻原有规划重新设置，这种规划的延续性使得欧洲生态城镇的空间建设经受得住时间的检验，合理性较高。

12.3.3　保护城镇建筑文化性

多年的城镇化进程极大地推动了我国房地产市场的繁荣，为了满足几亿人口的城镇住房需求，我国房地产的开发模式非常单一。房地产开发商为了实现利益最大化，在全国基本采取统一的建筑设计和开发模式，这对我国各地的建筑文化和地域特色造成很大挑战，甚至出现了"千城一面"的情形。相比之下，欧洲各国在房地产开发时，为了保持城市的多姿多彩，十分重视建筑设计的多样性。比如瑞典马尔默在开发时，政府规定不允许由单一的开发商开发且建造方案不能一样，必须要有多个开发商共同开发，由此形成良性的竞争机制，提高建筑物的质量且保证了建筑物的多样性。

与欧洲国家和城市相比，我国城市人口数量大，从效率上讲，在城镇空间开发时保持建筑物多样性的成本较高。但是当前我国的开发商主导型住房开发模式正在逐步侵蚀着各地建筑的文化性和特色。因此，我国在城镇空间建设时应当因地制宜，适当保留当地建筑的文化性和独特性，考虑地方特色，尊重当地文化。注重低碳开发和文化传承的有机结合，构建社区开发的碳文化评价指标体系，将传统的"卖地"转变为"招商引资"，尽量避免出现"千城一面"的情形。

12.3.4 积极探索老城区低碳化改造

近年来由于我国经济发展迅速，城市边界快速向外拓展，大规模的城市新区开发成为我国城市发展的趋势，建设城市新区也成为拉动城市经济发展的重要依托。但是，城市新区的建成也使得老城区的吸引力和活力都相对下降，很多老城区出现就业机会减少、环境恶化、人员流失等问题，这给城市经济的发展带来了一定的阻力。欧洲城市在开发城市新区时也曾遇到过这些问题。在20世纪下半叶，随着当时欧洲制造业向发展中国家转移，欧洲许多城市的第二产业逐步减少，城市的工业用地被大量闲置，欧洲城市开始注重对老城区的改造。其中，最为典型的就是法国巴黎左岸和瑞典马尔默成功地从老工业区转变与绿色低碳城区。

相比之下，我国许多城市的老城区由于新城区的建设和产业的转移而逐步没落。探索符合我国国情的老城区改造模式，提高城镇空间利用效率，实现新老城区的协调发展迫在眉睫。由于我国老城区人口居住时间较长，居住情况复杂，因此在改造时应当坚持以人为本、低碳绿色的改造理念，开展保护经典旧建筑、保持原有格局的老城区低碳化改造试点项目，从试点探索可以推广的开发模式、技术路径、融资机制等，进而向全国推广。

12.3.5　提升垃圾资源化处理水平

目前，垃圾资源化技术已经在欧洲国家得到了极大的发展，比如丹麦正在建设以垃圾发电为基荷的能源供应系统。而我国的垃圾处理模式目前仍然以无害化为主，即将垃圾进行简单的填埋，这种简单粗暴的处理方式对垃圾资源化的程度很低，垃圾也难以快速处理。

由于我国人口众多，每年产生的生活垃圾超过4亿吨，很多城市面临着"垃圾围城"的难题。这看似是一个负担，但是如果垃圾能够得到有效的回收再利用，将会是一笔宝贵的财富。从目前我国的垃圾处理技术来看，若想要达到欧洲发达国家的利用水平仍然任重而道远。为此，结合我国国情，提出以下建议：第一，应当加强垃圾分类的推广和宣传，进一步完善垃圾分类基础设施建设，实现垃圾分类投掷、分类运输、分类储放、分类利用；第二，加大对垃圾处理技术的研发补贴，通过对垃圾资源化处理技术较高的企业给予一定补贴，对造成环境污染的企业进行一定的惩罚，推动我国垃圾资源化技术的发展；第三，引进国外先进经验，在新建城区试用更为先进的垃圾回收、转运、利用综合解决方案，探索基于"垃圾资源化"的能源技术路线。

参考文献

[1] Caprotti F. Eco-cities and the transition to low carbon economies[M]. Springer, 2014.

[2] Bridge G, Bouzarovski S, Bradshaw M, et al. Geographies of energy transition: Space, place and the low-carbon economy[J]. Energy policy, 2013, 53: 331-340.

[3] Feng J, Zhou Y. Suburbanization and the changes of urban internal spatial structure in Hangzhou, China[J]. Urban Geography, 2005, 26（2）: 107-136.

[4] Bulkeley H, Castán Broto V, Maassen A. Low-carbon transitions and the reconfiguration

of urban infrastructure[J]. Urban Studies, 2014, 51 (7): 1471–1486.

[5] 翟国方. 欧洲城镇化研究进展 [J]. 国际城市规划, 2015 (3).

[6] 冯健, 叶宝源. 西方社会空间视角下的郊区化研究及其启示 [J]. 人文地理, 2013, 28 (3).

[7] 李友东. 欧洲农村城市化的新趋势 [J]. 经济社会史评论, 2016 (04).

[8] 陈口丹. 欧洲城乡规划及对中国乡村城镇化的启示 [J]. 世界农业, 2020 (08).

[9] 周跃辉. 西方城市化的三个阶段 [N]. 学习时报, 2013-01-28 (002).

[10] 吕斌. 欧洲低碳城镇建设经验及启示——以瑞典、丹麦、法国为例 [J]. 中国发展观察, 2017 (06).

[11] 徐梦佳, 刘冬. 城镇化进程中生态环境管治的国际经验与启示 [J]. 中国环境管理, 2019, 11 (01).

[12] 冯伟, 崔军, 石智峰, 张秋玲, 钟昊, 毛翔飞. 英国城乡规划体系及农村规划管理的经验与启示 [J]. 中国农业资源与区划, 2018, 39 (02).

[13] 低碳生态城市案例介绍(十): 瑞典哈马碧生态城建设(上)[J]. 城市规划通讯, 2012 (6).

[14] 低碳生态城市案例介绍(十): 瑞典哈马碧生态城建设(中)[J]. 城市规划通讯, 2012 (7).

[15] 低碳生态城市案例介绍(十): 瑞典哈马碧生态城建设(下)[J]. 城市规划通讯, 2012 (8).

[16] 低碳生态城市案例介绍(二十五): 瑞典魏林比(上)[J]. 城市规划通讯, 2013 (13).

[17] 低碳生态城市案例介绍(二十五): 瑞典魏林比(下)[J]. 城市规划通讯, 2013 (14).

第 13 章

非政府组织在欧洲城市低碳发展中的关键作用

伴随着经济的不断发展，社会文明的不断进步，人类与地球环境之间的紧张关系也愈发凸显。不可再生资源仍在持续消耗，温室气体的排放令全球气温不断升高，森林资源砍伐和沙漠化愈演愈烈，粮食大量浪费和全球 1.55 亿人重度缺粮的情况同时上演。人类正面临着严峻的生态危机，同时也认识到人类的生存与发展离不开地球环境治理和低碳经济发展。为应对全球气候变暖，环境持续恶化，从政府到企业再到社会大众，都在不断提升环境保护意识，各尽其责，共同担当起低碳经济发展的重任。2015 年，近 200 个缔约方在巴黎气候变化大会上达成《巴黎协定》。该协定内容指出本世纪后半叶达成碳排放清零的目标，各国一一响应，通过立法或政策宣示，将碳达峰、碳中和设立为国家战略，共同维护城市低碳发展（见图 13-1）。英国能源和气候情报协会（ECIU）官网数据显示，目前已有 147 个国家和地区提出了"零碳"或"碳中和"的气候目标。欧洲作为低碳经济发展较早、低碳模式较为成熟的地区，随着欧洲城市低碳发展不断前进，环保非政府组织也在不断扩大着自身的影响力，整合民间力量，积极参与推进环保立法，通过自身的完善以弥补政府以及市场在发展低碳经济过程中某些失灵，充分发挥环保非政府组织在城市低碳发展中的重要作用。

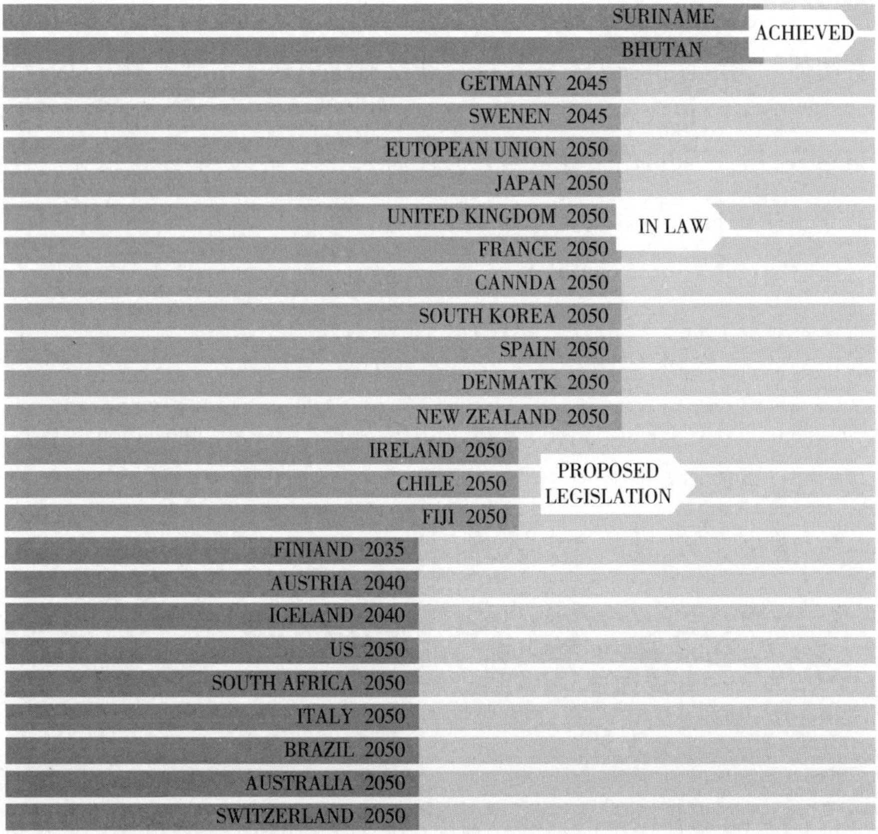

图 13-1　各国政府碳中和目标时间（数据来源 www.eciu.net）

13.1　欧洲环保非政府组织的发展概况

13.1.1　非政府组织的定义

对于非政府组织（Non-Governmental Organizations. 简称 NGOs），目前存在多种不同的称谓。从非政府组织自身性质等不同角度出发，在不同国家或不同领域也被称为"非营利组织""民间组织""第三部门""独立部门""志愿者团体"等。这里我们统一定义：非政府组织是指不以营利为目的，为社会公益服务，提供准公共产品的正式组织，涵盖一切介于政府组织和经济组织之间的社会组织，其中包括行业协会、社团、公益慈善和基层服务性群众组织等社会服务组织，涵盖了科技、教育、文化、医药、卫生、体育、环保和弱势群体扶持等广泛领域。一般来说非政府组织具有组织性、非政府性、非营利性、自治性、志愿性、非政治性和非宗教性7个特征。非政府组织中对欧洲城市低碳发展产生作用的主要以环保非政府组织（ENGO—environmental NGO）和其他国际非政府组织为主（INGO—international NGO），涉及的领域有农业和食物安全、生物多样性、气候和能源、森林、海洋、可再生能源、水质保护以及绿色金融等方面。

13.1.2 欧洲低碳环保非政府组织的发展历程

（1）精英人士的发起阶段

18世纪60年代以来的工业革命令欧洲国家工业化、城市化飞速发展，生产力大幅提升。与此同时，新时代的生产模式也带来了严重的环境污染，但此时的环境问题仅仅被视为工程问题。同快速的经济发展相比，环境问题显得不值一提，从政府到企业并没有意识到环境污染与资源浪费的严重性，政府奉行自由放任主义政策，他们认为应该优先考虑市场的自由发挥，而不是因环境问题来制约工业革命。在当时的环境下，从政府到普通民众，几乎没有任何现代意义的环保意识。所以这时候的环保非政府组织都是由社会精英人士发起的。他们具有更高的教育水平，更好的经济条件，以保护环境为目标走到了一起，确定了共同的目标和发展形势，开始不断组建各种民间环保非政府组织。在这一时期，一些比较有代表性的环保非政府组织开始出现，积极带领广大民众参与城市低碳环保发展工作。比如1824年在荷兰成立的民间动物保护组织、1845年在法国成立的动物保护协会、1867年在英国成立的保护协会以及 1889 年成立的鸟类保护协会等。

（2）公众参与的成熟阶段

从"二战"结束到 20 世纪 80 年代，环境恶化问题逐渐凸显，已经严重影响到人和动物的生存环境，民众的环境保护意识逐渐兴起，再加上政府以及企业一贯的自由放任主义，使得民众对环境保护政策施行的呼声逐渐高涨。环保运动由以前的精英主义主导阶段走向了公众参与的成熟阶段，不同城市和地区的民众开始自发组建环境保护联盟，共同维护环境安全。

"二战"后在英国，环保非政府组织在输入民众主张的同时，自身的规模和影响力也在不断扩大。从 1967 年至 1980 年的十余年间，皇家鸟类协会的会员由 3.8 万人暴涨至 30 余万人，国家信托社也由当初的 15.9 万人扩充到 100 万人。除了参与环保的人数骤增，在此期间，环保非政府组织还隐隐出现了彼此联合的趋势，打破地区间的隔阂，截至 1985 年，先后成立了保护乡村联盟、保护野生动物联盟、苏格兰野生动物及乡村保护联盟和北爱尔兰的环境保护联盟等。1972 年英国还成立了欧洲第一个以环境保护为主要政治纲领的政党，大大提高了非政府环保组织在议会中的影响水平。从最早兴起非政府组织环保意识，再经过长期的积淀与发展，英国目前有着世界上历史最悠久、支持极其广泛、组织最好、生命力最强的民间环保组织。

（3）全球网络化的发展阶段

20 世纪 80 年代以来，科技水平不断提高，互联网令全世界互联互通，信息的交流不断延展，此时人们发现环境问题并不是某一城市、某一国家的现状，已成为区域性乃至全球性的问题。地球环境危机是整个人类社会面临的巨大挑战，全人类共同协作，积极参与城市和地区的环保低碳发展已经刻不容缓。但是各国政府的民族利己主义与环境保护的国际公益性以及各国政府的主权有限性同环境问题的跨国性之间的种种矛盾冲突，使得政府无法直接有效地参与环保低碳发展。且全球各地区、各城市之间发展水平参差不齐，需要由非政府组织积极宣传城市的低碳发展意识，这为环保非政府组织走向全球网络化发展道路提供了空间和机遇。在全球网络化发展的进程中,逐渐浮现了几个规模大、影响范围广的著名跨国组织(见表13-1)。它们内部管理结构完善,发展经费多,受到政府及地区发展资本的支持,有能力在多个国家同时开展活动,在一定条件下,还可以直接参与政府间国际组织的会议并在决策过程中发挥影响力。比如,世界自然基金会(The World Wildlife,WWF Fund),1961年在瑞士成立,在全世界拥有5000多名全职员工,超过500万名志愿者,在全球100多个国家设有办事机构,积极参与当地城市和地区的低碳环保发展。从成立至今,世界自然基金会在全球累计投资约13000个项目,涉及资金约有100亿美元,通过保护世界生物多样性,确保可再生自然资源的可持续利用,并促进减少污染和自然资源浪费,防止地球自然环境的恶化,以自身影响力带领民众走向可持续发展的道路,为当地城市的低碳发展献言献计,努力构建人与自然和谐相处的生态。

表13-1　　　　　　　　　　国际环保非政府组织

	概况	宗旨	致力于
世界自然基金会(WWF)	1961年成立,总部设在瑞士。在全世界超过100个国家设有办公室,拥有5000多名在职员工和超过500万名的志愿者。投资超过13000个项目,涉及资金约有100亿美元	遏止地球自然环境的恶化,创造人类与自然和谐相处的美好未来	保护世界生物多样性;确保可再生自然资源的可持续利用;推动降低污染和减少浪费性消费的行动
绿色和平组织(Greenpeace)	1971年成立,总部设在荷兰阿姆斯特丹。在全球30多个国家和地区设有43个分会,拥有在职员工1330多名	促进实现一个更为绿色、和平、可持续发展的未来	保护地球、环境及其各种生物的安全及持续性发展,并以行动做出积极的改变
地球之友(Friends of the Earth International, FOEI)	1971年成立,并于1981年在荷兰阿姆斯特丹设立秘书处,主要工作内容是协助联盟体系运作与协调共同行动。由70多个民间环保NGO组成	促进世界和平可持续发展,达到人与自然和谐相处	保护地球,恢复因人类活动或忽视而遭毁坏的环境;维护地球生态、环境和种族多样性;增加公众参与民主决策

续表

	概况	宗旨	致力于
碳信息披露项目（Carbon Disclosure Project，CDP）	2000年成立，总部位于德国柏林，是一家非营利慈善机构，工作涵盖欧盟26个成员国，50个国家/地区设有区域办事处和当地合作伙伴。现在每年都有来自90多个国家的公司、城市、州和地区通过CDP进行披露环保信息	希望看到一个长期、可持续繁荣的经济，为人类和地球服务	为投资者、公司、城市、州和地区运行全球信息披露系统，以管理其对环境的影响。世界经济将CDP视为环境报告的黄金标准，拥有最丰富、最全面的企业和城市行动数据集

（4）后《巴黎协定》时代

2015年12月12日，近200个主权国家在巴黎气候变化大会上成功签署《巴黎协定》。该协定的主要任务是控制全球气温上升，规定相较于工业化之前的全球平均气温，当前全球气温上升幅度控制在2摄氏度以内，并在可能的情况下，努力将气温上升幅度控制在1.5摄氏度以内。这是继《京都议定书》后第二份全球主要主权国家共同协定且有法律约束力的气候协议，为21世纪中后期的全球气候变化应对策略提供了指导性方向，同时可以有效凝聚全球力量，排除"木桶效应"所带来的负面影响。协定涉及的除了有各经济体为代表的缔约方，还明确了非政府组织等非缔约方利害关系方（NPS）的参与有效性和认可度。

就在《巴黎协定》生效的前一天，联合国环境规划署在其发布的《2016年碳排放差异报告》中指出："即使巴黎承诺得到各国兑现，在本世纪末期，全球气温仍有很大概率升高2.9~3.4℃。仅截止到2030年，预计全球二氧化碳排放量将达到540亿~560亿吨，而本世纪要想达到把全球温度升幅控制在2℃的目标，二氧化碳的排放量需要限定在420亿吨以内。"因此要求世界各国必须坚定不移地走低碳发展道路，除了政府主体外，要充分调动非国家行为体的能动性，通过联合非政府组织等多利益攸关方的努力，进一步减排。可以说，以NGOs为代表的非国家主体在后巴黎时代气候治理和低碳经济发展中的作用正在不断提升，以应对日益严重的环境恶劣、能源枯竭等局面。

非政府组织至此走上了更大的历史舞台，同各国政府、市场、民众相互协同，不断探究全球城市低碳发展的新道路。

13.1.3　非政府组织在英国城市低碳经济发展中的贡献

英国是全球最早实现碳达峰的西方国家之一，又是最早完成城市化和工业化的国家。在近代100多年的发展过程中，经济能力和工业化水平持续提升，但随着城市环境的逐渐恶化，甚至出现了环境问题导致大量民众伤亡的事件。近现代以来，政府与民众都逐渐意识到环境保护与城市低碳发展的重要性，其中环保非政府组织在社会大众意识觉醒的过程中不断扩大自己的影响力，积极倡导低碳绿色的发展道路，至今效果已经非常明显。英国2019年的二氧化碳排放量约为3.54亿吨，较上一年下降约2.9%。这是英国自2013年设定碳排放远景规划以来，连续第七年下降，同1990年的碳排放水平相比降低了49%，这意味着英国2019年的碳排放量已降至1888年的水平（见图13-2）。

19世纪中叶以后，接连出现工业革命、电气革命和信息革命，英国借此机遇，经济得到长足发展，城镇化水平逐渐提高，人口向大城市集中。但是随着社会的进步和生活水平的提高，英国民众在享受现代化生活的同时也渐渐开始忧虑人类生存环境的严峻形势。环境污染严重，生态平衡被打破，尤其是全球气候变暖以及极端天气的频繁出现更是严重影响了民众的生活质量。1952年，英国首都伦敦出现连续多日的烟雾，导致民众出现大面积伤亡。据官方统计，该烟雾事件，导致1.2万人死亡，这是英国和平时期死亡人数最多的一次灾难。这次深刻的教训令英国政府和人民充分意识到发展"低碳经济"的重要性。工业化水平的不断提高，加之政府和民众的不重视，使得英国森林和耕地面积不断减少，环境恶化导致伦敦常年烟雾缭绕，"雾都"的称号也由此而来。随着环境问题的日益严重和自然资源的日益缺乏，从19世纪晚期起，英国政府陆续推行了一系列包括环境卫生、资源和能源的利用节约等方面的社会立法。20世纪后期，随着英国发展水平的提高和经济收入的增长，人们对生活质量提出了更高的要求，环境污染和资源匮乏也引起了英国环保非政府组织的关注。

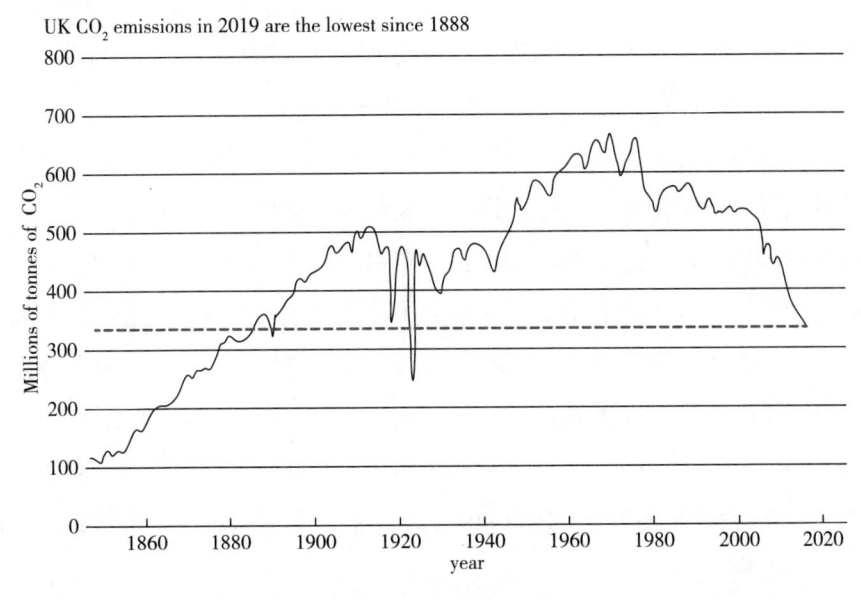

UK CO$_2$ emissions in 2019 are the lowest since 1888

图 13-2　英国碳排放趋势

虽然人口只占世界人口的 1%，但英国自然资源的消耗和碳的排放量却占比超过 2%。1997 年欧盟在《京都议定书》承诺：2012 年欧洲地区温室气体相较于 1990 年减排 8%，在此基础上，英国决定设定更高的减排目标。英国政府认为，作为发达国家，应该担负起推行节能减排的带头作用，大力推动城市低碳发展政策。迄今为止，英国在推行低碳经济工作中取得了很高的成效，英国也成为世界上控制气候变化的积极倡导者和先行者，其中一部分功劳来自于政府和企业，部分功劳则应该归功于英国的环保非政府组织。如今，由非政府组织推行的城市低碳发展工作已经成为英国低碳经济的一大发展特色。其主要特色如下。

一是建立气候变化委员会。其重要任务是致力于减少能源浪费和减少二氧化碳排放。主要路径是向英国政府建言献策，提供专业有效的建议和长远规划途径，帮助英国政府完成 2050 年碳中和的减排计划。气候变化委员会组织的主要职责是对新能源的开发和可再生能源的使用提出建议，帮助政府制定出容易实施且高效的节能减排政策。委员会会定期对国家和城市的减排情况进行核查并实时监督，年终进行年度总结，并向议会提交公开、透明的年度进展报告，并附带专业建议。此外，委员会还会积极参与政府间进行的减排指标交易，在保障发展的前提下尽可能地减少碳排放量，并且可能会直接干涉排污交易的过程，起到监督与建议的作用。

二是加强对企业的监督。依照政府设立的"污染者支付"原则，环保非政府组织对全国各地的工业企业进行有效监督，迫使高污染型企业支付防治污染的费用和因污染造成的环境损害的费用。对于一些高排放、高能耗、低效益的企业，环保非政府组织往往对英国政府施压，要求其整顿、减少甚至关停这类型企业。从历史数据来看，环保非政府组织对企业的监督改善起到了作用，其成绩是有目共睹的。以英国的钢铁行业来说，钢铁产量在1970年达到了2831万吨的历史高位，通过政府对于高耗能高污染生产型企业进行关停整顿，到2006年的产量只有1388万吨，非政府组织正在城市低碳发展的道路上快速前行。

三是对民众进行低碳理念的教育和宣传。英国伦敦北部的伊斯灵顿成立了限额使用碳行动小组CRAG，其全称是Carbon Rationing Action Group，凡是加入该组织的成员，均要遵守该组织的宗旨，要过"低碳生活"。组织规定，在日常生活中，每人每年的碳排放量（比如天然气、汽车尾气、搭乘的飞机和火车等公共交通、生活用电等）不得超过9000磅。CRAG内部设立奖惩制度，凡参会的会员，如果无法将每年的个人碳排放量控制在额定范围内，会被处以一定的罚金；相反，如果成功达到要求，且碳排放量控制得较少的成员将会获得一定的现金奖励。CRAG成员们目标坚定，为了推行低碳生活，他们甘愿做出牺牲。CRAG成员不仅用低碳生活约束自己，还热情向社会宣传、派发小册子传播低碳生活。目前，CRAG组织逐渐在英国各地流行起来，全国已有20个。在英国牛津也成立了社区环保团体，工作人员在社区设立废旧物品回收箱，回收的废物进行分类存储，并定期将收集到的废旧电池、不可分解的塑料送到废物回收中心。对那些无法回收利用的物品，进行分解做成肥料，变成生物质能，可有效减少温室气体排放并降低能源消耗，有利于环境保护和生态发展。英国自行车运动员在2008年北京奥运会取得了好成绩，自行车联盟利用这一事件，在英国顺势掀起全国骑自行车热，号召更多民众加入到自行车出行的队伍中来。提出"更多的奖牌数，更多的参与者"的响亮口号，使骑自行车成为全英国范围最受欢迎的健康运动及出行方式，蔚为社会新风尚。

13.2　非政府组织在欧洲城市低碳发展中的角色定位与治理效应

13.2.1　环保非政府组织与低碳经济的联系

环保非政府组织由于民间环保组织的非政府性、非营利性、环保志愿精神、"生态人"价值取向，因而最能自觉地表现人与环境和谐共处的愿望，最能体现保护和改善环境的本能要求，在环境治理实施中已经显示出明显的优势和巨大的影响力。随着民间环保组织实力的增强，它致力于野生动物等生物多样性保护、自然生态的维持和保护、植树绿化、水质净化、大气污染的控制和处理、沙漠化防治、水土流失问题的治理、社区环境保护、垃圾分类、资源再利用等广泛的领域活动，在全球生态环境的保护和改善过程中发挥着十分重要的作用

"低碳"，顾名思义就是降低二氧化碳排放量，倡导人们在生活、生产中尽量减少二氧化碳排放，是节能减排行动在减少能源浪费和降低废气排放方面的具体化。低碳经济强调的是一种以低能耗、低污染为基础的绿色经济，在发展中实现温室气体排放最少化，同时获得整个社会产出最大化。其核心是在市场机制基础上，通过制度框架和政策措施的制定及创新等，促进整个

社会经济朝向高能效、低能耗和低碳排放的模式转型。可以看出，低碳经济是经济发展的碳排放量、生态环境代价及社会经济成本最低的经济，是一种能够改善地球生态系统自我调节能力的可持续性很强的经济。低碳经济有两个基本点：其一，它是包括生产、交换、分配、消费在内的社会再生产全过程的经济活动低碳化，把二氧化碳（CO_2）排放量尽可能减少到最低限度乃至零排放，获得最大的生态经济效益；其二，它是包括生产、交换、分配、消费在内的社会再生产全过程的能源消费生态化，形成低碳能源和无碳能源的国民经济体系，保证生态经济社会有机整体的清洁发展、绿色发展、可持续发展。

当前，世界人民都面临着一个共同的问题：以二氧化碳为主的温室气体排放使得全球变暖的速度加剧。在此阶段，环保非政府组织和低碳经济有一个共同的目标：减少二氧化碳的排放，减少空气污染，维护生态环境。

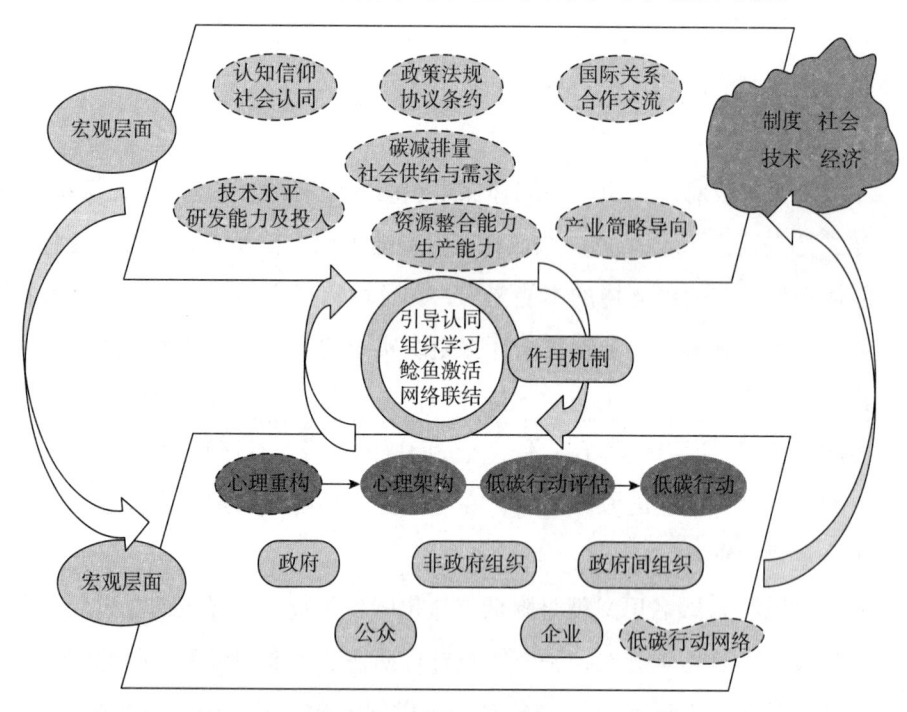

图 13-3 非政府组织参与低碳城市的概念框架

13.2.2 非政府组织参与欧洲城市低碳发展的必要性

（1）政府失灵和环境资源的市场失灵

环境资源的市场失灵与市场的不完全有很大关系，环境资源市场的不完全表现在：①法律规定导致某些特定资源的所有权、管理权和使用权分离，而掌握所有权利代价过高，这就使得该财产不属于某一单独个体，无法有效进入市场；此外，一些环境资源要么依法归国家所有，即全民共有，要么只有国家才有能力处置，例如矿藏、草原等。②很多环境资源无法确定其价格，或者价格远远偏离其实际价值，例如无法测量空气、空间和环境容量等的价格，又如水价较低。③有些公共物品是非排他性的和非竞争性的，如对清新空气的需求。

城市低碳发展要求对资源的配置效率达到最佳，往往需要政府的介入和统一管理，而目前许多政府都不能做到完美。此外，环保机构本身由于人力和技术缺乏、执法成本高和行政不作为等都会导致政府失灵。最后，低碳发展涉及社会的方方面面，问题也无处不在，单靠政府环保部门难以有效实现对环保工作的统筹与执行，因此非政府组织的参与是一大助力。

（2）社会原因和环境状况

碳排放问题乃至环境问题的产生均与以人为中心的自然观念有关，因此解决环境问题的根本是改变社会公众的道德观念和转变其生活方式。这类环境教育需要政府的力量，而想要渗透到各个城市、全体公民，这就要求非政府组织的主动和共同参与。

（3）人为原因

环保非政府组织发起人或团体的动机可分成两类：保护环境，同时维护他人的环境利益。非政府组织的公益性、便捷性、示范效应等可以有效契合以上两点问题，可切实有效地推动国家、城市低碳发展。如果发起人不是把保护环境作为其出发点和落脚点，而是为了金钱、地位、荣誉和权力，那么这种组织也必然被公众所不容。

13.2.3　非政府组织的角色定位

（1）民间力量的疏导和整合

民间组织形式有三种，即自发形成且无有效约束力的无组织形式、政府属性的非政府组织和非政府组织。当复杂严峻的社会问题无法渗透到基层普通民众，拥有巨大能量的社会闲散力量处于闲置状态，这时有组织、有号召力、章程明确规范的非政府组织则会有效链接起民众的意志和行动力。环保非政府组织的民间性和全社会共同发展低碳经济的思想志同道合，在组织内和组织外的力量都具有整合和疏导功能，向下可以收集民众的诉求，向上可以发出呼吁以及向政府表达意见，有利于社会矛盾的释放。

（2）对市场失灵和政府失灵的弥补

非政府组织对政府的监督和对企业低碳环保行为的社会监督可有效弥补政府失灵和市场失灵。环保非政府组织及时将政府的环境保护法律法规、环保数据统计、环境污染事件、污染责任人向社会公布，如在互联网上发布、通过媒体发声。环保非政府组织还可以组织相应的学术活动，通过实际调查和学术研究，形成自己有效的研究结果并积极建言献策，比如环境资源产权的剥离和价格体系的构建等。碍于环保机构自身的局限性，许多环保工作的底层执行、边远地区的渗透、热点核心区的加强都无法实现，许多热点问题亟待取得有效进展。一方面，非政府组织能同政府保持密切关系，通过上达民众意愿，反映公众的诉求和意见，使政府的环保政策更能满足民众的需求。另一方面，非政府组织站在自己的立场，以组织的行为规范约束组织成员进行合理合法的环境群益诉求理性化、程序化，防止出现非法暴力集结、强硬发声的"过激行为"。

(3) 参与环境决策与立法

非政府组织是社会的底层组织机构，具有基础性和广泛性的力量，在动员社会底层力量形成舆论监督方面具有属性优势。一方面，它可以通过科学的学术研究、规范化的专业报告形成有理有据的政策建议，运用一切有效合法的渠道对政府的环保法律法规形成产生影响；另一方面，它可以通过社会舆论影响决策，开展广泛监督。非政府组织的成员来自社会的各阶层各行业，对政府机构的监督和舆论的整合是无处不在的，对社会中所有与低碳环保有关的事件进行揭露和监督，从而为保障环境权益、合理配置社会公益资源做出贡献。同时环保非政府组织可以就本组织所涉及的领域或关心的问题进行实时调研追踪，披露环境状况，揭露市场及个体的不法行径。

(4) 环保意识的自我唤醒和传播

良好的环保意识既是环保非政府组织存在的社会条件也是该组织的目的之一。环保非政府组织的使命之一就是唤醒自己内部成员和外部民众的低碳发展意识。监管的力量是有限的，唯有实现个人环保意识的觉醒和增强，才能推动城市低碳发展更好地施行。成员借助该组织的渠道，不断强化自己或他人的环境保护价值观和低碳生活观。非政府组织来源于社会各阶层，结合现在发达的网络组织形式，可以较快地传递有关环保的信息和观念，解决信息不对称问题。另外，一个拥有浓重环保意识的组织，可以使成员有成就感和归属感，会更加积极地对外宣传环保意识，号召民众发起环保活动。

(5) 其他作用

协助国际机构和各国政府，推动国际合作机制与体制建设。非政府组织可以通过其非官方性的属性，以民间途径向危害城市环境利益的其他国家或跨国公司施加压力，阻挡跨国境的污染转移和低能效高排放的产业转移。

13.2.4　非政府组织的治理效应

作为"处于政府与个体之间的制度空间",作为共同治理者,非政府组织在发展低碳经济中的治理效应日益凸现,具体表现有以下几个方面。

(1)专业优势凸显,能有效推进自主技术创新

低碳发展的关键因素往往不是管理或者意识上的差距,其核心瓶颈主要是科研创新能力不足,新技术代替旧技术的创新产业无法持续向前。而一些环保科研机构本身就属于环保非政府组织范畴,聚集了一大批在环保领域卓有建树的专家学者,他们凭借自身专业优势和环保非政府组织的品牌,积极开展绿色技术的开发和应用,推动绿色产业革新。

(2)民众号召力强,能有效推动消费模式变革

低碳经济除了要求生产环节的节能减排,同时也强调居民生活方式和消费模式上的节能环保,这就需要引导公众对一些浪费能源、增排污染的消费行为进行反思和改正。环保非政府组织作为非官方自治组织,是社会绿色发展观念不断深入人心的产物。在这个过程中,始终坚持民众自建、自管,同公众有直接密切的联系和无可比拟的号召力,决定了其在公众参与、社会动员方面具有明显优势。环保非政府组织通过开展各式各样的低碳倡议活动来吸引民众切身参与到低碳发展的生活方式中来,得以增强低碳意识,在日常生活中改善自身消费行为,为城市低碳发展做出贡献。

(3)活动空间自由,便于国际交流与合作

事实证明,全球性的低碳发展如果由各国政府出面交涉,往往会出于国家利益至上而忽视全球统一行动方略,陷他国于不义。现在的一些大型国际环保非政府组织往往在全球或者某个洲的多个国家设立办事机构,以全球环境共同治理作为根本诉求,能够以全球利益为出发点,突破主权利益的束缚,在国际交流和国际合作中具有独特优势。环保非政府组织作为"政府和个体"

之外的组织空间，追求公益目标纯粹，不受其他利益方所干扰，公正、客观的推动全球城市低碳发展。

13.3 非政府组织在欧洲城市低碳发展中的趋势与展望

13.3.1 当前欧洲环保非政府组织的发展现状

（1）发展资金富足但渠道固化

非政府组织的发展资金是其正常有序进行活动的重要保证。欧洲环保非政府组织经过几十年的发展，自身的发展资金收入已经相当富足，但收入来源依然是那几个固定的渠道。以2020年世界自然基金会欧洲办事处的收支预算来看，总收入为478.86万欧元，相比较其他非政府组织，收入颇丰，但除却自身收入外，大部分的收入来源还是依靠欧盟和其他政府组织（见图13-4）。收入来源固化，也从侧面显示了环保非政府组织当前受到政府及发展基金的重视，但民众参与度仍旧较低。这在一定程度上会制约非政府组织的发展，无法充分发挥出在参与环境治理方面的作用。

单位：欧元

总收入	4788563	100%
自然基金会	2626071	55%
信托和其他基金会	1089331	23%
欧盟	851581	18%
挪威发展合作署	167634	4%
其他	53938	1%

图13-4　WWF EU 2020年收入来源

(2）组织内部缺乏透明的规范化管理

非政府组织自身管理的规范化和透明化是决定非政府组织能否可持续健康发展的关键因素。环保非政府组织最初往往是民众因不满环境的逐渐恶化和政府的不作为而自发组建的，具有自愿性和非强制性，这也就决定了环保非政府组织的内部管理程序不会那么规范和严格。当前非政府组织在城市低碳发展、环境监督乃至政府环境保护立法等方面都有一定的影响力，非政府组织的一系列行动也同样受到越来越多民众的监督。有的非政府组织收到各方资源的资助，但却不作为，资金使用去向不明，初心和公益性受到怀疑和指责。现代网络信息发达，互联网传播敏捷，非政府组织自身的透明规范程度会对自身的发展以及声誉产生决定性影响。未来这种监管会更加强，而那些透明规范程度不够的非政府组织将会在发展中逐渐被民众淘汰，失去核心竞争力。

（3）非政府组织缺乏良好信任环境

非政府组织以其民间性和公益性著称，没有一个良好的信任环境，非政府组织就无法在环境治理中发挥自身的作用，这主要体现在社会公众缺乏对非政府组织基本的信任。虽然当前非政府组织的规模较以往的水平已经有了很大的提升，但更多偏远或者相对不是那么富裕的地区，民众环保和公益理念薄弱，自身的传统观念造成对非政府组织的不信任。如果一个非政府组织是民间自发组织的，且缺乏官方认可，公众便会对这个非政府组织的专业性产生质疑，至少个人不会主动参与。其次，由于少部分环保非政府组织打着低碳环保的旗帜，强制民众或企业立即整改自身的问题，忽略了观念改变的过渡性和长期性，短期内损害了社会公众的利益，使得非政府组织陷入了信任危机。

（4）政府与非政府组织合作沟通不畅

非政府组织有着贴近社会的优势，能够有效弥补政府和公众之间沟通缺失的不利，比政府更加深入社会底层，因而能够充当意见传递沟通的桥梁。在协同政府共同制定低碳发展战略规划之后，非政府组织能够更形象地向民众传达现阶段的规划与政策，通过活动策划或者倡议使民众更好地理解低碳发展的意图和方式，有效减少政府政策实施的阻力。然而政府由于其官方属性，在社会公共治理上有着绝对的主导地位，在大多数时候，非政府组织只是起到协助的作用，政府与非政府组织之间的平等沟通、协同治理往往不易实现。他们之间的合作关系是一种非制度性的潜规则约束，而这种非制度性的合作可能导致单向传递，而不是双方互通有无、通力协作。

13.3.2　非政府组织的未来发展趋势

（1）非政府组织多渠道筹集资金

就现状而言，大量环保非政府组织的资金来源主要还是政府补贴，这种资金来源方式必然使环保非政府组织的日常活动和未来发展受到制约，无法保持自身的独立性。未来随着非政府组织的社会地位不断提高，益民属性逐渐显现，将会受到越来越多的民众支持，资金的来源也将更加丰富。比如，环保非政府组织在不断革新低碳发展理念的同时，带来的低碳产业创新技术可以灵活变现：一方面，通过承接政府公共项目增加自身经验，盘活国家相关专项资金；另一方面，还可以间接宣传自身的优势和理念，获得社会公信力。

（2）非政府组织的公信力逐渐加强

当前公共事务中的多中心治理越来越受到人们的重视。在这种环境下，非政府组织的公信力非常重要。当非政府组织失去公信力，社会资本就会被侵蚀，原本良性的公共事务就会被打破。加强非政府组织的公信力可以通过以下两个方面来实现。一是加强政府与非政府组织的合作关系。一方面，非政府组织应利用其优质的服务，使双方的合作关系长期稳定；另一方面，政府也应该积极引导非政府组织的发展，为其提供良好的外部发展环境。二是进一步加强对非政府组织的监督,特别是在公共责任方面。非政府组织虽然不以营利为目的,但也无法避免彼此之间的竞争。少数非政府组织为了自身的生存和发展,通过不正当的手段谋取利益,这违背了非政府组织的初衷。因此,政府需要规范非政府组织之间的适度竞争,确保非政府组织的公共责任。

(3)建立政府与非政府组织之间有效合作的协调平台

未来环保非政府组织想要持续发展,需要不断加强同政府之间的合作广度与深度。当前环境治理中政府与非政府组织的合作沟通不畅的主要原因在于两者大多是非正式的合作,缺乏制度性的安排,没有实际的协作条款,随意性增强。其次,两者之间的信息无法及时有效地传递,政府无法及时有效地将环境污染控制信息传递给环保非政府组织,这使得非政府组织在参与环境治理的过程中缺乏科学依据,无法参与环境治理。最后,政府更倾向于同非政府组织之间单向的沟通,两者之间缺乏双向的沟通和互动渠道。由此可见,政府与非政府组织协调平台的构建对于解决政府与非政府组织在环境治理合作中沟通不便的困境具有重要作用。未来,政府与非政府组织的协调平台主要由控制管理平台、信息共享平台、网络参与平台这三个方面组成,如图13-5所示。

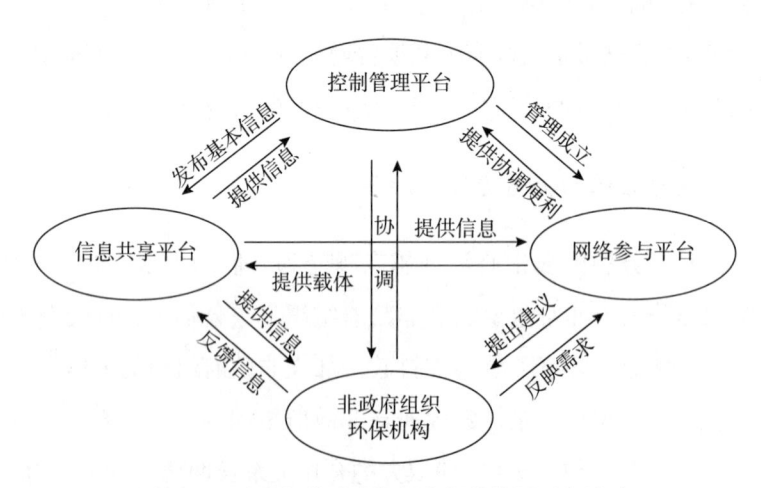

图13-5 政府与非政府组织之间的协调平台设计

构建协调平台不仅能够增加政府与非政府组织之间合作的灵活性，还能增加环境治理的效率。控制管理平台作为平台的顶层设计，审批网络参与平台的成立，维护网络参与的有效进程，赋予网络参与平台合法性；同时控制管理平台还会及时将自身内部管理的信息和近期跟进的环境污染事件发布到信息共享平台上，供平台参与各方使用和监督；此外，控制管理平台还能够对非政府环保组织进行管理与协调。信息共享平台将分散的信息加以整合与共享，及时传递给非政府组织环保机构，从而让非政府组织参与环境治理更加具有科学性。同时，它还将为网络参与平台提供信息，民众通过信息共享平台了解到环境治理的相关信息，从而提出更加符合实际的建议。

13.3.3 展望与总结

近年来，全球性的环境问题频发，地球生态环境破坏加剧，进而人类的生存和发展也受到威胁。环保非政府组织作为环境治理中的重要一环，这些年来逐渐增强与政府、民众之间的关系，深切参与到欧洲城市低碳发展的进程中来。确实，我们可以发现非政府组织在欧洲环境治理中存在着一些不足之处。但是我们也可以明了发现环保非政府组织在欧洲环境治理中的作用仍得到了国际社会的认可和赞许，加上其参与环境治理的历史悠久，模式较为成熟，所以我们应当肯定它们过去的努力成果和未来的发展前景。环保非政府组织正蓬勃发展，我们有必要重新审视各个行为体在国际关系中的地位。环保非政府组织处于公民社会、国家和国际体系之间，连接着政府与个人、国内政治和国际政治，因而它们拥有独特的存在意义和政治地位。同时我们也可以发现，全球性的环境问题使得国际政治关系的复杂性大为增加，打破了传统国家关系中各个行为体关系的平衡，国际政治正走向多主体的复合政治环境。这些都推动着环保非政府组织成为了第三种力量，在全球环境治理中发挥着独特的作用：参与环境外交与全球环境谈判，充分做好倡导者、宣传者，推动谈判进程；国际非政府组织的活动也已经渗透到国际环境机制发展的各个环节中，推动着国际机制的发展；与其他行为体在全球环境治理中互动。

但我们在看到非政府组织在发挥巨大作用和影响力的同时，还要深刻意识到非政府组织本身的局限性和亟待解决的自身问题，比如怎样解决资金的多途径来源的同时又能够很好地保持自身的独立性和自主性，如何加强同政府之间的协作关系，充分调动政府和个人参与环境保护和低碳发展的积极性，如何加强非政府组织之间、与国家和政府间国际组织的合作；如何利用现有资源"开源节流"，革新绿色产业发展途径，从根源上解决碳排放超标等问题，都是非政府组织在接下来的历程中需要面对和解决的问题。

参考文献

[1] 仇保兴. 城市碳中和与绿色建筑 [J]. 城市发展研究，2021，28（7）.

[2] 于宏源. 全球气候治理伙伴关系网络与非政府组织的作用 [J]. 太平洋学报，2021，27（11）.

[3] 郑丽杰，吴晓敬. 加强环保非政府组织在发展低碳经济中的作用 [J]. 黑龙江科技信息，2011，000（28）.

[4] 安祺，王华. 环保非政府组织与全球环境治理 [J]. 环境与持续发展，2013（1）.

[5] 李海燕. 发达国家创建低碳生活方式及其对我国的启示 [J]. 湖南商学院学报，2014，21（3）.

[6] 郑娟. 低碳经济模式下环保非政府组织的效用探析 [J]. 重庆行政：公共论坛，2012（4）.

[7] 李昕蕾，王彬彬. 国际非政府组织与全球气候治理. 国际展望 2018（5）.

[8] 胡婷. 环保非政府组织在发展低碳经济中的作用研究 [D]. 长沙：湖南大学，2010

[9] EUROPEAN COMMISSION. A Clean Planet for all A European strategic long-term vision for a prosperous, modern, competitive and climate neutral economy[M]. European Commission Work Programme for 2019，2018：4.

[10] Mamadou-Abou Sarr. V-Square Quantitative Management Sustainable Investing Reimagined: The Low Carbon Pathway[M]. Global Carbon Project，2021.

[11] Yuliya Voytenko, Kes McCormick, Gabriele Schliwa. Urban living labs for sustainability and low carbon cities in Europe: towards a research agenda[J]. Journal of Cleaner Production. 2015（8）: 45-54.

[12] WWF.WWF European policy office annual review 2020[M].WWF.EU, 2020.

[13] CDP. CDP Europe annual report[EB/OL]. https://www.cdp.net, 2020, 02.

[14] ECIU. COP26: Post-match analysis[EB/OL]. https://eciu.net/analysis, 2021.

[15] Greenpeace European Unit. One third of EU's busiest flights have train alternatives under six hours[EB/OL]. https://www.greenpeace.org/eu-unit/, 2021, 10, 27.

第 14 章

欧洲低碳、经济、政策协同发展

14.1 欧洲低碳、经济、政策协同发展的演进逻辑

14.1.1 欧洲低碳、经济、政策协同发展的背景

近年来全球变暖的趋势愈发明显,为应对此问题,全世界 197 个国家齐聚巴黎召开了联合国峰会。在这次会议上,各国针对气候变化问题提出了各自的见解和对未来的展望,最终于 2015 年 12 月 12 日通过了《巴黎协定》。该协定以其普遍性和法律约束力成为了世界上针对气候问题的一项极其重要的协定。在 197 个参与国家中有 189 个国家签署了《巴黎协定》,并且在此次会议之后大多数国家都针对碳中和的期限以及相关事项作出了承诺。这些国家承诺在 2050 年到 2100 年之间实现碳中和的目标。

欧盟作为欧洲最大的经济体,于 2016 年 10 月 5 日加入《巴黎协定》。在此之前,欧盟针对碳中和提出了将于 2030 年之前减少 40% 的温室气体排放量,在加入《巴黎协定》之后,欧盟制定了新的目标,在原定目标基础上将减排目标增加到 55%。值得注意的是,这一目标是相较于 1990 年而言的。同时,为了争取在 2050 年之前实现碳中和,欧盟委员会采取了

严格的法律措施。2021年3月，欧洲联盟委员会以立法的形式公布了《欧洲气候法案》草案。该草案一经提出，相应的实现碳中和的强有力的措施也在欧盟各成员国和机构之间纷纷出台，欧盟成员国希望趁此机会早日实现碳中和。该法律于2021年4月被正式通过，这也意味着欧盟实现碳中和目标被写入了法律体系中。图14-1为新政策前后欧洲温室气体排放量对比。

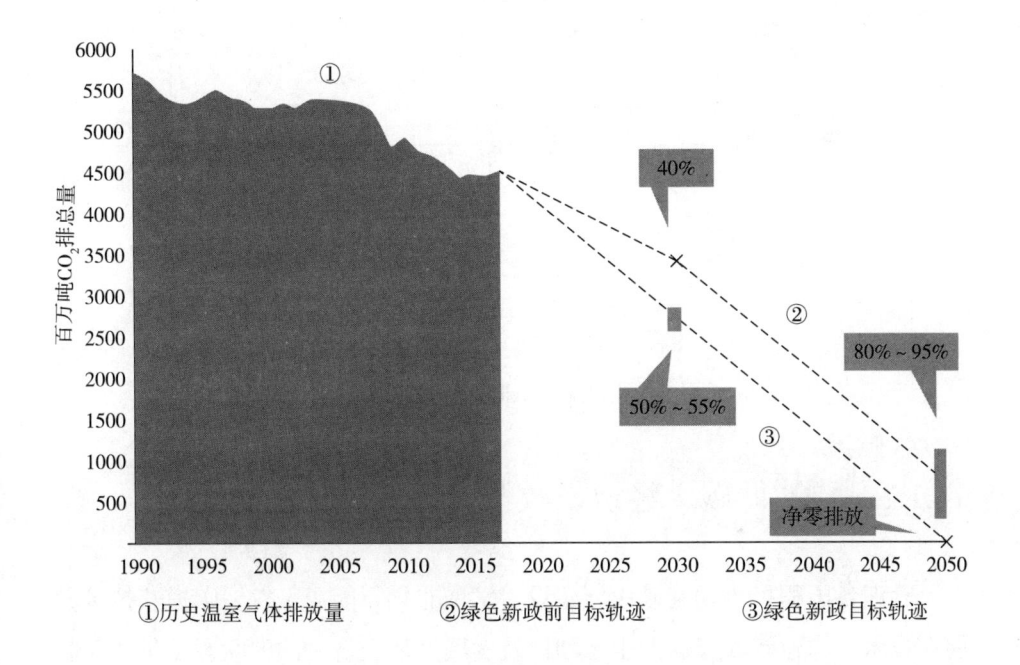

图14-1 1990—2050年欧洲温室气体排放量新政前后对比

①历史温室气体排放量　②绿色新政前目标轨迹　③绿色新政目标轨迹

英国和德国作为欧洲大国，对碳中和起到了表率作用。英国是最早倡导绿色经济和推动碳中和的国家，积极推动绿色减排，并且首个将中长期减排目标列入法律的国家。英国和德国分别提出了新的减排目标，这两个目标都高于欧盟既定的55%的减排目标。英国政府承诺在2035年将温室气体排放量减少78%，德国政府承诺在2030年减排65%，这两个目标的减排量都是较1990年而言的。

欧盟作为最早关注气候变化问题的地区，一直以来都是应对气候变化问题的领军者。从 1973 年至今，已经有 7 个关于环境行动的计划被陆续推出。COVID-19 之后，欧洲的一些国家更是制定了一系列的绿色复苏计划，其中包括法国的"国家经济复苏计划"；英国的"绿色工业革命的十项计划"；德国的"国家氢能战略"。这些计划都明确了欧盟积极应对全球气候变化相关问题、早日实现碳中和的决心。

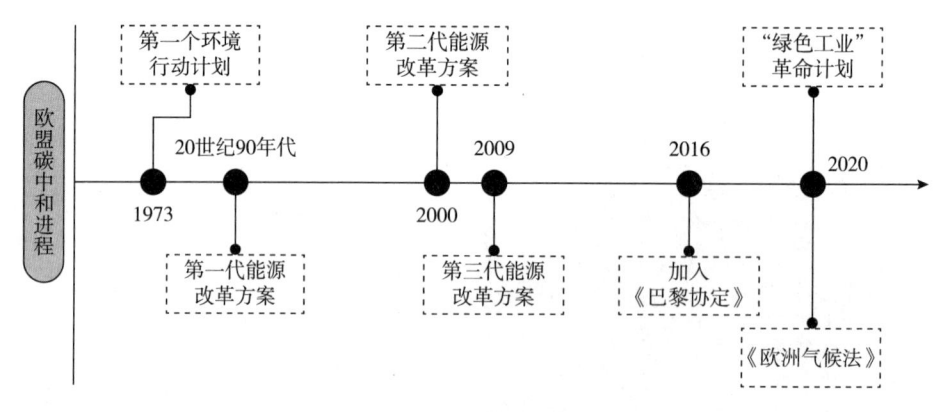

图 14-2　欧盟碳中和进程

14.1.2　欧洲低碳、经济、政策协同发展的基础

欧洲各国积极推动基础设施建设，发展非化石能源，发展碳捕获技术和储存技术，构建互联互通的生态圈以及发展循环经济。欧洲联盟委员会还联合欧洲投资基金并启动了"蓝色投资基金"，总投资额达到了 7500 万欧元。这个计划旨在为中小企业、初创企业等提供融资，用以支持企业的研发创新。欧洲还在汽车电气化、钢铁行业、智能交通行业等领域推动产业技术革命。这一切都为欧洲低碳、经济、政策协同发展奠定了坚实的基础。欧洲各国为了于 2050 年实现碳中和，制定和出台了大量的政策和行动计划，这些政策和计划也更好地促进了绿色技术的创新和发展，也为绿色低碳经济的发展保驾护航。表 14-1 为欧洲部分国家发布的政策。

表14-1　欧洲部分国家的绿色政策

国家/地区	领域	战略规划
欧盟	多领域（能源、交通、工业、建筑农业等）	《欧盟2020发展战略》（2010）、《欧盟地平线2020计划》（2011）、《第七环境行动规划》（2012）、《2050年长期战略》（2018）、《欧洲绿色新政》（2019）、《可持续欧洲投资计划》（2020）、《欧洲气候变化法》草案（2020）
	能源	《能源2020战略》（2010）、《能源2050路线图》（2011）、《2030年气候与能源政策框架》（2014）、《战略能源技术计划》（2015）、《能源系统整合战略》（2020）、《欧洲氢能战略》（2020）、《国家能源与气候计划》（2020）
	交通	《低排放交通战略》（2016）、《可持续和智能交通战略》（2020）
	工业	《欧洲新工业战略》（2020）
	废弃物管理	《循环经济可持续发展战略》（2014）、《新循环经济行动计划》（2020）
德国	多领域（能源、交通、工业、建筑、农业等）	《2020气候保护行动计划》（2014）、《国家能效行动计划》（2014）、《2050年气候行动计划》（2016）、《气候保护计划2030》（2019）、《绿色金融战略》（2019）
	能源	《能源战略2050》（2010）、《可再生能源国家行动计划》（2010）、《第六次能源研究计划》（2012）、《国家氢与燃料电池技术创新计划2》（2016）、《第七次能源研究计划》（2018）、《国家氢能战略》（2020）
	交通	《交通与燃料战略》（2013）
	工业	《国家工业战略2030》（2019）
	建筑	《建筑能效战略》（2015）
法国	多领域（能源、交通、工业、建筑、农业等）	《2010—2013年国家可持续发展战略》（2010）、《法国—欧洲2020年科技战略》（2013）、《气候计划》（2017）、《法国国家气候变化适应计划（PNACC-2）》（2018）、《国家经济复苏计划》（2020）
	能源	《国家可再生能源行动计划》（2010）、《国家氢能战略》（2020）
英国	多领域（能源、交通、工业、建筑、农业等）	《清洁增长战略》（2017）、《绿色未来：英国改善环境25年规划》（2018）、《清洁空气战略》（2019）、《环境2020—2025计划》（2020）、《绿色工业革命的十点计划》（2020）
	能源	《可再生能源路线图》（2011）、《能源效率战略》（2013）
	工业	《2050年工业脱碳和能源效率路线图》（2015）、《工业脱碳战略》（2021）

中国于2020年9月宣布了我国的碳中和目标，中国需要在2060年之前力争实现碳中和。相比较中国而言，欧洲实现碳中和的基础以及实现途径与之有很大的差异，具体而言包括能源使用类型、技术水平以及国家政策这三个方面。

（1）能源类结构差异

中国作为全球温室气体排放量最大的国家，碳中和之路可谓困难重重。中国目前的能源结构主要是以煤炭为主，同时工业用量偏多、人口多、单位耗能高等一系列原因使得中国占据了全球27%的温室气体排放，这一数值大于欧美之和。而欧洲大部分国家和城市沿海，且占地面积较小，自身的资源开采和储备量较小，因此更多地依靠于风能、水能等新能源，这使得欧洲国家温室气体排放量会相对较小。同时，欧洲为实现"碳中和"坚持向新能源方向发展，有一定的能源转型基础。

（2）技术水平差异

在低碳技术层面，欧洲一直以来都是先行者，欧盟以领先于世界的低碳技术引领着世界各国投身于绿色可持续发展的事业中。中国作为最大的发展中国家，有着十足的潜力，但是在技术方面还需要学习和借鉴欧洲。要想如愿实现碳中和目标，发展碳汇、CCS等技术是不可避免的。欧洲在这方面有绝对话语权，这也是欧洲国家做出承诺的基础。

（3）国体、政策差异

中欧最大的差异无非是意识形态上面的差异。作为社会主义和资本主义的代表，两者的国体政体不同也决定了发展路径的不同。中国实现低碳绿色发展的方式是由政府主导，地方根据政府的政策指引来发展自身的低碳经济。而欧洲的发展模式主要是政府给定一个目标，各州或者各城市独立发展，自己制定政策来实现目标。两种模式各有优劣，但是不影响碳中和的实现。

14.2 欧洲低碳、经济、政策协同发展的实现途径

14.2.1 以能源转型为重点

欧洲国家大部分地处沿海且大部分国家和城市占地面积较小,所以本国的原油、天然气等化石能源相对缺乏,因此需要对自身能源的使用进行结构上的改变。欧洲地处高纬度沿海地区的国家,河流密布,风能、水能都十分充足,这就为城市能源转型提供了必要条件。根据《欧洲绿色协议》的说法,能源是影响温室气体排放量的首要原因,因此欧洲将当前的主要生产生活能源转变为清洁能源,就成为其低碳绿色发展的首要举措。沿着这条路径实现"碳中和"也是最可取的措施之一。为此,欧洲各国也各自采取了具有本国特色的方式。

瑞典、芬兰和挪威三国是欧洲能源转型的重要推动力。在北欧五国中,这三个国家所使用的清洁能源占比最高,分别承诺在2045年、2035年和2030年实现碳中和。这三个国家之所以能如此迅速地实现碳中和,是因为它们有自己的特色。挪威有着发达的光电产业,特罗赫姆年均光伏发电可以达到48万度,这一数值可以提供其自身一整年的用电。瑞典一度十分依赖石油,如今水电、生物质能源、核电等新能源的使用占比年年攀升,成为最重要的能源,逐渐摆脱了对于石油的依赖。同时,风电和水电在瑞典发展迅速。目前,瑞典的可再生能源占比已经超过了55%。除此之外,欧洲其他国家和城市同样有自己的发展方式。荷兰是风电大国。奥地利维也纳拥有更多的风力发电设施,这是全球风机最多的城市之一。欧洲将能源转型渗透到了生产生活的方方面面,各国能源转型的政策能够被企业和居民很好地贯彻执行,各行各业纷纷制订了明确的目标和计划,甚至不少城市制定了100%的可再生能源目标。图14-3为世界主要地区2013—2016年可再生能源消费量。

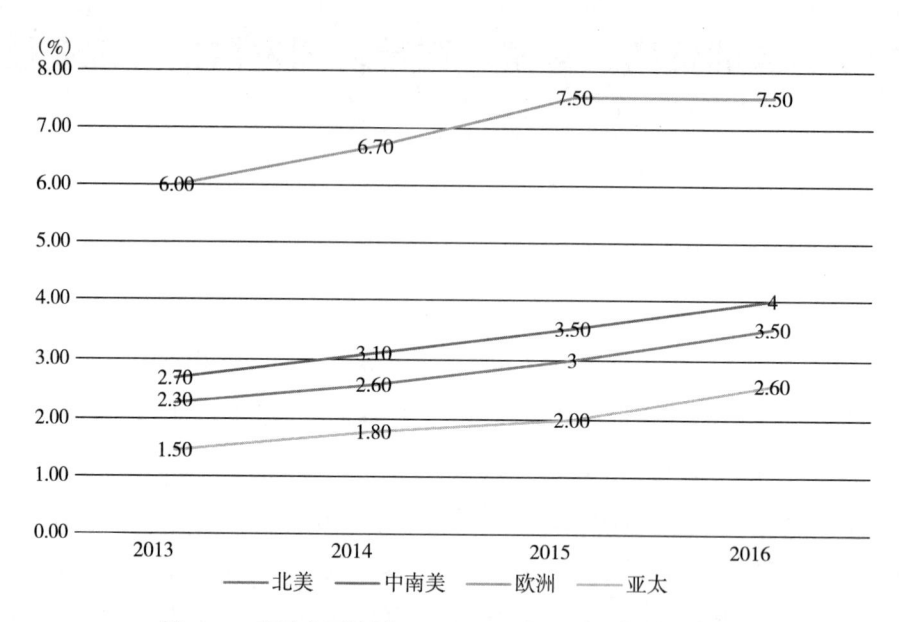

图 14-3　世界主要地区 2013—2016 年可再生能源消费量

数据来源：《世界能源统计年鉴》。

随着《欧洲气候变化协定》的通过以及 2050 年碳中和目标的确定，欧洲各行业纷纷采取相应的措施来支持目标的实现。在能源转型方面，汽车行业和油气行业的转型最为明显。交通运输业持续的低碳化，使得其对石油的需求不断下降。欧洲多个国家公布了禁止出售燃油车的计划表，并加大对新能源汽车的研发、推广和使用。这似乎成为了一种不可逆的发展方向。尤其受到疫情的影响，石油的中长期需求量将有明显的下降。表 14-2 为各车型停驶日均二氧化碳排放量对照表。

表14-2　　各车型停驶日均二氧化碳排放量对照表

汽车燃料类型	发动机排量 /L	日均二氧化碳减排量 /kg
新能源	纯电动	0.83
汽油	1.2 及以下	2.58
	1.3 ~ 1.5	3.27
	1.6 ~ 1.9	3.54
	2.0 及以上	4.55

数据来源：《中国机动车减排标准》白皮书。

欧盟为了更好地解决交通运输和汽车行业的碳减排以及碳中和问题，提出了一系列的目标和要求，并提交了新电池法议题的草案。对于电动汽车行业的电池生产提出了碳足迹要求，同时也要求制造商和经销商对供应链进行严格的监督和调查。一些欧洲有名的汽车公司对交通运输领域以及自身的能源转型提出了要求。大众汽车集团为了响应德国政府碳中和的号召，提出了新的碳中和目标，在大量减少汽车二氧化碳排放量的基础上明确将在2050年之前实现自身产业的碳中和。大众汽车CEO赫伯特·迪特也呼吁交通领域应迅速地转向可再生能源，为实现碳中和尽一份力。大众汽车在安亭和佛山等城市通过光伏发电、购买绿色电力证书等一系列举措，已经使得利用可再生能源比例达到100%。宝马集团日前也发布过一款100%使用可再生材料且可回收的概念车，并表示未来10年将交付1000万辆电动汽车，以此来减少碳排放，并于2050年前实现全价值链碳中和。这无疑代表了宝马集团实现碳中和的决心。

油气行业同样面临着不小的转型压力。为了使全球升温保持在2摄氏度以内，油气行业必须采取一系列措施来应对挑战。很多公司都以"净零"为目标，并积极调整本公司的未来发展方向。第一个提出"净零"碳排放目标的公司是西班牙的石油公司雷普索尔，其在2019年12月就表示在2050年实现这一目标。此后，壳牌、BP、挪威国家石油公司、道达尔等欧洲油气公司先后宣布"净零"碳排放目标，并于2050年前实现。这些油气公司为实现"净零"排放的目标主要是采取削减油气产量、减少投资和生产、加大对可再生能源和新技术的投入等方式。油气行业同时也与汽车行业积极配合，相互促进，这样就能确保新能源的供应以及新型汽车的生产和销售。

同时，退煤也是实现能源转型乃至碳中和的重要举措，比利时、奥地利是退煤计划的主要代表，两国都早于欧洲其他国家进行了相应行动，并在2016年和2020年之间完成了所有电力系统退煤计划。在比利时和奥地利这两个国家之后已有十五个欧盟大国也参与了退煤计划，包括英国、法国、意大利等国，计划在2050年完成退煤。全球最大的煤矿消费国是德国，而德国的电力供应大部分来自煤矿。德国国内发电量的40%以上依赖德国煤矿发电。而这样的一个世界采煤大国，也打算在2038年前退煤。

欧洲国家中心地区或者首都地区在碳中和方面制定了比其他非核心都市地区更为激进的目标。奥斯陆预计到2035年将碳排放量减少95%，哥本哈根也把实现碳中和目标定在了2025年。除了首都与普通城市之外，欧洲城乡之间碳排放大相径庭。在建筑与交通人均能源需求量方面，一般而言，城市地区比乡村地区低30%左右。在芬兰，城市地区的二氧化碳排放量却比乡村高25%。这主要是因为生物质供能产生较多的二氧化碳，而芬兰生物质的供应在乡村地区更加充足，在城市地区大多通过煤炭联产系统来供能。在瑞典和挪威，则出现相反的情况，在城市比乡村地区低25%。这就说明对于能源的转型和实现各城市、国家的碳中和的目标需要采取不同的战略。这里以挪威的奥斯陆和芬兰的赫尔辛基城市圈为例进行一些简单的分析。就土地面积而言，赫尔辛基城市圈比奥斯陆占地面积要大，多出约43%，但两城市的人口密度一致，这点可以从表14-3中看出。相较于奥斯陆，赫尔辛基城市圈几乎不在集中供热这方面消耗电力。同时，赫尔辛基在居民生活上对于电力的消耗程度也少于奥斯陆，却在工业上消耗更多的电力。原因大概率是芬兰生物资源较为丰富，在能源供给中占比较大，这样会减少其他能源的消耗。两城市实现碳中和最重要的措施都是电气化，电气化的占比均超过了50%。这两个城市的次重点就是生物燃料，并且赫尔辛基生物燃料的占比较奥斯陆更高。除此之外，赫尔辛基城市圈还将一定比例的汽柴油和氢能纳入了碳中和的规划之中，分别占据约5%和10%。奥斯陆则没有氢能的占比，汽柴油高达15%。这主要是因为挪威的石油资源相较于芬兰更加丰富，并且在2050年仍会成为能源中重要组成部分。由此可见，实现碳中和以及能源转型是有地域差异的，要根据各个城市的实际情况和能源分布状况来制定合理计划。

表14-3　　　　　　　　　城市土地面积和人口密度

城市	占地面积/km²	人口密度/（人/km²）
奥斯陆	454	1427
赫尔辛基城市圈	801	1427

数据来源：《北欧能源技术展望2016》，北欧能源研究组织。

14.2.2 以欧洲各国互联互通为关键

虽然能源转型是欧洲各国实现碳中和的必经之路，同时也是最重要的途径之一，但是在传统化石能源仍占据主导地位的今天，高比例的可再生能源目标一定会影响到电力系统的稳定运行，这样就可能会导致一些地区电力紧张或供电不足的问题。为了解决电力系统平衡和稳定性的问题，欧洲各国大多通过电力市场互联互通来实现电力系统的稳定。

北欧各国在自身发展和使用可再生能源的基础上，通过跨国联网来调节能源的余缺，使得风电资源和水电资源相互配合。当丹麦风车的运行出现停顿等问题，从而导致发电量不足时，可以通过强大的电网从德国、法国等国家调入电力，从而确保丹麦的电力供应。丹麦风车正常运行，且风力资源充足时可以向挪威输送电力，而丹麦风力不足时同样可以在挪威通过电网的方式来调入水电。同样，当某一个国家出现电力资源盈余时，可以秉持"多发尽卖"的原则，将多余电力通过电力市场进行买卖，减少对于光能和风能的浪费，这就能够保证灵活的电价制度。由此可发现，天气的预测能力对评价可再生能源，特别是对于评价新能源电站的经营管理水平是非常关键的因素。从城市需求层次上来看，电力汽车低谷负载、商业应用中的终端负载集成、智能家居以及大量的储能设施需求响应等都为电网提供了灵活分布式资源。相对较欧美发达国家的电网建设、电力市场规模和经济发展水平，中国尚有很远的道路要走，但也有非常大的潜力。

欧盟作为一体化的区域组织，应当在各成员国之间构建互联互通的体系，并辐射整个欧洲，将欧洲能源与运输网络数字化，并且将能源和运输进行一系列的整合。新能源汽车的发展和欧洲交通运输领域的转型和创新是欧洲能源转型的首要目标，新能源汽车的大量生产自然需要交通网络的迅速发展，交通运输的畅通才能给予新能源汽车更好的发展前景。同时，要加强运输与能源系统之间的协同效应，确保新能源汽车在各城市能得到普及。比如说，在欧洲各城市建立智能充电站和加油站，并在各城市支持跨境服务。这样法国、德国、丹麦等国家之间的新能源汽车都能得到有效的使用。在建立运输和能源网络的同时，也要改造现有的基础设施，以此来延续其使用寿命。为了大力发展新能源、智能化汽车，支持城市绿色交通，也要更换旧的基础设施，使其符合去碳化目标。

14.2.3 以各种政策工具为支撑

欧盟作为最早提倡绿色金融和碳中和目标的地区，其二氧化碳排放量相较于1990年下降了22%。多年来，欧洲各国已经就气候问题达成了共识，同时也建立和制定了成熟、稳定的计划构架和具有法律约束力的政策。并且欧洲国家目标也十分明确，提出了一系列的调整方案分阶段分步骤实行，其主要政策如下。

首先，欧洲各国相继制定了严格的退煤时间表，上文也提及有15个国家宣布了退煤计划，其中瑞典、比利时、奥地利已经在2020年前实现了目标。其他国家也明确会在规定的时间内完成退煤计划。其次，利用碳排放权交换和碳税价格制度提高了排污成本，从而提高了外部成本内部化。在2005年，欧盟的温室气体排放交换制度宣布启动，这是目前世界规模最大也是首次跨国的二氧化碳交易。各个国家的税率当然也不一样的，挪威实行的就是对各种行业、燃料等规定不同的税率。意大利、芬兰和瑞典通过规定化石燃料中相对应的碳含量，来制订统一的税额。再次，欧盟还大力推动激励机制，对于那些积极使用可再生能源的公司和部门进行相应的激励和支持，以此来促进其迅速发展，这样可以使得外部收益内部化。各国根据本国自身的情况定制了不同的针对于可再生能源的计划与举措来支持产业发展。其中大部分集中于电力行业，包括溢价补助、上网电价、差价合约等。此外，欧盟还通过绿色基金、绿色信贷的方式对绿色产业加大扶持力度，将经济资源进行合理分配，引导资源更多地流入更加环保、更加有利于促进碳中和的领域中去。

2019年6月，《欧盟可持续金融分类方案》《自愿性低碳基准》《欧盟绿色债券标准》这三份报告的发布，对于金融机构绿色转型而言影响重大。此后欧洲银行业管理局发布的《可持续金融行动计划》重点用于支持银行绿色战略、关键指标的披露。欧洲各国相继出台各种政策和法令以确保本国在计划时间内完成碳中和的目标。

14.3 欧洲低碳、经济、政策协同发展的政策建议

14.3.1 着力发展低碳创新技术，加大资金投入

"低碳经济"一词最早来源于英国政府在2003年发布的能源白皮书《我们能源的未来：创建低碳经济》。它主要强调的是通过创新技术来发展可再生能源，包括水能、风能、太阳能、生物质能等。随后出台的《英国气候变化战略框架》更是明确了全球低碳经济的设想，并指出低碳革命影响之大不亚于第一次工业革命。低碳技术是一个技术总和，包括所有为经济社会可持续、绿色发展而产生和发展起来的技术，其目的是使得全球温室气体排放量更低。它包括减碳技术、无碳技术和去碳技术，这是一个相对宽泛的概念。低碳经济作为一种新兴的发展模式，成为金融危机之后世界经济迅速增长的关键推动力。纵观美国、欧洲等西方发达国家的低碳政策，大多数都将目标和资金集中于改造传统产业模式和增强低碳技术的创新上，但它们的侧重点各不一致。我们以欧洲和美国为例，来探索欧洲在推动低碳技术创新之上的不足之处，并给予一些建议。

欧盟在低碳技术研发的道路上目标十分清晰，就是追求世界领先的低碳技术和国际领先地位。欧盟计划开发出清洁、高效且廉价的能源减排技术。为此，英、德两国作为欧盟的代表，将低碳发电站的发展作为减排的关键。两国加大对于清洁煤技术、碳捕获技术和碳储存技术等研究项目的投资以达到有效减少二氧化碳排放的目的。

美国相较于欧洲而言，更加依赖于煤炭、石油等化石能源。预计2030年，美国电力生产将有57%来自煤炭，因此美国将低碳经济发展的重点放在了清洁煤技术中。美国政府通过"煤研究计划"来支持清洁煤技术的研发与发展。同时逐步提升新建立电厂的碳排放标准，使清洁碳技术商业化。

相比于美国的低碳经济目标，欧洲要实现起来更加困难。首先，在技术研发方面，欧洲国家要实现的目标更加激进，要达到全行业的无碳化以及低碳技术全球领先需要投入大量的资金。根据欧委会估计，仅仅要实现2030年碳中和的目标，每年欧洲就需要额外投资2600亿欧元。美国相较于欧洲，资金更加充足并且投入也更多。欧洲要想完成既定计划，需要更多的资金投入。其次，无论是汽车行业还是油气行业、钢铁行业，能源和技术转型不可一蹴而就，需要长期的科研技术攻关。这就要求欧洲各国加大人才的培养，避免高精尖人才的外流，增加对教育行业的投资，从长远的角度来提升低碳技术可持续发展的可能性。

14.3.2 增强欧洲与其他国家之间的合作，中欧合作共赢

欧盟作为绿色低碳经济和全球减排的开拓者和先行者，一直以来都居世界领先的地位。但是欧盟的绿色行动大部分是孤军奋战，很少有与其他国家相互合作的情况。尤其是对于中国，欧盟表现出了复杂的态度。欧盟虽然说肯定和欢迎中国为全球气候变化贡献自己的一份力，但是又认定了"中国的承诺出现在中欧分歧加大的时刻"，同时也在观望中国是否能为实现碳中和付诸行动。中欧合作面临着不少机遇和风险。

但是随着全球低碳经济的发展，合作的趋势必然大于竞争，所以说中欧合作有很大的必要性，并且对欧洲而言利大于弊。

首先，中欧两国在低碳发展上的政策是趋近的，两国在实施的低碳政策方面十分相似。欧盟2015年开始建设循环经济，并于2018年计划打造全球首个"气候中和"的大陆。中国也于2015年开始推行新发展理念，努力实现高质量发展。两国政策的趋近也为双方在低碳发展、绿色经济领域上的合作

奠定了良好的基础。由于欧洲在低碳减排上的起步较早，到2021年，欧洲的温室气体排放量较之前已经有了明显的减少，在低碳减排新技术上处于领先地位。欧洲的目标本就是解决全球气候变化问题，中国是全球最大的温室气体排放国，欧洲应当积极与中国寻求合作，共同应对全球气候变化的难题。目前，欧洲与中国之间的合作较以往更加频繁。2020年9月中德领导人会晤并要打造中欧绿色合作的伙伴关系。

其次，中欧双方的绿色产业合作关系源远流长，这也就为双方深入的合作关系奠定了基石。早在20世纪90年代，欧洲国家就曾为中国企业进行了产能培训，以促进我国可再生能源的发展。2000年，"能源与环境合作计划"的制定，明确了中欧合作的方向，即优先发展清洁煤、可再生能源与新能源等。2013年"中欧绿色智慧城市"开始启动。2018年《蓝色伙伴关系宣言》是中欧合作共赢的标志。中欧在不同产业上能够优势互补，欧洲虽然在风能、水能、氢能等方面处于领先地位，但是在锂电池的发展上难如人意。中国则在锂电池、燃料电池等方面有着较好的发展，但是中国在循环经济上仍存在很大的进步空间。在循环经济、锂电池产业的发展上，中欧有很大的合作空间，这样的合作令人期待。

此外，中国的自然资源和化石能源十分丰富。美国和欧洲能源转型的差异在于美国的化石能源丰富，对于能源需求较大，短时间内不太可能实现全行业"无碳化"，因此美国大力发展清洁煤和碳捕获等技术来实现"净零"排放。而欧洲的目标是实现全行业"无碳化"，并且计划较为激进，如果出现实际上的难题，则很难解决。如出现能源供应不足或者新能源设施运行故障等问题，可能会影响正常的生活和生产。因此，欧洲可以与中国进行能源供应上的合作，通过城市点对点的联系来实现能源跨国的调配。这既有利于欧洲在实现低碳发展道路上扫清障碍，又有利于中国的绿色经济发展。

14.3.3　政府颁布相关政策鼓励绿色产业的发展

欧盟之所以是绿色低碳经济和应对全球气候变化的领导者，与其绿色政党的发展有着千丝万缕的关系。欧洲绿色政党最早可以追溯到西欧的后工业化时代，它的兴起代表着欧洲谋求经济可持续性发展。随着近年来的发展，绿色政党对欧洲的政策导向和社会经济发展的影响越来越大。为了应对来势汹汹的气候危机，欧洲也努力倡导全世界加大环境保护力度，在经济增长的同时注重绿色、协调、可持续的发展。欧洲制定了一系列目标，颁布了大量的法令来确保绿色低碳计划的实现。随着计划的公布和法令的颁布，各行各业迅速进行产业升级和产业结构的调整，紧跟政策和低碳发展的足迹。虽然方向和目标是正确的、有条理的，但是问题也随之而来：首先，目标过于激进，会伤害企业的发展；其次，无法兼顾社会公平。要想解决好这些发展中的难题，关键是要政府的政策支持，逐个击破。

（1）政府帮扶企业，给予补贴

由于欧洲碳中和的目标较为严格且目标时间较早，对于各行业的压力较大。有的国家甚至要在2030年之前达到碳中和的目标。交通、运输、油气等行业需要迅速进行转型，以达到自身的碳中和。但是为了短时间完成目标，企业的发展可能会受到不小的影响。对于成熟的企业而言，影响相对较小，因为这些企业资金充足，且技术成熟，市场占比份额较高，完成转型的过程中虽然会有不少损失，但是市场地位不会有太大的变动。对于新进入市场的小企业而言，却会是毁灭性的打击。这些企业刚刚建立，还处在发展的初期阶段，本身资金就不充足，技术水平也不成熟，还不具备转型的实力。为了严格执行政策，企业只有两条路走：要么退出市场，要么铤而走险借款转型。这两条路对企业而言都不是最好的选择。大多数小企业市场地位低，转型之后仍没有生存空间，只能面临破产倒闭的局面，这无益于欧洲的经济的可持续发展。造成这样问题的很重要的一个原因就是欧洲较为激进的碳中和计划和低碳发展目标。政府在制定一系列政策的同时应当对企业进行相应的扶持和补贴。对积极投身于行业转型和绿色低碳化生产的企业加大奖赏力度。对于自身实力较弱，无法完成转型的企业提供技术支持或者破产补贴。这样可以在提倡低碳发展的同时，仍能为市场引入新鲜血液。

（2）兼顾社会公平，协调发展

产业升级和产业结构的调整是欧洲完成碳中和目标的必经之路。各行业从化石能源为主导的产业结构向新能源过渡对全球气候而言是一个利好的事情，但是改革阵痛在所难免。新能源、新技术的发展必定会对传统行业、国家经济以及社会发展产生不小的影响，尤其是新能源的发展会对煤炭、石油等传统行业带来巨大的冲击。传统行业受到削弱就会产生大量的失业问题，进而会影响整个国家乃至欧洲的经济。在欧洲，只要将德国的汽车制造业完全转变为电动汽车，将会有40多万个工作岗位很可能会在十年以内完全消失。关于这种问题，欧洲于2020年7月发布了一揽子经济复苏行动计划，而这个计划的总体规模将超过1.8万亿欧元，当中的大概30%也就是约5500万亿欧元，将用来帮助一些受绿色转型影响较严重的国家。尽管投入了巨大的资金，在这些资金投入的来源、分配方式以及运作等方面，还是会遇到很大的问题。

要想解决这些难题，需要欧洲各国协调发展，合作共赢。这场绿色转型攻坚战中，发达国家扮演着关键的角色，起着主导的作用。它们转型时间早，经验丰富，可以避免其他国家走错误的道路。并且发达国家应给予落后国家相应的资金援助或者技术帮助，以达到整个欧洲的协同共进。对各国自身而言，要在大力发展新能源的同时，给予企业一些帮扶，对于传统企业的转型给予一系列政策上的帮助。在鼓励绿色转型的基础上，也要合理分配社会资源，使各行各业都能稳步进行产业结构调整和能源的更新。

14.3.4 完善智慧城市建设

智慧城市使一种以大数据、区块链、云计算等新世纪以来在世界各国涌现的新技术为依托，并将这些新一代信息技术运用于城市建设、管理与服务等方方面面的一种新风潮。具体来说，智慧城市建设的涵义有多种：它既指的是可持续性发展的城市或者区域，又指的是利用互联网来发展自身经济的区域或城市，同时也指的是以先进的计算机技术和创新的管理服务方式为城市居民提供优质生活的区域或城市。这种以新技术为依托的智慧城市建设，在国内外已经成为未来实现碳中和目标的可行之路。欧洲国家作为应对全球气候变化问题的先锋，智慧城市建设自然也走在全球的前列。欧洲国家对于智慧城市的建设已经有了一套成熟的体系以及多年的经验。这套体系覆盖了资助计划、战略计划以及组织推进的整个运行过程。也正是有了政府在建设过程中的大力支持，欧洲的智慧城市建设才能领先于世界。虽说有领先的技术和经验，但仍然有一些尚需完善的地方，只有解决了这些问题，才能使智慧城市建设更加完善，同时更快更好地实现碳中和。

（1）德国柏林的智慧电动交通

柏林的智慧城市工程目前主要是由柏林伙伴集团承担，这是由政府部门所成立的组织，专门用于推动经济发展。在2011年3月，"2020年电动汽车行动计划"中指出，柏林在这一规划之后就建立了智慧电网。同时为方便电动汽车充电，建设了大量的停车位。而电动汽车的使用者，能够从250平方千米的注册区域里租借到电动汽车，然后在运营区内的停车场归还租用的汽车。德国最大的电动汽车试用区在柏林－勃兰登堡首都地区。

（2）爱尔兰都柏林的水资源管理系统

这是爱尔兰的海洋研究所发起的项目，也叫做SmartBay。这个项目主要的用途就是通过新技术来解决水务机构面临的难题，其目的是为了让爱尔兰企业更好地开发新市场和完成商业化。同时这个项目在与政府的合作之下更加致力于绿色创新，智能电表、传感器网络等一系列先进技术使得水利生态系统能被更好地被控制。

（3）巴塞罗那与其他城市建立合作

智慧城市的建立并不会是单一行动，而是各方的通力合作。在智能城市设计方面，巴塞罗那积极和柏林、阿姆斯特丹、莫斯科、纽约等城市开展了合作关系，并探索形成一种适应人们生活需要的数字城市。而巴塞罗那每年都会举办世界智能城市博览，是世界上规模最大、吸引力最高的智能城市博览会之一。这个展会已经吸引了全球700多个城市参加，它的影响力足以使得智慧城市建设普及整个欧洲乃至世界。

当然，欧洲智慧城市建设中也有一些问题急需解决，这里针对问题也提出对应的解决方案。

一是欧洲智慧城城市的建设缺乏一定的战略规划以及跨组织、多部门的协调机制。要想解决这个问题，就需要明确有连续性、可实施性的战略规划。同时，要注重企业、组织与政府的相互合作以及城市之间的合作。

二是资金相对较缺乏。政府需要加大对于智慧城市的资金支持力度，大力投资相关基础设施建设，为智慧城市建设提供"绿色通道"。

三是在基础设施方面有所欠缺。所以要加强基础设施建设，要确保有足够的基础设施和无线网络来为智慧城市建设进行有效支撑。道路、数字网络、数字技术、电子设施等都需要进行完善，同时也要加大绿色能源基础设施的发展，加大投入。

参考文献

[1] 陈晓径. "碳中和" 2060目标与中欧科技合作 [J]. 科技中国，2021（02）.

[2] 常志平. "碳中和"视角下的城市治理与可持续发展 [J]. 新金融，2021（06）.

[3] 张锐，相均泳. "碳中和"与世界地缘政治重构 [J]. 国际展望，2021，13（04）.

[4] 田永，李瑞强，刘文静.COVID-19疫情前后欧盟碳金融市场的配额拍卖价格及启示——基于碳达峰、碳中和背景 [J]. 价格月刊，2021（08）.

[5] 王承云，秦健. 低碳技术研发的国际经验及启示 [A]. 中国软科学研究会. 第六届软科学国际研讨会论文集（上）[C]. 中国软科学研究会：中国软科学研究会，2010：7.

[6] 薛亮. 各国推进实现碳中和的目标和进展 [J]. 上海人大月刊，2021（07）.

[7] 余柳. 国际视角下城市交通碳中和策略与路径研究 [J/OL]. 城市交通：1-10[2021-11-02].https://doi.org/10.13813/j.cn11-5141/u.2021.0039.

[8] 张晓峰，白云，骆红静.国际油气公司以碳中和为目标调整发展战略[J].中国石化，2021（08）.

[9] 刘世伟，任秋潇.绿色金融助力碳中和国际经验[J].中国金融，2021（06）.

[10] 刘长松.欧美油气公司碳中和路径与措施比较[J].世界环境，2021（04）.

[11] 罗佐县.欧美实施碳中和政策的路径差异[N].中国石油报，2021-06-01（006）.

[12] 周武英.欧盟实现"碳中和"的路与坎[N].经济参考报，2021-01-27（002）.

[13] 栾玉树，卢飞.欧洲国家推进智慧城市建设的经验及其对我国的启示[J].住宅与房地产，2020（32）.

[14] 李芒蒙，李珍珍，刘陈慧，等.欧洲国家智慧城市建设的现状分析[J].科教文汇（中旬刊），2021（03）.

[15] 杨儒浦，冯相昭，赵梦雪，等.欧洲碳中和实现路径探讨及其对中国的启示[J].环境与可持续发展，2021，46（03）.

[16] 周健.让新能源汽车"更干净"车企热议产业链碳中和[N].上海证券报，2021-09-17（006）.

[17] 他山之石 欧洲日本碳中和之路[J].科学大观园，2021（10）.

[18] 张中祥.碳达峰、碳中和目标下的中国与世界——绿色低碳转型、绿色金融、碳市场与碳边境调节机制[J].人民论坛·学术前沿，2021（14）.

[19] 秦阿宁，孙玉玲，王燕鹏，等.碳中和背景下的国际绿色技术发展态势分析[J].世界科技研究与发展，2021，43（04）.

第四部分
中欧城市案例研究

第 15 章

深圳、武汉、太仓：探索绿色低碳智慧城市之路

绿色智慧城市的重要任务是促进绿色、智慧和人文的有机融合，依靠数字技术推动，创造符合高质量发展目标的新型城市。在中国，城市发展面临的最大问题是环境问题，长期以来粗放式的发展，尤其是在碳排放问题日益严重的现状下，产业和环境、经济和生态成为中国城市转型发展的瓶颈。针对这一严峻形势，2020 年 9 月，中国在第 75 届联合国大会上宣布，将提高国家自主贡献力度，采取更加有力的政策和措施，二氧化碳排放力争于 2030 年前达到峰值，努力争取 2060 年前实现碳中和。"双碳"目标的提出，是我国贯彻新发展理念，推动实现绿色创新驱动的低碳高质量发展的重要抓手。

数据显示，城市碳排放量占总排放量 75% 以上，因此，推动绿色低碳高质量发展，探索净零碳道路的首要阵地在城市。中国早在 2010 年便开始进行低碳城市试点工作，并相继在 2012 年和 2017 年开展第二、第三批试点城市建设，旨在通过个别代表城市的探索，及时获取零碳试点城市经验，在全国乃至全球范围内推广试点成果。历经 10 年低碳实践，中国在不同城市之间形成具有特色的零碳探索经验。本章根据国家发改委颁布的三次低碳试点城市名单，结合近年来城市在国内外的低碳治理影响力，综合考虑城市在零碳治理经验和路径代表等因素，最终选定深圳、武汉和太仓三个城市作为案例，探究三个城市独具特色的净零碳实现路径，以期为中国众多城市净零碳探索提供可借鉴的治理经验。

15.1 深圳：协同路径，"三达"引领零碳发展

深圳作为我国世界级城市群的核心城市，同时是我国首批低碳试点城市，多年来，深圳响应国家低碳政策号召，在净零碳道路上依托城市特色和优质的社会经济条件，推动经济建设和生态建设协同发展。十年低碳建设，深圳凭借一如既往的"排头兵"精神，走出了一条以"碳排放达峰、空气质量达标和经济高质量增长"为样板的"三达"零碳路径，为后续我国特大型城市乃至超大型城市探索净零碳城市发展路径提供经验。

15.1.1 背景

（1）社会经济概况

深圳全市土地总面积 1997.47 平方千米，下辖 9 个区，总人口 1756 万人（2020 年）。改革开放四十余年，深圳经济实现跨越式增长。其中，2010—2020 年 GDP 涨幅达 175% 至 2.77 万亿元，年均涨幅 11.40%，人均 GDP 从 9.91 万元上涨至 20.35 万元。除国际贸易形势以及新冠疫情等公共卫生危机等因素外，近年来随着经济结构转型、加大城市碳排放治理力度的进程不断深入，深圳的 GDP 增速对应呈现波动下降趋势（图 15-1）。近年来，深圳市常住人口增速渐趋平缓。"十三五"期间，深圳市常住人口数从 1190.84 万人上涨至 1343.88 万人，年均增速 3.21%，2020 年常住人口同比增长 3.07%。人口增加在一定程度上增加了生活和消费行为的碳排放强度，这也是未来深圳重点关注的方向。

深圳作为我国经济中心城市和国际化城市，区位优势显著，产业结构均衡。深圳是我国拥有水陆空铁口岸最大的口岸城市，交通基础设施便捷，承接与香港特区、澳门特区以及海外区域的经贸。2020 年深圳七大战略新兴产

业占同期GDP比率为37.10%，包括新一代信息技术、数字经济、高端装备制造、绿色低碳、海洋经济、新材料以及生物医药在内的产业中，以新一代信息技术增加值为首，2020年度增加值为4893.45亿元，以生物医药增长率最高，累计同比增长24.40%，绿色低碳增加值次之（6.20%）。数字技术以及孪生技术的推动，有助于深圳加快城市治理的智慧化和生态化，从而促进碳减排工作。

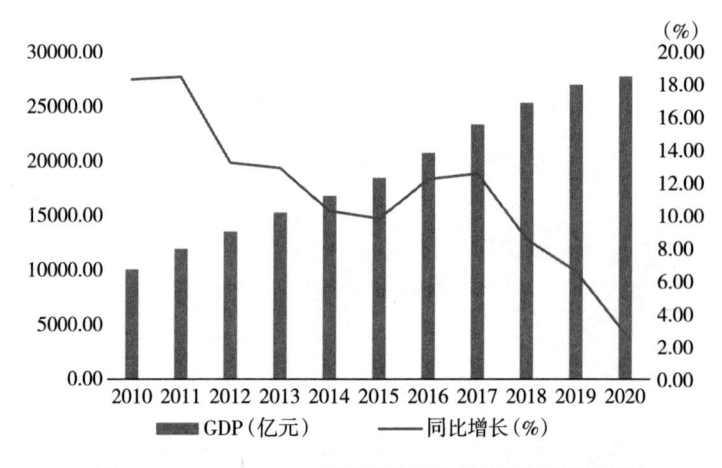

图15-1　2010—2020年深圳地区生产总值及增长速度

数据来源：深圳统计年鉴。

（2）能源消费情况

深圳是我国发展速度较快、100%城镇化的现代化城市，碳排放污染源头主要来自包括工业、建筑、交通以及电力在内的四个行业。由于地处华南地区，快速的经济发展对能源需求旺盛，使深圳成为典型的东部沿海能源资源短缺城市，目前深圳所需能源资源绝大部分依旧依赖外部输入。

2019年，深圳单位GDP能耗、单位工业增加值能耗和单位GDP电耗增速分别下降3.54%、3.89%和0.39%，全社会用电总量983.99万千瓦时，工业和城乡居民生活用电分别占51.21%和14.90%。从能源消费总量来看，2019年能源消费总量为4449.85万吨煤，三次产业消耗占比分别为0.3%、37.8%、43.3%，二、三产业差距较小，且第二产业和第三产业的万元GDP能耗分别为 0.16 和 0.12 吨煤。2017—2019 年第三产业能源消费量呈现先上升后下降趋势，同期第三产业增加值由 1.32 万亿元升至 1.64 万亿元（表 15-1）。但随着工业能源消费总量增长逐步放缓，未来深圳还需多关注来自生活消费带来的能源增量压力。

从能源消费结构来看，规模以上工业企业能源消费量主要以原煤和电力为主，油品类和气类能源消费占比较低。除气类能源外，其余能源消费量均有不同程度的增长（表 15-2）。对以深圳为代表的东部沿海资源短缺类的发达城市而言，能源短缺问题是未来经济发展的瓶颈。凭借西部地区丰富的水能和生物能，结合特高压建设能够在一定程度上缓解深圳能源电力短缺的现状。近年来，随着对新材料的逐步开发应用，储能等新兴产业逐渐兴起，为解决新能源高效利用瓶颈提供出路。

表15-1　2017—2019年深圳能源消费量分布情况（单位：万吨煤）

项目	2017 年	2018 年	2019 年
第一产业	8.11	12.11	14.73
第二产业	1603.45	1522.51	1684.01
其中：工业	1567.96	1493.02	1644.88
建筑业	35.50	29.49	39.13
第三产业	1817.08	2008.86	1927.54
其中：交通运输、仓储及邮电通信业	881.62	960.72	928.19
批发和零售贸易业、餐饮业	468.5	546.63	452.77
其他	466.96	501.52	546.57
生活消费	744.09	765.37	823.57
消费总量	4172.72	4308.85	4449.85

数据来源：深圳统计年鉴。

表15-2　2017—2019年深圳规模以上工业企业能源分组消费量

年份	原煤/吨	油品类/吨	液化石油气/吨	天然气/万 m³	电力/万千瓦时
2017	9142427.38	411282.64	10852.55	320219.19	3252827.87
2018	8705861.69	394589.75	8445.78	262794.42	3331266.58
2019	8419610.29	450500.49	7100.43	207665.97	3501836.36

数据来源：深圳统计年鉴。

（3）零碳探索模式

2010年，深圳成为我国首批低碳试点城市，从"科技、人文、生态"三方面建设新时期的"智慧城市"；2015年，第一届中美气候领导峰会上，我国成立"达峰先锋城市联盟（APPC）"，深圳同样是首批成员城市，并承诺于2022年碳排放达到峰值。同时，深圳作为我国碳排放权交易试点城市和可持续发展议程创新示范区，在探索净零碳模式的过程中积累可取经验，总结起来为"三达"，即碳排放达峰、空气质量达标和经济高质量发展达标。深圳在探索生态和经济发展的十年间，通过转型升级、结构优化和创新协同，逐步形成经济高质量发展和生态环境共同发展的道路，为我国特大型和超大型城市探索净零碳路径提供了可取经验。

15.1.2 路径

（1）"碳排放达峰"总目标统筹绿色发展

"十三五"期间，深圳市碳排放总量逐步下降，单位GDP的CO_2排放持续降低，与2015年相比降幅为26.85%，占全国均值的20%，已达国际先进水平。相较于其他城市碳排放行业而言，深圳的碳排放主要集中在以建筑和交通为主的行业，这是我国部分城市由"工业经济"转换为"城市经济"时碳排放的主要诱导行业，也是未来深圳以及国内一线城市净零碳探索过程中重点关注的行业。多年探索实践表明，深圳实现碳达峰目标过程中主要涉及三个方面。

首先，碳达峰在顶层设计的高位谋划中，推进经济发展和生态环境协同发展。2011年深圳市政府出台《深圳市低碳发展中长期规划（2011—2020年）》，对深圳未来低碳发展提供战略指导；"十二五"规划纲要开始提出将低碳理念融入产业发展规划中，实现经济社会和绿色低碳有机融合；"十三五"期间，深圳市坚持"生态立市"理念，以应对气候变化为核心，具体分为控制温室气体排放、适应气候变化、加强体制机制创新、强化科技支撑作用、深化区域交流合作等五大任务，将其与以推进能源结构优化、低碳交通建设、绿色建筑推广、低碳试点示范为主的多项重大工程项目统筹协调，实现经济增长和碳排放强度脱钩，经济与生态协同发展。

其次，依托创新技术和优质区位，深圳全面优化产业结构，科学调整能源结构，大幅降低碳排放总量。产业结构优化方面，深圳大力发展战略性新兴产业，提升深圳乃至粤港澳大湾区全球科技竞争能力。2020年战略性新兴产业占GDP比重37.10%，年均增长率约为同期GDP增幅的2倍，以华为、比亚迪等高新技术产业在探索新能源和新型储能技术方面对促进深圳经济高质量发展，解决能源短缺和能源转型等具有建设性作用；能源结构方面，近年来深圳"减煤加气"，煤炭能源消费总量逐年下降，天然气总储容量达10万立方米，管网覆盖率提升至84%。同时深圳全市的核电和气电等清洁能源装机率约占总装机率的87%，同期全国平均水平约为37%。在探索新能源方面，深圳率先布局氢能产业并形成较为完整的全产业链。上述产业结构和能源结构优化调整促进深圳稳步降低碳排放量，2019年全市碳排放强度同比下降7.09%，降幅位于全国前列。

最后，全面覆盖，将低碳绿色发展举措融入经济发展方方面面。深圳市在融入绿色发展理念工作进程中，不仅覆盖包括工业、交通、建筑等传统碳排放强度高的行业，同时也涉及居民生活领域的理念倡导。工业方面淘汰落后产能的同时增加企业产值；交通方面大力更换新能源公共出行工具；建筑方面创建净零碳排放示范区，在社区、校园等示范区普及绿色建筑；生活领域注重对民众的宣传和倡导，全面覆盖衣食住行，降低生活领域的碳排放强度。

（2）净零碳排放示范区优化空气质量

城市空气质量污染源以PM2.5为主，而PM2.5排放源头分布与碳排放源头较为接近，因此，有效降低城市PM2.5的排放量能够促进零碳工作的顺利开展。深圳目前基本完成"工业经济"向"城市经济"转型，但空气污染排放源依旧以工业为主。为有效应对空气污染，深圳强化源头治理，印发实施

《2020年"深圳蓝"可持续行动计划》，结合净零碳排放示范区建设，共同优化空气质量。净零碳排放示范区主要包括三类对象三类要素，三类对象分别为社区、园区和城区，三类要素分别为建筑、交通和企业。净零碳排放示范区秉承零碳方针，针对不同对象设置不同侧重点以达到降低污染源的目标。净零碳排放建筑侧重对满足正常建筑居住需求下，降低化石能源使用，从而降低碳排放量；净零碳排放交通则结合测算实际，针对公共交通和基础设施建设实施降低碳排放工作；净零碳排放企业指针对生产类和服务类企事业单位，在满足企业正常生产经营的前提下降低其总碳排放量或者单位产值的碳排放量。2020年深圳年均 PM2.5 浓度降至 19 微克/立方米，低于全国标准，达到有史以来最低水平，有效保障"深圳蓝"提倡的"人与自然和谐共生"愿景稳步实现。

（3）碳排放交易倒逼高质量经济增长

深圳在 2013 年率先响应国家低碳号召，充分利用高度发达的市场机制推动以节能减排为主的环保权益和碳金融交易平台，建立深圳碳权排放交易市场进行碳市场交易试验。自深圳市碳排放权交易工作实施以来，取得显著成效。首先，从减排规模来看，截至 2020 年，深圳碳排放交易权市场管理下的制造业企业在实现企业增加值和碳强度反向变化，即企业价值在增长 62% 的同时，使得碳强度下降 40%，呈现企业市值、区域经济增长与碳排放数量脱钩的趋势；其次，从碳排放权交易市场交易规模看，截至 2021 年 9 月底，深圳碳排放交易权市场的碳配额累计成交量为 6372 万吨（其中国家核证自愿减排量累计成交量 2494 万吨），累计成交金额达 14.43 亿元，交易量和交易额约占全国总量的 13%；最后，运行 8 年以来，深圳碳排放交易权市场拥有丰富的创新型碳金融产品，如首个开放个人投资者，首个引进境外投资者，发行首只碳债券、碳基金，推出碳配额质押、跨境碳金融交易及绿色结构性存款等，为相关企业开拓融资渠道提供了较为可靠的路径。

深圳碳排放交易权市场实行的"可规则性调控排放总量和结构性碳交易体系"是对欧美国家"总量控制和交易机制体系"进行优化的基础上建立的。

可规则性调控排放总量和结构性碳交易体系以动态视角出发，针对不同碳强度约束进行可供调整的总量控制，使配额总量和行业企业实际产出均与碳强度约束挂钩。碳排放交易的首要任务是测算城市碳排放清单，确定排控企业。近年来，随着深圳产业结构升级，三次产业分化明显，以战略性新兴产业为主的第三产业增加值占比达 62.1%，碳排放权交易体系对产业结构调整、经济高质量发展起到倒逼作用。碳排放权交易体系以控制高耗能产业为主，将制造业、交通和大型公共建筑等深圳主要碳排放行业纳入排控企业管理，形成以工业、交通和建筑行业为主的碳排放权交易板块。可规则性调控排放总量和结构性碳交易体系对于我国这类处在发展方式和产业结构转型的大型经济体而言，以经济增长为首要目标，同时强制约束碳强度上升的调控目标，能够兼顾社会碳排放和经济发展、产业结构调整和技术进步之间的动态关联，在经济高质量发展的同时将生产生活直接与碳排放挂钩，有利促进我国"CO_2 排放力争 2030 年前达到峰值，2060 年前实现碳中和"的目标实现。

15.2 武汉：多管齐下，绿色点缀中部崛起

武汉是我国中部地区特大城市，长江经济带核心成员，是我国中部崛起战略的主要动力城市。作为中部城市的典型代表，武汉在零碳探索过程中面临发展经济和治理生态两难，人口众多、结构不协调是阻碍零碳发展的重要因素。为此，武汉市政府自 2012 年被列为国家第二批低碳试点城市后，以功能分区结构发展、全民参与普及碳汇以及吸引全国碳交易机构形成碳金融产业链等多方优势共同发力，形成"多管齐下"的零碳治理体系，在保证结构调整和经济稳步发展的前提下，以"绿色崛起"方式引领中部地区做好东西承接、创新技术，打造工业生态协同发展。

15.2.1 背景

(1) 社会经济概况

武汉是全国15个副省级市中唯一的中部城市,也是我国长江中下游的特大城市。2020年,受新冠肺炎疫情影响,武汉全年GDP为1.56万亿元,全国排名第九,GDP增长率为-4.7%,常住人口1232.65万人,人均GDP12.67万元,位于全国前列。2020年,武汉面对疫情带来的影响,行业产能持续回升。其中,以烟草业为首(涨幅6.2%),通信和电子信息制造业增长2.4%,医药行业增长1.4%,其余行业出现一定规模的下降,但总体水平处于可控区间。

(2) 能源消费情况

武汉是我国重要的工业基地和中部地区综合交通枢纽城市,但与工业和交通发展状况不相适应的是武汉能源资源较为匮乏,煤炭、石油、天然气等基本依赖外部供应,能源对外依存度较高。"缺煤、少油、乏气"的现状加大武汉实施节能减排、低碳环保、探索净零碳城市发展路径的难度。自2012年成为我国第二批低碳试点城市以来,武汉规模以上工业能源消费总量由4230.66万吨煤升至5354.99万吨煤,年均涨幅3.32%,远低于同期年均GDP涨幅(13.66%)。具体来看,武汉规模以上工业能源结构主要以煤炭类、油品类和电力为主,化石能源占主要地位。其中,煤炭类消费总量2012—2019年小幅下降;油品类消费总量受国际油价形势波动较大,2019年较2012年增长幅度为84.36%;电力能源消费占比较小,但也呈现逐年递增趋势;气类能源总体保持稳定(图15-2)。

武汉作为我国工业重镇,社会用电量以工业占据绝对比例。2018年和2019年全社会工业用电占总用电量分别为80.37%和79.50%,基本保持平稳。其中,2019年全行业用电总计为489.26万千瓦时,城乡居民生活用电126.20万千瓦时,与上年相比均有不同程度上涨,表明武汉用电形势依旧严峻。分行业来看,工业用电占全行业用电57.98%,尤以制造业为主;除水电气生产供应和公共服务组织等占比较大外，其余行业占比均保持在较低水平。武汉行业用电分布反映其碳排放行业分布主要以第二产业且以制造业为主，这也是武汉在零碳探索过程中重点关注的行业。

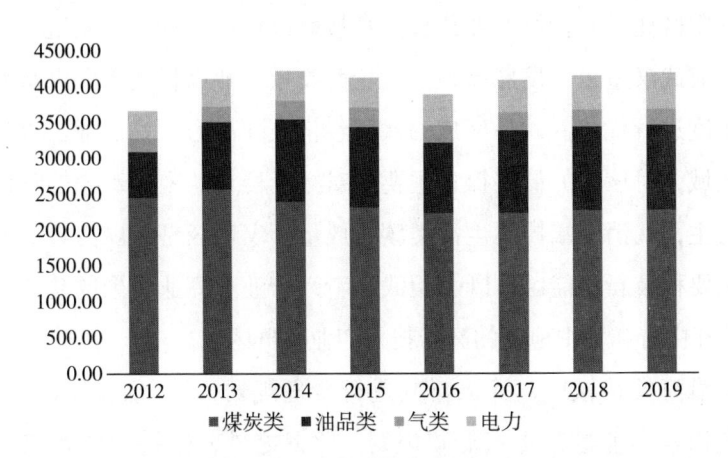

图 15-2　2012—2019 年武汉市规模以上工业主要能源消费总量（折标煤）（单位：万吨煤）

数据来源：武汉统计年鉴。

（3）零碳探索模式

武汉属偏重型经济结构，是我国中部以及部分重工业城市的典型代表，能源资源消耗和经济发展的矛盾长期存在。2012 年，武汉成为我国第二批低碳试点城市，并计划 2022 年碳排放达到峰值。截至目前，武汉在近 10 年的低碳路径探索中，充分利用长江中下游区位优势以及区域中心的经济地位，积极践行低碳发展理念，从划分不同城区赋予不同发展目标，到鼓励、发动社会积极参与碳减排，再到争取"中碳登"落户武汉打造"世界碳谷"和"绿谷"，武汉成功探索出一条"多管齐下"的中部城市绿色崛起之路。

15.2.2　路径

（1）因地制宜促科学分区

随着长江经济带的深入实施，武汉作为长江中下游核心城市的经济发展步伐短期内难以降速，产业结构调整也不宜转急弯，为了更为科学合理解决生态环境和经济发展的矛盾，武汉因地制宜将全市划分为不同功能区域，发挥地域特长，合理分配城市资源。全市按功能划分为汉阳、武昌和汉口三个区域：汉阳区凭借其传统产业优势，承接武汉市内炼钢业、制造业等传统重工业，形成武汉重工业发展基地。对于此类重工业高耗能产业，从结构和技术两个角度进行优化。武昌区成为武汉经济文化中心，是商业、人口、教育等核心区域，对该区的低碳探索主要以对社会群众的零碳理念的宣传和倡导等措施为主，从消费端控制生活类碳排放量。汉口区是武汉为打造未来经济增长的主要科技新功能区，既承担武汉新兴产业和商业集聚的功能，又致力于建设长江中游和华中地区的高新技术产业集群区域。

对标沿海发达城市，武汉对其进行合理规划，设定低碳示范区，对建筑、交通以及产业进行重点低碳规划。除此之外，秉持"绿满江城，美丽武汉"的治理理念，武汉生态降碳工程取得显著进展：以自然资源为优势，形成"一心两轴五环，六楔多廊，一网多点"架构建设绿色空间；修复山体建设山体公园；保护湿地建设生态绿洲。同时实施一系列园林和林业工程建设，如2015年9月成功举办武汉园博会，建成张公堤城市森林公园，三环线城市生态带形成"一环多珠"格局，特色绿道骨架凸显武汉地域风格等。

（2）城市碳汇造生态之城

武汉推动全面碳汇政策，倡导工业生产和生活消费两端共同发力，以碳汇为主的全民参与低碳建设取得显著成效。政府鼓励工业企业建造碳汇林，购买森林碳汇，通过设立碳中和基金和碳权交易等低碳金融手段，开展碳补偿机制和碳权、林权交易，从碳生产供给方面降低碳排放，构筑绿色屏障。同时，发动社会群众积极参与低碳零碳建设。2014年，市政府采用"碳积分"体系，一方面，从市民在出行、光盘行动、垃圾分类以及节能生活等活动中设计合理碳积分积累机制；另一方面，市民通过低碳行为积累的"碳积分"，通过和生态碳汇产品挂钩，从低碳活动中来，到低碳产品中去，形成积分兑换和实现生态产品双赢的"碳普惠"机制，成功实现降碳闭环。

另外，"低碳军运"项目也是武汉进行城市碳汇的标志性探索。2019年第七届世界军人运动会在武汉举办，武汉在全国范围内首次实行"个人减排赛事中和"模式，以"低碳军运"小程序为手段，广泛涉及出行、消费、回收、宣传等方面，旨在通过赛事中介，倡导市民参与低碳减排活动。活动期间，近7万名武汉市民捐助的个人碳积分共中和军运会期间产生的100余吨碳排放，并将这一成功经验复制到2022年北京冬奥会。城市碳汇的另一成果是城市生态绿化项目的推广实施。为形成"四季花城"，武汉在未来五年间计划建造300个口袋公园、5000公顷城市绿化、10万亩树林以及200万株花灌木等，为形成中部"生态城市"打下基础。

（3）"中碳登"聚力世界碳谷

2011年，武汉成为全国开展碳排放权交易试点的7个城市之一。2021年6月，全国碳排放权注册登记结算系统（以下简称"中碳登"）正式落户武汉，使得武汉在零碳探索过程中获得空间集聚优势。截至2021年11月，全国碳市场碳排放配额（CEA）累计成交量2214.11万吨，累计成交额达到9.89亿元。遵循碳排放权交易试点经验，依靠大数据和云计算技术，"中碳登"确保了碳交易过程中的碳资产能够得到安全有效的管理，在碳排放权的确权登记、交易结算、分配履约等业务过程中承担重要作用，成为全国碳交易的数据中枢。自成为全国碳权交易试点以来，武汉"中碳登"的成功落地，标志着全国碳市场交易于武汉正式启动，以其为中心，未来武汉将聚势碳金融发展，致力于集聚一批配套碳金融产业链。"中碳登"是武汉在零碳探索过程中"请进来"的标志性实践，为打造武汉"世界碳谷"提供可能。借助武汉光谷建设经验，利用"中碳登"平台，武汉以武昌区为功能区，划定低碳试点和碳金融服务业集聚分区，形成以"绿色投资、绿色人才、绿色项目、绿色技术"为核心的全国性低碳环保产业集聚中心。

除此之外，武汉基于"中国云"构建的城市基础设施及智能处理平台，集交通、基础设施、公共应急以及能源管理为一身，构建时空互联、交互及时的平台互联体系，并与"光城计划""数字武汉"计划联通，共同为净零碳探索提供理念先导和技术扶持。

15.3 太仓：规划引领，建设绿色智慧的中德新城

娄江新城（中德创新城）是江苏省太仓市抢抓长三角一体化发展和虹桥国际开放枢纽建设等重大国家战略机遇，按照"产城融合、数字智慧、绿色生态、创新科技"的规划理念全力构建的新城。新城功能定位为"长三角中德合作示范区、临沪智能制造集聚区、大学科研成果转化区、虹桥商务核心配套区"，目标是打造成为全国知名的"中德创新城"、上海五大新城的"姐妹城"。中德创新城已在产业体系、绿色生态、公共服务、综合能源、韧性安全等方面进行了高标准规划，力争建设成为绿色智慧低碳的标杆新城。

15.3.1 背景

娄江新城（中德创新城）是太仓在长三角一体化发展和虹桥国际开放枢纽两大国家战略叠加以及西北工业大学、西交利物浦大学两所大学太仓校区落地建设、"5+1"轨道交通网全面实施的时代背景下，依托多年来中德合作产业发展基础和临沪科创产业发展优势，提出的城市发展重大战略。

娄江新城（中德创新城）位于太仓主城东部，北至苏昆太高速，西至沈海高速，南至上海界，东至通沪大道，总面积约50平方千米，规划总人口约30万人，是未来太仓城市新中心。娄江新城坚持"产城融合、数字智慧、绿色生态、创新科技"的规划理念和"四先四后"的建设理念，全力构建"长三角中德合作示范区、临沪智能制造集聚区、大学科研成果转化区、虹桥商

务核心配套区",努力打造成为全国知名的"中德创新城"、上海五大新城的"姐妹城"。

15.3.2 路径

（1）以绿色智慧为引擎，助力城市一体化发展

产业方面，娄江新城规划"2+3+2"现代产业体系，全力推进智能汽车、智能制造 2 大产业数字化升级，重点培育航空航天、精准医疗、人工智能与机器人 3 大新兴产业，全面发展以会议会展、研发设计、科技金融等为重点的生产性服务业和以教育、医疗、商业、酒店等为重点的生活性服务业。依托太仓制造业基础、西工大科研优势和上海大飞机的产业机遇，娄江新城规划占地超 1000 亩的太仓航电产业园，力争建设国际一流的航空高端制造创新基地和长三角民用航空机载研发配套先导区。

交通方面，依托太仓高铁站，娄江新城规划建设"5+1"轨道交通体系，接入"八纵八横"国家级高速铁路网和长三角城际铁路网，实现与北京、重庆、武汉、广州、南京等国内各大城市的互联互通，和与上海虹桥、浦东 2 大枢纽以及 10 条东西向地铁的无缝换乘；规划 5 条与上海联通的公路（3 条已通车），9 条跨沿江高速与主城联通的通道（5 条已通车）。嘉闵线作为沪苏首条跨省快速市域铁路，从嘉定城北路站引出，进入太仓境内，设 3 座站点及一个车辆段，设计时速 160km/h，与上海段同步规划、同步设计、同步建设、同步运营，目前，太仓先导段太仓站工程已开工建设，站点 TOD 规划设计加紧推进。

绿色生态方面，娄江新城规划水面率达 10.4%，骨干河道均规划控导工程，设置由 4 座综合公园、2 座专类公园（湿地公园、体育公园）、14 座社区公园、26 座街头口袋公园组成的四级公园体系，人均规划公园绿地 18.9 平方米，远超国家生态园林城市标准（12 平方米/人），构建形成 15 千米以上的城市生态绿道。当前，娄江新城滨河公园已初具规模，洙泾河景观带开工建

设，北虹桥中德创新走廊城市设计、北长泾景观带等也已启动，其中，北虹桥中德创新走廊将紧密结合区域生态优势和高标准规划，构建自然环境与创新发展交融的新生态，充分发挥生态本底特征，塑造具有典型地域特色的核心竞争力，为娄江新城的蓄势腾飞以及太仓城市能级的提升注入强劲的创新动力。

公共服务方面，娄江新城大力构建公共交通体系和民生基础设施，辖区内规划中小幼学校48所（幼儿园26所、小学12所、初中6所、特殊学校1所、一贯制学校2所、高中1所），三甲医院1座，医养中心1座，全覆盖社区卫生服务中心，会议会展与文体艺术中心1座。上海交通大学医学院附属瑞金医院太仓分院已开工建设，预计2025年建成投用。该院由瑞金医院提供垂直化管理、同质化医疗、一体化运作，建成后将成为长三角地区具有影响力的研究型、创新型、示范性、现代化大型三级甲等综合医院，与瑞金医院本部、嘉定院区共同成为瑞金医院"一院三区"的核心部分。全市标准最高的养老载体中德创新城医养中心已开工建设。依托北虹桥国际博览中心，娄江新城将打造会议会展和文体艺术集聚区，建成后将协同联动虹桥国际会展之都建设，承接上海溢出的大中型会议、精品展销、演艺娱乐活动和体育赛事、节庆活动等。

娄江新城还重点打造沿江高速沿线、白云渡站点周边、会展中心区块3大核心商圈，形成大学城、十八港路、花园街、新浏河、北长泾5条特色商业街，规划邻里中心10座，满足并提升全市商业消费能级，力争形成辐射吸引上海北部地区客群消费的集聚地。当前，中德创新城城市生活广场、金融CBD、文化演艺中心、总部经济集聚区、大型商业综合体等项目正加紧推进。

（2）坚持规划引领，完善智慧绿色城市体系

娄江新城始终坚持规划引领，持续优化完善"1+5+N"规划体系，着力从绿地、综合能源、韧性城市、海绵城市、慢行系统、公共交通、地下空间、智慧城市方面入手，打造绿色智慧之城。

绿地规划。娄江新城构建"八横五纵"的特色慢行廊道，以自然肌理的

开放空间依托，串联太仓站、会展中心、三凤湖、静秋湖、新浏河等主要城市景观节点，并与太仓市域骨架慢行廊道相衔接。结合城市更新与宜居街区建设推进空转绿、工转绿、低转绿更新老旧绿地，提高绿地使用效率。绿地丰富公共空间功能，保护生态多样性，满足市民休闲游憩及休闲服务要求，营造良好生态环境。

综合能源规划。娄江新城范围内供能分区以各类商业、办公、体育、会展、教育等公共建筑为主，采用集中供能方式；居住生活区主要以居住为主，采用分散式用能方式。娄江新城区域能源规划基于周边资源划分供能分区，技术形式采用以水/地源热泵为基础负荷，冷水机组/热源塔进行负荷调节，利用蓄能水池调峰；试点片区采用建筑屋面进行屋顶光伏铺设，光伏发电主要供应能源站设备用电，自行消纳；从就地取材、兼顾建设时序等角度，按照分步实施、整体联动的思路，多能互补、集成优化建设娄江新城智慧能源微网。从能源利用类型来看，光伏发电系统、水源制冷系统、污水源制冷系统均采用了可再生能源，与我国能源发展规划要求相一致。从能源利用效率来看，水源、污水源、地源制冷采用了优良的低温空调冷源，制冷效率较常规冷机有大幅提高。

娄江新城还将在未来规划建设多种技术超前的新型能源项目，包括锂电储能、液态空气储能、太阳能、充换电站、加氢站及氢燃料电池等，这些技术将是新能源代替传统化石能源方式之一。

韧性城市规划。统筹防灾体系和资源，提高防灾减灾救灾综合能力，建设可持续发展的安全韧性城市。综合考虑城市防灾资源的整合共享，按照分层次、分等级的方式进行划分，形成具有多中心防灾救灾机能的、既相互独立又有机联系的空间结构单元，形成"统一指挥、专常兼备、反应灵敏、上下联动、平战结合"的应急管理机制，最大限度满足应急救灾的需求。规划新建排涝泵站3座，设置24座水闸，形成封闭独立的内涝防治区域，整体提升娄江新城排水防涝安全。规划结合中德创新城城市生活广场设置应急指挥中心，采用现代信息等先进技术，建立集通信、指挥和调度于一体，高度智能化的城市应急系统，全面协调、组织、指挥本区内综合防灾工作，全面提升城市应急管理水平。

海绵城市规划。遵循生态优先等原则，将自然途径与人工措施相结合，建设具有自然积存、自然渗透、自然净化功能的海绵城市，构建"两河串三园，两湖引五带"的海绵城市生态空间格局。规划结合娄江新城各类建设项目特征，针对每一类建设项目根据地块所在分区及用地类型提出相应的海绵城市指标要求及建设规划设计指引，以供建设项目规划设计过程中进行参考。

慢行系统规划。落实苏州市"十四五"发展规划和太仓"十四五"生态环境保护规划的需要，倡导绿色低碳、绿色出行，构建多元体验、连续成网、接驳便捷、特色彰显的复合型慢行系统，串联城市"城脉""文脉""水脉""绿心"。根据慢行需求、慢行协调发展策略、慢行环境将娄江新城范围分为慢行重点区（高铁商务组团）、优先区（居住组团、高校教育组团）和一般区（工业研发组团、田园生态组团），根据不同城市居民与游客出行特征以及设施要求，建设慢行路径满足居民通勤、通学、购物和游览需求，串联城市功能区和核心空间，形成城市文化多元体验的慢行系统。

公共交通规划。依托"5+1"轨道体系，构建以轨道交通、中运量公交为骨干，常规公交为主体，公共自行车、共享交通等为补充，定制型公交为特色的开放多元、一体高效、绿色智慧的公共交通体系，实现公交导向的城市空间结构和土地利用。远期专用道形成"三横三纵"公交专用道网络（三横为太仓大道、江南路、上海东路，三纵为白云渡大道、飞沪大道、临沪大道），近期形成一横一纵两条专用道示范线（太仓大道、白云渡大道）。构建面向全区域出行、满足多元化需求、提供高品质服务的"多模式、多层次"公交网络服务。

地下空间规划。以功能符合、交通高效、空间一体、低碳开发为核心理念，科学研判地下空间开发潜力，通过科学合理利用地下空间，提高空间使用效益，提升整体功能价值，构建国际化立体枢纽城。

智慧城市规划。通过高起点、高标准、高水平的同步开展新型智慧城市建设，致力于将娄江新城打造成为苏州乃至长三角区域以数字孪生为引领的新型智慧城市样板，进而高质量引领太仓未来，成为太仓深度融入长三角一体化发展的桥头堡和先行区。

在建设实施载体方面，太仓水质净化中心项目已开工建设，该项目是目前太仓规模最大、建设标准最高的污水处理厂，项目建设用地约160亩。投用后，污水处理能力可达到15万吨/天，服务面积约136平方千米，将成为太仓水质净化的核心载体。该项目合理利用地下空间，可节约三分之一的用地。节约下来的土地资源用来建设综合办公楼、室外配套设施、体育休闲公园等，通过地面绿化景观布局，将污水厂打造成极具特色的花园式城市综合体。同时采用目前国内先进的"A2O-MBR"膜处理工艺，该工艺具有节省占地、出水水质标准高的独特优势。该项目创新应用"振动MBR"工艺，为目前国内最大规模工程应用案例，能最大程度实现污水处理过程绿色低碳运行。

参考文献

[1] 辛章平，张银太. 低碳经济与低碳城市 [J]. 城市发展研究，2008（04）.

[2] 陆铭，向宽虎，陈钊. 中国的城市化和城市体系调整：基于文献的评论 [J]. 世界经济，2011，34（06）.

[3] 李冉，石璞. 试点：改革开放的中国方法与中国经验 [J]. 毛泽东邓小平理论研究，2018（09）.

[4] 王文军，骆跃军，谢鹏程，等. 粤深碳交易试点机制剖析及对国家碳市场建设的启示 [J]. 中国人口·资源与环境，2016，26（12）.

[5] 深圳市碳排放权交易研究课题组. 建设可规则性调控总量和结构性碳排放交易体系——中国探索与深圳实践 [J]. 开放导报，2013（03）.

[6]《深圳统计年鉴2020》，深圳市统计局，2020.

[7]《深圳市2020年国民经济和社会发展统计公报》，深圳市统计局，2021.

[8]《2020年度深圳市生态环境状况公报》，深圳市生态环境局，2021.

[9]《中国低碳生态城市发展报告2019》，中国城市科学研究会，2019.

[10]《深圳碳减排路径研究》，绿色低碳发展基金会，2016.

[11]《深圳排放权交易所结算细则(暂行)》,深圳碳排放权交易所,2015.

[12]《武汉市能源发展"十三五"规划》,武汉市人民政府,2017.

[13]《关于印发武汉市碳排放达峰行动计划(2017—2022年)的通知》,武汉市人民政府,2017.

[14]《节能降耗促发展,低碳转型显成效——新中国成立70周年武汉经济社会发展成就系列报告之四》,武汉市统计局,2019.

[15]《武汉市国民经济和社会发展第十四个五年规划和2035年远景目标纲要》,武汉市发展和改革委员会,2021.

[16]《武汉城市低碳发展战略与政策实践背景报告》,绿色创新发展中心,2019.

[17]《2020年武汉市国民经济和社会发展统计公报》,武汉市统计局,2021.

[18]《武汉统计年鉴2020》,武汉市统计局,2020.

[19]《武汉出台推动降碳及发展低碳产业工作方案》,武汉市生态环境局,2021.

[20]《中国低碳生态城市发展报告2019》,中国城市科学研究会,2019.

[21]《零碳中国·绿色投资:以实现碳中和为目标的投资机遇》,洛基山研究所、中国投资协会,2021.

[26]《中国率先达峰城市联盟低碳发展政策实践》,绿色发展中心,2015.

[27]《中国低碳生态城市发展报告2019》,中国城市科学研究会,2019.

第 16 章

欧洲低碳小镇的成功实践对我国城市转型的启示
——以英国、瑞典、奥地利等国家的城市为例

2021年是"十四五"规划开局之年。基于多源统计数据表明,"十四五"时期,我国城镇化速度将整体呈现稳中趋缓的趋势,年均增速将保持0.71个百分点,到2025年城镇化率预计将达到67.45%左右。《2021年新型城镇化和城乡融合发展重点任务》第五点提出,要加快建设现代化城市,顺应城市发展新理念新趋势,建设宜居、创新、智慧、绿色、人文、韧性城市,推进城市现代化试点示范,使城市成为人民高品质生活的空间。为有效实现任务目标,我们有必要借鉴英国、瑞典、奥地利等欧洲国家的低碳小镇发展经验,促进我国城市低碳转型发展,从而探索出一条适用于中国特色低碳城市建设的绿色健康之路。

16.1 背景

国际层面,随着时代的发展,消耗大量能源资源的原始传统城镇化发展模式开始不被国际社会所推崇,人们更愿意寻找低碳节能与经济发展之间的平衡点,发展低碳经济已经达成全球共识。根据全球碳排放量组织(Global Carbon Project)发布的年度报告,2020年全球CO_2排放量高达370亿吨,超过2019年的368亿吨。在2009年国际能源署公布的数据中,从1990年到2005年,中国碳排放量增长了90%,而发达国家的平均增长率只有23%。然

而全球碳排放份额当中，中国仅占据总量一半，仅为发达国家年排放量的20%。由于我国碳排放总量较高，而且碳排放量持续迅速增长，因此承受了来自发达国家在各种国际场合制造的舆论压力。

国内层面，作为世界上最大的发展中国家，中国人口数量众多，现阶段仍无法完全取缔传统化石能源。但根据我国目前的国情，继续保持传统城镇化发展模式并不是长久之计。经过三十多年的高速发展，我国城市可持续发展面临的主要问题表现为：①二氧化碳排放量的增长意味着能源资源的消耗也在增长，其中资源包括石油、粮食、铁矿石和淡水等。按现行模式发展，我国经济持续发展必然需要充足的能源资源作为基础支撑，而国内资源开采过度、进口价格不断攀高已成为阻碍我国经济发展的重要因素之一。②城市迅猛发展带来的负面影响逐渐显露。城市建设用地呈粗放发展，城市绿地面积显著下降，交通拥堵问题日益严重，雾霾污染常态化，资源紧缺等问题不断加剧。

低碳城市是指以低碳经济为发展模式，以低碳生活为行为特征，以低碳社会为建设目标的经济、社会、环境相互协调的可持续城市化发展道路。低碳城市是社会发展的必然要求，是大势所趋，并将成为城镇转型升级的方向。

16.2　欧洲低碳小镇建设典型做法和经验

16.2.1　调整产业结构，多元化发展的英国伯明翰模式

（1）伯明翰城市概况

伯明翰（Birmingham）地处英国心脏地带，土地面积约为208.8平方千

米，人口大约98万，在英国是仅次于伦敦的第二大城市，是英国的主要工业区与商业区。在2020年全球城市500强榜单中，伯明翰位于第116名。

18世纪六七十年代，双向气缸蒸汽机在这里诞生，为第一次工业革命揭开序幕。并且它毗邻煤铁资源丰富的奔宁山南地带，为伯明翰发展制造业提供了得天独厚的优势。

进入20世纪，随着煤铁资源的过度开采，伯明翰这种传统重工业发展的结构性问题开始暴露，环境污染、生态破坏等问题也逐步展现。第二次世界大战期间，伯明翰的城市产业和公共设施遭到严重破坏，经济状况更是加剧恶化。到了20世纪六七十年代，伯明翰的失业率高达25%。不仅如此，长时间重工业一家独大的畸形发展给这座城市蒙上了一层"肮脏"的面具。

（2）伯明翰低碳发展现状

20世纪80年代，面对经济衰退的悲惨命运，伯明翰政府制定了调整产业结构、实行产业转移的计划，发展新兴的金融业、旅游业、会展经济等高端服务业，将城市传统制造业中仍具有高价值的部分与新型第三产业相结合，推动产业结构的重心逐渐从第一产业向第三产业转移升级，逐步形成伯明翰产业结构多元化发展格局。

如今，伯明翰已基本完成旧工业城市的转型升级，有效治理曾经的工业污染。2018年经济实力发展报告显示，伯明翰的经济实力是253亿英镑，在英国城市中仅次于伦敦，且仍在高速增长。在2018到2028年间，伯明翰GVA增长预计会达25.5%，高于西米德兰兹郡23%的平均水平。伯明翰成功从一个以制造业为主的老工业城市转型升级为以服务业为主的现代化低碳城市。

现在，伯明翰年旅客流量高达2200万人次，伯明翰政府新修建了伯明翰国家展览中心、阿尔伯特新车站、佳能山公园等大型城市基础设施项目，有大约108000的伯明翰人从事于金融、银行等第三产业行业。另外，伯明翰是享誉欧洲的"欧洲体育之城"，体育运动的观念已融入每位市民的生活中。

经过近40年的产业结构转移升级，以第三产业为主导的多元化发展战略的实施,根据联合国发布《全球城市竞争力报告(2020—2021)》,伯明翰在2020全球城市经济竞争力排行榜中居第69位,经济竞争力为0.802;在2020全球城市可持续竞争力排行榜中居第40位,可持续竞争力0.707。

(3)伯明翰主要低碳措施

低碳转型升级不是简单的等于"去工业化",伯明翰政府以原有的工业基础为依托,通过调整产业结构,将产业结构的重心逐渐从工业转向第三产业。制定明确的低碳转型发展规划,保留传统制造业中仍具有高价值的部分,并与新型第三产业相结合,实现产业多元化发展。

①依托原有工业基础,实现多元化发展。伯明翰的铁路、公路、国际机场、水路运输线路四通八达。伯明翰充分运用老工业城市遗留下来的地理环境优势,致力于推广旅游、会展等高端服务业。例如对工业革命遗留下来的Soho House地区,伯明翰政府实行保护性改造措施,依托工业革命遗留下来的特色因素,使其成为发展现代旅游业的基础。将这个曾经因工业兴盛又因工业衰败的地区,打造成探寻工业革命历史的新兴旅游区域。既节约建设成本,又为当地居民提供大量的就业机会,实现经济成功转型,从而使该地区重新焕发活力与生机。

②调整产业结构,明确产业定位。伯明翰早早确定了产业转型定位,即发展高端服务业,打造成为欧洲会展、娱乐、旅游的中心。首先,伯明翰政府出台鼓励政策,激励企业和个人参与高端服务业工作;其次,大力发展教育,培养能够从事高端服务业的专业性人才。最后,完善基础设施建设,在城市中营造良好的产业氛围。1991年,为发展会展业,伯明翰市政府花重金修建国际会议中心。同时,政府积极引导航空、汽车、化工、机电、石油企业等第一产业从之前的大规模机械化生产,向具有更高附加值的设计、集成、品牌化产品方向转变,引导企业生产知识密集型、信息密集型、技术密集型产品。

③运用高新技术,建设知识城市。伯明翰政府大力提倡创立高科技企业、研发高科技产品,并充分利用伯明翰大学研究的优势,促进理论与实践的结

合。自1968年起，伯明翰市政府投入巨资，运用高新技术改造钢铁产业，大大丰富钢材品种，提高其技术水平和产品质量，使钢铁业获得生机。

④制定严格的规章制度，伯明翰政府与12000家能源密集型企业签署了气候变化协议，企业承诺如果未达到减排目标，则需缴纳80%的气候变化税。气候变化税是英国政府出台的一项实质性政策手段，该税旨在通过提高能源的有效价格，鼓励提高能源效率和降低能源使用，进而实现温室气体减排目标。

通过对知识文化产业的扶持，伯明翰脱掉"大工厂"的肮脏标签。同时，伯明翰的旅游业、会展业等行业因为文化因素的注入而不断提高附加值，文化产业和高端服务业相互促进，共同发展，实现多元化发展

16.2.2 政府补贴支持，多方合作建设新城的瑞典哈马碧模式

（1）哈马碧新城概况

"哈马碧"生态城（Hamby Eco-City）坐落于瑞典首都斯德哥尔摩城区的东南部，原先是一个废弃工业区的码头区，凌乱不堪，污染严重。20世纪70年代石油危机的出现，使许多国家不得不寻找低碳发展的方式，其中很多国家选择的发展方式之一就是新城建设。为争取2004年奥运会的主办权，斯德哥尔摩市政府将哈马碧新城规划成为奥运村选址，并开始对哈马碧地区进行改造。尽管最终斯德哥尔摩没有申奥成功，但哈马碧生态城的规划目标却被保留了下来并付诸实施，建设成为一个国家级乃至全球的生态示范区。哈马碧新城模式为其他国家解决低碳转型升级、经济发展等问题带来了新的思路。

（2）哈马碧新城低碳发展现状

1996年，斯德哥尔摩市政府牵头组织拟定哈马碧生态城整体规划。规划改造的首要目标是治理当地严重的工业污染，并在区域内建立一套整体有机

的生态系统。在地方政府、企业和环保部门的协商下,三方讨论好如何建立垃圾自动回收系统,节水排水系统,资源循环利用系统等,至2000年哈马碧生态城规划改造开始动工。

开工以后,他们目标明确,按照既定战略顺利实施工程。自1998年起,瑞典政府采用国家层面的补贴支持方式,资助低碳新城建设的项目。项目总投资达20亿瑞典克朗(约20亿元人民币),其中政府投入约2亿克朗,主要用于支持可再生能源开发与利用等低碳节能的项目建设。工程2015年已全部完工。

历经二十多年的发展,哈马碧的占地面积已经达到204万平方米,有2.6万常住人口和约1万的通勤人口,已基本完成既定的建设目标,被称为是"世界上最好的生态新城"。无论是资源的低消耗与回收循环利用,还是行之有效的生态规划,哈马碧新城生态模式的成功,为全世界的生态低碳城市建设提供了重要的建设模板和发展经验。

(3)哈马碧新城主要低碳措施

作为一座新城,哈马碧新城注重系统性的规划理念。在这里,水循环、能源、交通、建筑、垃圾处理等被纳入到一个整体有机的生态体系中,有条不紊、各司其职地协调运作。此生态循环的系统又被称为"哈马碧模式"。

哈马碧低碳新城建设的项目主要包括垃圾回收、水分类处理、资源循环利用、低碳交通等几个方面。

①建立垃圾自动回收系统。哈马碧新城当中,所见的每一个垃圾桶,都与地下垃圾回收系统相连接。同时,要求居民自觉对垃圾进行详细的分类,全民协作利于垃圾更高效处理。经过实用系统的精细化分类,哈马碧垃圾尽可能最大化地重复利用。

②节水措施及水分类处理系统。在哈马碧,人们设定了一个环保目标——每人每天的生活用水为100升,这个数字远远低于斯德哥尔摩地区的人均用水量——180升。家庭用水方面,水龙头制造商在水龙头上安装空气阀门,同时政府提倡使用节水家具,例如用水量更少的环保抽水马桶、洗碗机

等,以此来有效降低生活用水的用量。

在排水处理的过程中,哈马碧区别处理生活废水和雨水、雪水等自然水源。首先,建设强大的污水净化处理系统。污水经过净化后,可将有害物质含量减少 50%,使更少的化学用品被排到群岛海域,并且在净化过程中,95% 的磷可被分离出来,循环运用到农业上。居民区地表会建造降水沟,通过地势由高到低将降水排向哈马碧海。难以通过下渗解决降水的地方,会将降水导入封闭的蓄水池。政府建造排水提取系统,通过水在蓄水池中静止沉淀,提取生物燃气,作为当地公共汽车和燃气灶的能源来源。同时建造绿色房顶,积蓄雨水,延缓下流,增加蒸发。

③建立资源循环利用系统,使用可再生和可持续的能源,其中包括沼气、废热再利用、建筑物材料等。哈马碧的电热厂与垃圾回收系统及污水处理系统相连接,通过回收可燃废物,利用垃圾、污水处理分解出的资源作为动力,生产热力与电力。同时,生产热力与电力过程中的废弃物会再次循环利用,生产生物燃料,为哈马碧的城市公共交通和新能源汽车提供燃料供给。引进世界先进设备,从污水中提取沼气,用于家庭厨房燃料及汽车燃料。在建筑物的外墙和房顶安装太阳能电池,产生能量用于供电和供热水,解决家庭部分能源需求。对建筑物材料有着严格的要求,最大化使用再生材料,避免使用含有重金属等污染化学品或建材,在项目开始前和建设过程中,定期开展生态测试,检测化工产品和建筑材料对人体或环境无害。

④减少私家车的使用,发展绿色节能的公共交通。具体说来,哈马碧滨水新城的公共交通系统包括 24 小时运营的免费渡轮,通向城市各处的公交巴士、有轨电车、自行车和人行步道。哈马碧当地政府倡导民众进行"共享汽车"以及"拼车"的行动。当人们要前往相同或相近的目的地时,尽可能用拼车等方式共享一辆车,以此提升效率,有效降低交通运输中产生的二氧化碳排放。

因此,瑞典哈马碧新城的低碳城镇建设经验可以总结概括为:政府提供资金支持,明确建设计划。更新观念,各部门通力合作。不断研发环保低碳技术，建设强大的循环再利用系统，提高资源的循环利用效率。

16.2.3 利用优越自然条件，政府统筹规划的奥地利维也纳模式

（1）维也纳城市概况

维也纳（Vienna），坐落于美丽的多瑙河畔，拥有超过187万的人口，是奥地利最大的城市和政治中心。自2010年以来，维也纳连年被评为"全球最宜居的城市"。从经济发展来看，奥地利约有23%的企业和25%的员工集聚于此，其中第三产业就业者占80%以上，维也纳的服务业较为发达，服务业带给维也纳的经济约占国内生产总值的69.8%。在2020年的全球城市500强榜单中，维也纳位于第15名。

（2）维也纳低碳发展现状

维也纳社会稳定，治安良好，自然环境优美，占地面积400多平方公里，布满了森林、草原、江河、湖泊。当地政府号召群众，聚合群众力量，共同建设低碳绿色城市。注重新技术推广、污染物实时监测、废物节能改造等，提升能源利用效率，降低二氧化碳排放量。

在几十年的发展建设当中，维也纳发展迅速，如今已经成为世界范围内屈指可数的环境与生活质量都属上乘的模范城市。根据全球及主要国家碳排放数据分析，维也纳是欧洲碳排放量最低的城市，人均二氧化碳排放量只有5.9吨，远低于欧盟二氧化碳人均排放15吨的标准。

（3）维也纳主要低碳措施

维也纳实现低碳发展的经验主要有：组织结构合理，城市规划清晰，技术创新进步。

①维也纳城市政府助推成立城市绿色规划局，由环境保护部主管，市长

主持，具体统筹和引领低碳城市建设。完善公共基础设施建设，在交通、能源、水资源、垃圾回收利用等各方面制订一系列完备的标准规范体系。

在维也纳市，伴随城市化进程的加快，维也纳人口曾一度攀升，私家车数量随之快速上升，导致其环境污染和能源安全的问题日益凸显。为改善市民生活环境，维也纳政府新修建大量的自行车道和人行步道，生产清洁环保的现代电车，倡导广大市民乘坐公共交通，低碳绿色出行。同时建设完善的服务中心和指挥系统，提高公共交通工具使用率，保障环保交通业务的顺利开展。以维也纳的班霍夫城综合改造项目为例，维也纳市政府在该区域不仅规划了一整套绿色方便的轻轨、公共汽车和自行车交通体系，还明文规定该区域内公交汽车、轻轨交通、自行车道和人行步道的宽度必须占街道路面宽度的50%以上。班霍夫城内专门设有方便行人和自行车通行的天桥系统，还专门建造一条总长达5km的内街，将主要建筑物联系起来，为该区域的市民营造了安全舒适的工作、居住环境，从而大大降低了人们对私家车的依赖，减少因驾驶私家车产生的二氧化碳排放，达到优化城市环境的目的。

②维也纳政府制定"城市供暖和制冷计划"，高效利用能源。城市供暖方面，利用回收的固态垃圾和废水，采用高新技术将其转化为新能源，减少之前供暖设备的高能耗，从而有效降低二氧化碳排放量。城市制冷方面，研发新型节能技术，新制冷系统的基本能源消耗只有传统制冷系统的10%。在建筑物建造方面，将城市建筑物建造与新能源供应系统相结合，设立高能效、零能耗计划，充分体现了利用可再生能源的环保理念。利用屋顶的太阳能电池保障室内能源需求，通过结合先进的保温、密封和通风技术，最大限度减少外部气温对室内温度的影响，从而大大减少了能源消耗量，实现低碳节能目标。通过维也纳政府的不懈努力，占奥地利总人口20%的维也纳市，所消耗能源仅为全国能耗的12%~14%。

③维也纳市政府充分发挥模范效应，颁布并实施了关于生态采购的相关法律法规共计63条。在颁布法案的同时，市政府也积极践行这些相关法案，政府本身依据法案进行绿色产品的采购和绿色服务的使用，并严格要求下属相关单位部门遵守执行生态要求。

奥地利维也纳的低碳城市建设经验总结为：积极利用本身的优越自然条件，发挥维也纳政府对低碳城市建设的统筹引领作用。建设合理的组织结构，对城市建设做出清晰规划，不断研发创新环保低碳技术，政府与企业、市民齐心协作。

16.3　对我国的启示

虽然欧洲城市因地理、历史、社会、经济等原因，与我们国家所处发展阶段和道路不同，但是在低碳城市建设方面的成功实践经验可以给我国城市转型带来几点启示。

（1）进行城市科学规划

政府应统筹规划城市空间布局，建设低碳绿色、循环再生的资源利用体系，建设提倡公共交通工具、绿色便捷的低碳交通体系，建设宜居舒适、互相连接的基础设施体系。积极对低碳城市的发展做出科学的整体规划，设立明确的发展目标。

政府规划设计时，要充分利用各方面的条件，充分利用原有的资源进行低碳设计。如借鉴伯明翰的规划方式，修复和改造废弃工厂，既可体现城市的历史风貌，又能节约工程材料，减少资源使用。同时开发旅游经济等第三产业，吸引外地游客，为城市带来巨大的经济效益。绿化方面，政府要合理规划城市土地资源，结合本地土壤的特性制定合理的建设方案。在实际绿化过程中，借鉴哈马碧原土回填的方式，不仅可以利用土壤保护生物物种，还节约土壤资源，避免过多消耗城市园林绿化建设的资源。另外，在城市绿化建设中要秉持低碳高效的理念，合理搭配不同树种，提高整体的固碳释氧能力，从而提升城市的空气质量。

政府要加强制度引导。通过政府政策推进与企业市民通力合作，提高环保观念，营造全社会低碳生活的良好风气。近些年，针对低碳城市的发展，我国制定了一系列的制度法规，但是实践中表现出来的效果并不明显。要加大监管惩处力度，只要发现非法排污的事件，政府就应根据相关的法律法规进行处罚。同时，政府要紧跟经济发展的步伐，不断补充和完善现有的法律法规，只有基于我国基本国情设立的法律法规，才能更有效地解决问题。

（2）国家支持科技创新，加强低碳技术研发

低碳技术主要使用清洁能源，能够大大提高能源使用效率，减少对能源的消耗，节约成本，从而实现减排的目的。因此，低碳技术是低碳城市的发展基础，构建低碳型产业结构体系首先要加大在低碳技术方面的投入力度。与发达国家相比，我国目前低碳技术仍处于落后阶段。因此，要想助力我国城市低碳转型升级，必须提高我国的低碳技术研发创新能力。

①政府建立完善包括知识产权保护等在内符合我国国情的科技法规体系，为低碳技术的研发和推广提供强有力的法律保障。制定相关积极政策，对研发低碳技术的企业增加奖励、减免税、贴息贷款等政策支持与投资力度。鼓励社会资本向低碳产业转移，为低碳型产业提供充足的资金支持和良好的社会氛围。

②国家引导发展低碳技术教育，实施技术性人才培养战略，为低碳产业的发展培养一批高素质的人才。虽然我国人才总体规模已近6000万，但低碳技术研发专业领域的高层次人才十分短缺，能跻身国际前沿、参与国际竞争的人才更是十分匮乏。可借鉴伯明翰的人才培养模式，采用高校招生、企业定向培养、出国交流等多种方式，着力打造"企业为主体、市场为导向、产学研相结合"的技术创新体系，为实现我国城市低碳转型升级奠定人才基础。推进企业、高等学校、科研机构之间的知识流动和科技成果转化，使创新科技成果尽快转化为现实的生产力，从而切实增强我国的科技创新力和国际核心竞争力。通过与有经验的国家进行技术交流，引进国外先进的低碳技术，

提高我国低碳产业技术发展速度。

（3）加强能源监督管理，构建低碳型产业结构和能源结构

在建设时采用环保材料，将建筑业与太阳能等清洁能源相结合，减少不必要的景观照明，采取太阳能光伏发电，倡导家庭使用节能灯和节能家用电器等，充分利用可再生资源，降低城市发展成本。促进资源回收利用，推动可持续发展。建设水循环处理技术，降低水资源的消耗，节约水资源；建设垃圾回收处理系统，分类环节后精细回收利用。依托先进处理净化技术，就近进行无害化处理，从而实现资源循环利用，提高城市资源利用效率。

根据国际能源署（IEA）发布的《2008年世界能源展望》（World Energy Outlook 2008），2005年，石油占中国运输业能源消费总量的96%，运输业的石油消费占当年全国石油消费总量的35%，到2030年，后一个比率将上升到55%。就二氧化碳排放而言，运输部门约占中国总排放量的8%。现阶段，我国的能源转化当中，煤炭消耗占比已经接近70%，远远超出世界平均数值30%，而我国80%的发电量都依赖于火力发电。在全国二氧化碳排放总量统计中，电力的二氧化碳排放占据50%。许多行业仍以煤炭等传统化石能源为主要能源，风能、太阳能、潮汐能等清洁能源发展还不成熟，无法完全取代传统化石能源，改变污染较大的化石能源使用状况还需较长时间。而且我国人口数量巨大，能源资源十分紧缺。最新统计数据表明，我国现有石油人均剩余探明可采储量只有世界平均水平的7.7%，天然气人均剩余探明可采储量只有世界平均水平的7.1%，石油对外进口的依赖度高达50%。即使是储量相对丰富的煤炭资源，人均可供开采的资源量也只有世界平均水平的63%。因此，从可持续发展的角度出发，我们应加强能源监督管理力度，逐步改善我国当前依赖传统化石能源的现状，逐渐减少高耗能、高污染的企业，淘汰落后生产设备与产能，并加大对新能源项目的政府扶持力度，积极发展新型清洁产业，形成清洁能源新格局。如财政部门设立新能源专项资金，为新能源的研究引进推广给予补贴；土地规划部门统筹协调，为新能源项目用地、厂房建设、基础设施配套等方面予以支持。

同时，调整产业结构，大力发展第三产业。政府应结合区域经济发展实际及前景，对产业结构、空间布局做好整体规划。在空间上，将从事相关或者互补产品生产的企业集聚在一起，产生集聚效应，扬长避短，发挥优势。要尽可能考虑到人口贸易流动量、基础设施建设、交通便捷程度等因素，做到方便高效，用地集约，利益最大化。同时，政府相关部门要为产业集聚区的企业提供一系列基础设施建设，包括住宿、交通以及学习进修、信息咨询等方面的服务，尽最大力量帮助企业解决其自身难以解决的各种问题。

政府要发挥强化产业规划、引领产业集聚的作用，推动产业结构转型升级，构建多元低碳的产业结构体系。

16.4 结语

最新一次人口普查数据显示，我国城镇地区常住人口已经达到90199万人，城镇化率在过去10年中从49.7%上升至63.9%，平均每年有超过2000万的人口从农村进入城市。城市低碳转型发展与实现人民对美好生活的需求密切相关。

欧洲低碳城市以可持续发展为出发点，以碳排放等具体数据为指标，实现市民生活便利、环境资源保护、经济繁荣增长等目的。中国低碳城市更强调完善基础设施建设，促进传统产业转型升级，注重城市的整体优化。当前，我国城市低碳转型升级发展的实践尚处于尝试阶段，除了一线城市，中国绝大多数城市还处于加强基础设施建设阶段，而且现行低碳试点城市的建设大多立足于碳源端，居民、企业和地方政府等各方利益难以统一。

由于欧洲各城市的独立性很强，所以在欧洲低碳城市建设中，本地的法律及政策影响更大。相反，在中国，中央政府对各地管控力强，地方法律法规均与中央政策保持高度一致，所以在中国低碳城市建设中，国家法律及政策号召力更大。

目前，我国正处于快速城市化的进程中，在该进程当中，形成了以一二线城市为中心，三四线城市为发展骨干，普通乡镇进行多层次统筹规划的发展体系。但是依旧与世界上典型的低碳城市存在着较大的距离。英国伯明翰、瑞典哈马碧新城、奥地利维也纳等欧洲典型低碳城市为全球低碳和零碳发展率先做出典范。在此情况下，增强国际间的交流学习，借鉴国外低碳发展的有益经验，有利于我国城市低碳转型发展少走弯路，政府在制度设计规划时应兼顾各方面利益诉求，尽可能寻求多方利益平衡点，实现全社会朝着低碳发展的方向转变。

总之，为实现更高水平的环保经济社会发展，我们目前需要做的是调整产业及能源结构，健全法律法规，发展低碳能源技术，转变经济发展方式，建立可持续发展模式。对于正处在转型升级阶段的中国来说，欧洲低碳城镇的成功实践，对于中国城市转型升级具有重要的借鉴意义。

参考文献

[1] 张庆阳. 欧洲绿色智慧城市建设经验谈 [J]. 城乡建设 .2017,（11）.

[2] 赵英. 从国外绿色城市成功实践看我国的城市发展之路 [J]. 地产，2019（19）.

[3] 韩阳，张虹敏. 低碳经济的起源与国际背景分析 [J]. 现代商贸工业，2012，24（24）.

[4] 蒋长流，江成涛，杨逸凡. 新型城镇化低碳发展转型及其合规要素识别——基于典型城市低碳发展转型比较研究 [J]. 改革与战略，2021，37（03）.

[5] 李健. 维也纳以"智慧城市"框架推动"绿色城市"建设的经验 [J]. 环境保护，2016，44（14）.

[6] 朱育漩. 算一算哈马碧生态城投入产出的经济账 [J]. 环境经济，2020（15）.

[7] 陈艳. 低碳经济背景下我国对外贸易发展模式的转变 [J]. 现代营销（下旬刊），2020（03）.

[8] 张筱雨. 发展低碳经济走绿色可持续发展之路 [J]. 汉江师范学院学报，2021，41（05）.

[9] 劳燕玲.我国低碳经济发展的机遇、挑战及策略研究——基于国际气候合作的背景[J].湖北社会科学,2017(08).

[10] 杨晓兰.伯明翰:城市更新和产业转型的经验及启示[J].中国城市经济,2008(11).

[11] 丁言强,牛犇,吴翔东.哈马碧生态循环模式及其启示[J].生态经济,2009(06).

[12] 于萍.瑞典的哈马碧滨水新城[J].城市住宅,2011(11).

[13] 宗颖俏,刘朝晖.智慧推动,让多瑙河畔的珍珠更加璀璨——以维也纳智慧城市为例[J].智能建筑与智慧城市,2017(02).

[14] 陈西果,陈建宇.欧洲国家经济方式转型的经验及启示[J].青海金融,2011(02).

[15] He Jiankun Research Center of Modern Management. China's Voluntary Mitigation Target and Road of Low-carbon Development[J].Chinese Journal of Population, Resources and Environment. 2011, 9(02): 18-27.

[16] Xunmin Ou, Xiliang Zhan. The Status Quo and Development Trend of Low-carbon Vehicle Technologies in China[J]. Advances in Climate Change Research. 2010, 1(01): 34-39.